ARLAND

LA BIBLIOTHEQUE IDEALE

Volumes déjà publiés :

CLAUDEL	par *Stanislas Fumet*.
SAINT-EXUPÉRY	par *Pierre Chevrier* avec la collaboration de *Michel Quesnel*.
LÉAUTAUD	par *Marie Dormoy*.
MICHAUX	par *Robert Bréchon*.
CAMUS	par *Jean-Claude Brisville*.
MONTHERLANT	par *Henri Perruchot*.
JOUHANDEAU	par *José Cabanis*.
WHITMAN	par *Alain Bosquet*.
COCTEAU	par *Jean-Jacques Kihm*.
KAFKA	par *Marthe Robert*.
T.-E. LAWRENCE	par *Roger Stéphane*.
VALÉRY	par *Berne-Joffroy*.
ARAGON	par *Hubert Juin*.
SUPERVIELLE	par *Etiemble*.
SALACROU	par *Paul-Louis Mignon*.
AYMÉ	par *Pol Vandromme*.
MARTIN DU GARD	par *Jacques Brenner*.
SIMENON	par *Bernard de Fallois*.
RENARD	par *Léon Guichard*.
HEMINGWAY	par *John Brown*.
CÉLINE	par *Marc Hanrez*.
ARLAND	par *Jean Duvignaud*.

A paraître :

GIDE	par *Jean-Jacques Thierry*.
LORCA	par *André Belamich*.
TAGORE	par *Jacques Naville*.
IONESCO	par *Alain Bosquet*.
GIONO	par *Pierre de Boisdeffre*.
QUENEAU	par *Jacques Bens*.
PAULHAN	par *Yves Berger*.

LA BIBLIOTHEQUE IDEALE

Collection dirigée par Robert Mallet

ARLAND

par
Jean Duvignaud

nrf

GALLIMARD

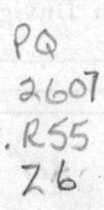

Tous droits de traduction, de reproduction et d'adaptation réservés pour tous les pays, y compris l'U.R.S.S.
© 1962, Éditions Gallimard.

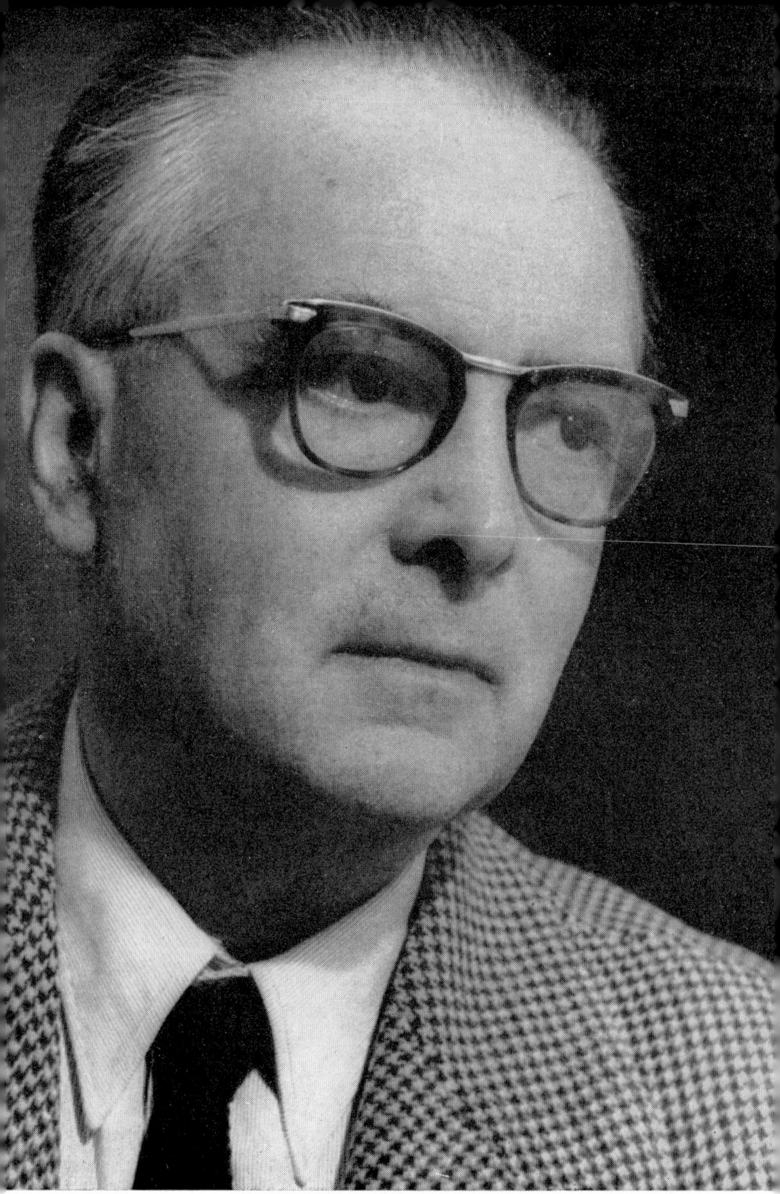

L'homme

C'EST A PARTIR DE LA...

Varennes [1] est poignant : cette double rangée de demeures serrées le long de la longue arête sinueuse. Le lieu-fort semble le cimetière carré là-haut face au reste de l'univers. L'esplanade des vivants un peu plus basse n'est pas moins digne entre l'église, la maison commune et une République en sabots de bronze. Plus bas, l'auberge où on mange en paix entre deux rouliers, puis les fermes plus modestes, jusqu'à des ruines, jusqu'à la pauvreté, qui règne quand même sur sa campagne et ses bois. Partout on se reconnaît, on trouve ce qu'on ne croyait pas savoir. Parfois on découvre une distance ou un lien entre deux points connus, là où on ne soupçonnait rien. Parfois on imagine l'hiver sous le silence d'un fort midi d'été, on croit entendre des galoches sur le verglas entre l'église et l'école. La présence de Marcel Arland et aussi son art s'ajoutent, écrasants, à un pays dont on ne peut qu'aimer l'odeur, l'accent et l'allure.

Quand on m'a enseigné les dieux, je les voyais comme les gens de Varennes portant du même front malheurs et bonheurs. Ni l'Eden ne me fut jamais autre chose qu'un de ces lieux qui ne conçoivent aucun ailleurs. Vers le soir on entend mieux l'eau, on coudoie les vaches solennelles, on parle du prix du bois, des effets de la saison ou de rien. La substance

1. Le village natal de Marcel Arland, en Haute-Marne.

du pays est très mienne, mais le site est unique absolument, il inspire une certaine terreur sacrée par son juchement à la fois étiré et compact. Tout est beau alentour. A quoi Marcel Arland a ajouté une intériorité, une tragédie de l'espérance, un ailleurs de l'âme, une sente invisible dont on ne sait si elle est un détour ou une traverse vers le dieu qui se tient sur Varennes en une sorte de face à face provocant.

Il me semble rare, surtout en Europe, que des textes réussissent par divers biais à donner à un site qui le mérite la dimension qui lui manquait pour être capital. Varennes aura ses pèlerins secrets. C'est un lieu saint qui se taisait et qui était dur d'oreille. En Marcel Arland il a écouté toutes les voix et il les a triées selon son cœur et il a parlé. C'est surtout là que je suis atteint, et je crois que c'est à partir de là qu'Arland est devenu irremplaçable. Dès *Terres étrangères* c'est moins la passion qui me frappe que cet univers où elle éclate et l'intonation qu'elle y prend; qu'Arland songe parfois à Beyle m'importe peu : Varennes songe à Marcel Arland et, d'une psychologie de salon, on est passé à un art de l'homme réel. La présence de ce village, jamais nommé, se fait sentir dans tous les paysages de l'écrivain, fussent-ils d'Auvergne, dans ses jugements sur les œuvres et les âmes, dans l'ironie dont il salue le faux apparat.

Comment utiliser pareil homme pour nos tours de Babel? Que lui chaut qu'on érige l'amélioration des futurs? Il est du camp des intempéries, il en a les caprices et la rigueur, les fureurs et les fêtes.

Il diffère de son écriture, elle a une ampleur dont il manque dans le geste, une somptuosité dont il se garde dans la voix. Mais l'homme et son œuvre ont pour vie le même dialogue avec le même dieu juste au-dessus de nous; car le dieu est proche, encore faut-il qu'il nous prenne.

Marcel Arland balaie rageur ce qui fait obstacle

à l'extase, ce qui consolide la médiocrité, ce qui nous enchante au rabais, y compris un salut qui ne serait dû qu'à l'héroïsme. Reste à guetter la théophanie, à ne pas l'effaroucher. Alors il rôde sans but ou il feint l'application. Mais quelle tendresse pour chaque être capable de visitation, heures ou sites, âmes ou œuvres! Les histoires qu'il évoque, humbles ou sombres, et la sienne même, sont illuminées de symptômes. Il est si lié à une race réelle qu'il peut descendre aux enfers vérifier si n'y luit pas encore quelque reflet du ciel — et plus bas, mais oui, encore une lueur fugitive.

A Varennes, je ne pouvais m'empêcher de penser à son père, éternellement jeune, pour qui il a créé un domaine plus grand et plus inaltérable que le père ne dut jamais l'espérer.

Jean Grosjean.

D'ÉTRANGES DONS DE COMPRÉHENSION...

Il n'y a pas jusqu'à son aspect physique qui ne prête aussi à confusion. De souche paysanne, assez court, robustement charpenté, le teint coloré, le poil noir et abondant, avec une certaine répugnance à se livrer dans les premiers échanges, mais dont l'étreinte est ferme, une mâchoire parfois contractée, mais très vite une profonde bonté humaine, il révèle, dès qu'on lui parle, d'étranges dons de compréhension, une poignante aptitude à l'élégance dans les rapports humains. La grâce de l'esprit et les hautes aspirations de l'âme apparaissent.

Je le regarde. Non, je ne vais pas me laisser paralyser par ces retraits, par cette absence qu'il oppose parfois à l'improviste. J'essaie seulement de respecter, autant qu'il m'est possible, les haltes de solitude mentale qu'il se plaît à ménager dans la conversation la plus familière. Je guette le moment où il deviendra évident qu'il consent à reprendre l'entretien interrompu. Quant à moi, quelle idée, quelle sensation ont fait choc en lui? Son front se plisse. Je le vois saisir une cigarette et en tirer nerveusement une bouffée. Il tousse comme s'il étouffait ou s'irritait. Ou bien, voilà qu'il met ses mains dans ses poches, qu'il pivote brusquement sur lui-même, qu'il s'écarte de quelques pas. C'est comme si son dos était devenu plus large, sa nuque plus rouge. Ses doigts errent sur des livres, égarés, en saisissent un, le palpent, le feuillettent, mais ses yeux sont ailleurs, loin, très loin, en lui-même. Enfin, il remonte à la surface, pose une question qu'on n'attendait plus. Il est là de nouveau, cordial et chaud, ouvert et direct. Et il se dégage de lui une rassurante quiétude. On se sent comme tout à l'heure enveloppé de confiance. On reparle à son tour avec une alacrité enfantine. Il écoute de tout son être, admirablement présent. Car qui sait mieux écouter que lui?

Raymond Guérin.
Préface de *Avec Pascal*.

CET HOMME FIER ET PUDIQUE...

J'évoque Marcel Arland, et l'espace est occupé par un silence, sérieux, lourd aussi de tourment et de question, le silence d'un monde occupé à des choses graves et dignes.

Marcel Arland fait effort pour être là. Son monde intérieur le requiert.

Attentif pourtant à l'autre. Amical, affectueux, désireux de manifester son amitié, ne sachant comment. Parfois, cet homme fier et pudique se transforme tout à coup; il s'ouvre, se livre à cette passion que l'on sait en lui. Le sourire un peu complice fait place à la véhémence, car sa bonté est véhémente.

J'ai connu Marcel Arland sous l'uniforme militaire, au cours des derniers jours de 1939. C'était au magasin d'habillement de la 7ᵉ Section de C. O. A. à Besançon; nous partions pour l'École Militaire d'Administration repliée dans un faubourg de Nantes. Nous avons parlé des poètes toute la nuit, trimbalant nos paquetages d'un train à l'autre. Nous fûmes compagnons de chambrée; nous passions souvent le dimanche ensemble à Nantes. Et nous parlions toujours des poètes et aussi du présent, de la guerre, de l'avenir. Arland souffrait pour son pays, souffrait du nazisme. Nous étions là comme en attente, inquiets, douloureux, un peu bêtes de refaire nos classes de soldat à cet âge. Chevalier de la Légion d'honneur, Arland avait été dispensé de corvée. Sergent, il devait exercer quelque commandement. Il le faisait sans plaisir, taciturne... et lointain.

C'est une époque que nous n'évoquons guère.

Un mot encore : Arland s'intéresse passionnément à ses cadets, aux débutants. Il salue avec joie l'espoir d'une œuvre, il suit son auteur, l'encourage, le guide avec autant de sûreté que de discrétion (il faut parfois interpréter ses monosyllabes...).

Je sais combien son amitié est fidèle et constante.

Guillevic.

UNE GRANDEUR INTIME...

Que ce soit parmi les oliviers de Cabris, sur un plateau dénudé de l'Auvergne, parmi les bruyères bretonnes ou dans son parc de Brinville, je songe à Marcel Arland comme à l'infatigable marcheur qui ne cesse d'interroger les pierres, les plantes et les arbres, de chercher des signes dans le monde.

Je le vois, aujourd'hui, portant la culotte de golf, coiffé d'un feutre mou au bord déformé; sa chemise de flanelle à carreaux et sa veste ont des couleurs brunes, orangées, rouge fané. Le visage rond est marbré de légères rougeurs, le pointillé d'une forte barbe noircit la peau; des joues assez charnues, les ailes du nez mobiles, une bouche qui ne saille pas et que la parole ou le rire n'ouvre pas grande, à peine de rides et d'indices de son âge.

Les contrastes nombreux qui existent en Marcel Arland se marquent sur sa physionomie où se succèdent l'agacement et l'abandon, un sourire d'ironie et un long silence durant lequel se fait la « petite crispation physiologique » ou la minute extasiée. Un peu de dérision demeure dans un rire bonhomme, une nuance de pitié et de sollicitude perce dans un propos qui s'annonçait assez dur; un curieux frémissement des joues et des lèvres, et le regard brun perd son acuité, devient tendre, ému, mouillé sous l'impression que lui produit un quatuor. (Schubert est son musicien préféré.)

Homme déconcertant pour ceux qui l'approchent, et il le reste pour ceux qui ne le comprennent pas, n'est-ce parce que sa sauvagerie et sa sincérité lui interdisent les attitudes commodes? S'il impressionne, ce n'est point par un air étudié, mais parce qu'il a horreur des feintes et des mensonges, fussent-ils de convenance.

A l'inquiétude et à l'angoisse qui le menacent, l'étreignent, il tâche d'échapper et de répondre par des instants nus et clairs, recourant à une profondeur de spontanéité. Il a parlé, dans *Je vous écris*, d'une sorte de croyance en un absolu de petits faits, de menues coïncidences, de regards comblés par d'ineffables riens. Cette mystique du détail est à l'usage, tous ses jours; il sait lui donner une grandeur *intime*. Pour qui a deviné un peu ce cœur complexe, le charme de sa compagnie tient beaucoup à cet éveil continuel de la sensibilité non moins qu'à cette réserve et à cette discrétion nuancées.

Être spontané, impulsif, ingénu, nerveux, avide, meurtri, tourmenté puis touché par une grâce, esprit d'une mesure et d'une justesse singulières, artiste le plus exigeant et le plus pur, Marcel Arland est aussi le plus naturel de nos grands écrivains.

André Miguel.

A VOIX BASSE

C'était, si l'on veut, une promenade ordinaire. Elle avait, du moins, commencé comme ça. Vous sortiez de clinique, vous y aviez passé plusieurs mois, vous disiez laconiquement, entre les dents, que vous les considériez comme une seule et même nuit. Elle venait de prendre fin débouchant sur ce beau dimanche d'avril où je vous emmenai. Mais, plutôt que de faire un tour dans le quartier, je vous proposai non de manquer à des habitudes (qui ne sont plus les nôtres) mais d'aller au-devant d'une certaine joie qui était dans l'air sans trop s'éloigner toutefois des murmures de la ville. — « Allons à Bagatelle! » Bien entendu, on s'est perdu dans les allées du Bois avant de trouver les grilles du parc. Qu'elle est légère la matinée à l'heure où les sentiments arrivent les premiers, tranquilles, parce que les paroles et la fatigue des corps ne les ont pas encore remués! Vraiment ça ne ressemble à rien, en tout cas ni au repos ni à l'absence : ce serait plutôt comme le bien-être en état de surprise parce que les choses données sont claires, intouchables et à leur place. Et puis aussi, peut-être, parce que vous étiez là. Vous teniez le bras de J., je marchais à côté, vous précédant de quelques pas; on avançait lentement dans l'ombre des grands arbres qui bordent et voûtent l'allée centrale. Je ne me rappelle pas qu'on ait parlé, d'ailleurs rien ne pressait. On regardait devant soi aussi loin que le cœur peut aller. C'est ainsi qu'on passa du côté de la lumière, dans les jardins où les fleurs étiquetées portent un double nom, d'abord le leur qui est en latin et celui de leur cultivateur. Pourquoi, alors, me suis-je retourné ? Oui, je savais que quelque chose qui venait du silence et de la nuit, tendu à l'extrême, se brisait en vous, éclatant comme une musique céleste. Que, ce que vous aviez tu jusqu'alors avec humeur, vous ne pouviez l'exprimer qu'avec des larmes. « C'est trop beau ! » Voilà ce que vous avez dit. Vous aviez tout dit.

Mais, à ce propos, voici deux remarques :

1º Il est peut-être vain, en tout cas téméraire, d'interroger un écrivain dont l'art et la vie, l'aventure et la recherche, s'épousent au point que c'est trahir l'un ou l'autre que de les séparer.

2º Quant à la légèreté de l'air, prenons garde à cause d'elle de nous découvrir.

Georges Lambrichs.

ÊTRE LA SANS Y ÊTRE...

L'élégante maison de Brinville [1], bâtie au XVIIIe siècle, repose dans un parc dessiné avec un art secret et familier dont on a relâché les brides. La longue façade (couleur de lait caillé, le jour; comme un pierrot, la nuit) est de ces demeures anciennes, autour de Paris, que décrivait Nerval. Ses hautes fenêtres du rez-de-chaussée et du premier étage, sous le toit ses chambres à la taille d'un enfant, ôtent à l'architecture ce qu'elle pourrait avoir de hautain, d'agressif ou d'inquiétant. Avenant, généreux et retenu, tel est Brinville. Nul

---

1. La maison de Seine-et-Marne où Marcel Arland séjourne, plus ou moins régulièrement, depuis une vingtaine d'années.

apprêt : on a su lui garder ses recoins. Une manière de vivre perdue se perpétue là, tout naturellement.

Par exemple, certains usages y ont gardé tous leurs attraits : la lecture à haute voix, le soir, avant que de « monter ». Pendant que Mérimée, Chateaubriand ou Larbaud tient notre esprit en haleine, on s'intéresse aussi aux papillons qui cognent à la lampe, on écoute le rossignol, on s'inquiète de ne plus l'entendre — les chats de la maison aiment eux aussi les oiseaux... On commente librement la lecture. Puis, avant d'éteindre les lumières, on rabat les lourds volets, qui grincent. C'est le dernier bruit de la journée.

Sur la terrasse, un gravier un peu maigre, où le maître de maison s'obstine à jeter chaque jour le plein contenu de ses cendriers. Une pelouse fait pelage de bête, derrière une plate-bande ovale plantée de rosiers et de tulipes. — Je parle de ce printemps 1961 où, après avoir enfin pu quitter les cliniques aseptisées et le silence chloroformé, Marcel Arland revint à Brinville. Il lui fallait de l'ombre pour le bien de ses yeux malades, et tant de frondaisons lui en donnèrent largement, avec cette récompense après l'épreuve : de pouvoir reconnaître que les roses étaient bien roses, et d'ailleurs aussi les tulipes.

Derrière cette pelouse, des taillis s'appuient à de beaux fûts de chênes et de marronniers, tapisserie lourde de feuillages sur l'horizon, trouée par un chemin droit que bordent des buis. A l'extrémité du chemin, deux tilleuls en boule font porche. A gauche, un verger trop touffu; à droite, les fourrés, un petit bois où vivent la couleuvre et l'écureuil, le pic-vert et ce couple de ramiers que j'ai toujours entendu roucouler sur la même fourche. Enfin, pour enfermer toute cette histoire naturelle, un mur d'enceinte, depuis quelque temps écroulé du côté du village...

Brinville est le lieu même qui devrait arrêter tout mouvement. Mais, cher Marcel, saurions-nous nous en contenter? Brinville est-il à la campagne? Oui, et pourtant ce n'est pas celle que vous aimez. Vous êtes là sans tout à fait y être. Jamais vous ne parlez aussi bien qu'à Brinville de ce que vous aimez profondément ailleurs. Les arbres y ont le même nom, et les prunes, mais ailleurs ce sont de véritables prunes, de véritables arbres, sans doute...

Une retraite tout de même, un ermitage, du moins tout ce qui compose le cadre d'un ermite : un jardin pour la promenade et la salade, des chambres pour le travail et le sommeil, d'autres pour les absents, une autre, minuscule, sous le toit, pour les fétiches et le musée secret; les pièces de plain-pied pour les repas et les échanges avec les amis; la musique au petit salon vert; la peinture et les livres partout; le chapeau de trappiste, en paille de Melun, suspendu à l'entrée; la canne pour la déambulation solitaire, pour frapper les buissons, retourner un insecte mort sur le sentier, interroger un arbre. (Nous nous sommes souvent rencontrés sur ces chemins, avec beaucoup de déférence et de malice, comme si la question : « Comment vont votre silence et votre solitude? » nous brûlait les lèvres.)

On ne décrit pas Brinville. Quelque chose nous en échappe et je ne suis pas certain que cela soit de la faute des choses. Il y a dans l'œuvre de Marcel Arland un thème constant : celui de l'errance, de l'impossibilité de choisir définitivement quelque lieu. L'inquiétude, cher Marcel, vous remet sans cesse en route. « Le paradis, écrit Novalis, est dispersé sur toute la terre, c'est pourquoi on ne le reconnaît plus; il faut réunir ses traits épars. »

Au fond, Marcel, vous n'habitez pas votre maison.

Georges Borgeaud.

LE VISAGE EST IMPASSIBLE...

Comme beaucoup d'écrivains, Marcel Arland vous écoute même lorsqu'il parle; il termine sa phrase sans avoir pris garde, semble-t-il, à votre interruption, puis la relève.

Le visage est impassible, la peau lisse, un peu tannée. Le corps ne vous accueille pas, c'est la voix qui s'en charge : une voix retenue dont on devine les capacités de violence et d'exaspération, mais qui est nue. Qui touche parce qu'elle est nue.

De temps en temps, il sourit, le bas du visage se met à trembler comme le menton d'un enfant prêt à pleurer, et il sourit. Un sourire qui ne fait réponse à rien : c'est qu'il vient d'atteindre, et d'exprimer, une vérité sur lui-même.

Il hait les mots qui font écran, vous tance et vous reprend dès qu'il a cru percevoir ce qu'il nomme « un lieu commun », et il aime les mots, il n'aime qu'eux, et s'en sert de toutes les façons : pour tenir son interlocuteur à distance, l'amener à lui, faire souffrir, caresser, creuser.

On comprend alors l'immobilité de cet homme : pour servir à tous ses mouvements, il a les mots, et il n'a besoin de rien d'autre.

Madeleine Chapsal
L'Express.

IL FAUT CHERCHER PAR DERRIÈRE...

Quand j'ai rencontré Arland pour la première fois, en 1947, j'étais assez peu en mesure de le comprendre.

Je vis un homme râblé, plutôt rude, aux mains

courtes, avec de fortes lunettes, derrière lesquelles se cachait un regard fin comme une lame, souvent triste toutefois, voire soupçonneux — et dont je ne savais pas encore qu'il était tourné vers le dedans, anxieux.

Mais la politique me rongeait alors : j'aimais la littérature (naïvement) comme une ennemie, désirable certes, mais hostile.

Puis, j'ai souvent revu Arland... A Brinville dans ces grandes et belles pièces où il travaille, et, selon les heures de la journée, il apparaît et disparaît à toutes les fenêtres; dans son parc ou dans la forêt où il fait d'interminables courses au pas de chasseur; à Varennes, chez sa mère, où il s'installe avec la perplexité d'un chat, comme s'il attendait que l'appelât une voix trop connue et redoutée; en voyage, et il veut tout voir (il dépouille avidement les guides durant la nuit); à Cérizy ou à Royaumont, en animateur de colloques, quand les colloques littéraires étaient à la mode, voici quelques années, et qu'il réussissait à faire parler les muets les plus obstinés; dans les Musées, où il fonce, tête baissée, jusqu'au seul tableau qui le retienne.

A la revue, enfin. Dans son élément. J'allais dire son aquarium, car le bureau de la revue donne l'impression d'un monde clos, entrevu à travers une paroi en verre où se meuvent des êtres souples et fragiles. Là, il accomplit une fonction religieuse, lit des manuscrits, corrige des épreuves, discute avec Dominique Aury ou Jean Paulhan, écoute avec patience des auteurs, juge d'une œuvre, suppute le prochain numéro de la revue. Parfois, il se lève, ouvre une porte, disparaît : il va « chez Gaston ».

Qu'il soit seul ou avec Janine, à la ville ou à la campagne, plaisantant ou réfléchissant, c'est un homme grave et qui ne transige point sur les quelques idées fondamentales qui ont bâti sa vie. Par exemple sur celle-ci que l'essentiel est d'écrire...

Voilà, précisément, ce que j'ai mis si longtemps à comprendre. Dix ans, peut-être... Il a fallu bien des hésitations et des déceptions. On ne renonce pas aisément aux idéologies. Et, quand on s'en délivre, il faut sauver ce qui peut l'être, car on n'a rien à regretter.

Malicieux, fidèle en amitié comme on l'était au temps de Diderot, son compatriote, tendre, colérique, passionné, obstiné, fanatique du travail, juste et parfois injuste, irritable et affectueux, il est tout cela. Et tout cela compose une personnalité opaque. Il fallait chercher par derrière.

J'ai commencé à soupçonner l'existence d'un long fil secret de la création en lisant *Il faut de tout pour faire un monde* qui ouvre la série des nouvelles les plus tragiques, les plus dépouillées. Ainsi, la littérature pouvait en arriver là... Il fallait tout reprendre. Écrire, c'était aussi une manière d'exister, la plus difficile peut-être, car il convenait de s'y établir opiniâtrément, après avoir *choisi* de n'être qu'écrivain, comme on choisit son caractère, par une décision obscure, imprescriptible.

Voilà ce que voulait dire cet homme. En le suivant à la trace, en pénétrant dans son univers mental, on accéderait sans doute à l'une des expériences créatrices les plus rigoureuses du moment. Et l'on verrait mieux ce qu'est l'art d'écrire.

J. D.

Les jours

Marcel Arland est né le 5 juillet 1899 à Varennes-sur-Amance (Haute-Marne).

« Aux confins de quatre provinces : Bourgogne, Champagne, Lorraine et Franche-Comté, cette centaine de collines et de vallées que je réclame comme ma terre natale participent des traits de chacune d'elles. C'est pourquoi l'apparence en est multiple et facilement déconcertante. » *(Terre natale.)*

Un frère, son aîné de trois ans.

Le père d'Arland meurt en 1903. D'une petite bourgeoisie rurale, il avait fait des études secondaires au collège de Langres; puis, de santé fragile, il était revenu à Varennes où, conseiller municipal et adjoint au maire, il tenait lieu de secrétaire de mairie. « La seule image qui me reste de lui est celle du jour où, la veille de sa mort, il nous a fait venir, mon frère et moi, à son chevet... J'ai retrouvé de lui quelques *Lettres ouvertes à...* destinées sans doute à des journaux sur des thèmes politiques. Le ton était frondeur et mordant (il avait dû lire P.-L. Courier), sa position radicale-socialiste et anticléricale [1]. »

L'enfant et son frère seront élevés par la mère, veuve.

La mère, « grande et ingrate figure avec qui je n'aurai pu vivre » *(Je vous écris)*, appartenait à une famille de vrais paysans : « Grande, forte, le visage

---

[1]. Sauf indication contraire, ces citations sont des témoignages directement recueillis auprès de l'écrivain.

jeune encore, les traits hardis et réguliers, la bouche amère, les yeux ardents, ma mère passait de l'accablement à la colère avec une inconstance qui nous déroutait. Naturellement nerveuse, son deuil, notre pauvreté, le souci de notre vie quotidienne et de nos destins avaient détruit en elle tout équilibre » *(Terre natale)*. Fascinée par le souvenir de son mari mort, la veuve enferme ses deux enfants dans une étrange religion du passé et le cimetière devient presque une seconde maison.

« Nous y allions chaque dimanche, dans l'après-midi. C'était là visite officielle; les gens qui sortaient des vêpres arrivaient par groupes et priaient en silence au pied de leurs morts. Puis, d'une tombe à l'autre, les yeux tristes, on échangeait un signe de tête. On s'approchait enfin et jusqu'au soir le cimetière était plein de chuchotements et de soupirs » *(Terre natale)*.

On conçoit la valeur symbolique de ces promenades dans l'imagination de l'écrivain : « Aucun lieu ne pouvait être plus propice à la rêverie d'un enfant que ces deux cents tombes, à quelques minutes de l'école et de la maison familiale. J'en avais appris le chemin à la mort de mon père; j'avais trois ans. Depuis lors, il ne s'était guère passé de dimanches que ma mère ne m'y eût emmené. J'entends crier la grille de l'entrée » *(Antarès.)*

Autour de la veuve, un monde de vieillards, grands-parents paternels et maternels dont Arland garde un souvenir ému. La figure de son grand-père, surtout, lui reste présente, qui lui semble un des hommes les plus purs qu'il ait connus. Là déjà, une seconde fois, Arland rencontre le malheur, puisque son grand-père, deux ans après la mort de son gendre, perd son fils, tué par la foudre. On en retrouve l'écho assourdi dans *le Champ (Il faut de tout pour faire un monde)*.

Arland s'entend mal avec son frère (ils ne se sont vraiment aimés que passé l'adolescence) : l'aîné était plus sage, plus ferme, plus courageux, plus soucieux de faire sa place dans la société. L'écrivain ne se souviendra-t-il pas de cette opposition en dessinant dans *l'Ordre* les figures si contraires de Gilbert et de Justin ?

La vraie vie de l'enfant se déroule dans les greniers à la recherche de livres anciens, ou dans les champs, les bois autour de Varennes. *Zélie dans le désert* ou *Antarès* retrouvent le fil de ces longues rêveries et de ces fugues enfantines.

« Le soir, surtout, quand, revenu de l'école, mon goûter pris, mes devoirs bâclés, je posais sur mes genoux un livre de la bibliothèque du village et restais immobile jusqu'à l'heure de la lampe, tandis qu'à deux pas de moi, une capeline sur les épaules, les pieds sur une chaufferette, mon arrière-grand-mère poursuivait avec quelque présence intérieure un éternel entretien, et parfois, me regardant, se laissait aller à un mince sourire... » *(Antarès.)*

Ainsi, l'enfant découvre, avec de vieilles légendes sur de grands livres cartonnés et illustrés, *les Misérables*, Dumas, Chateaubriand et Ponson du Terrail.

A l'école : « Un merveilleux instituteur qui m'a aimé et soutenu jusqu'au collège. Je lui dois beaucoup. » Dans *Terre natale*, il se souvient de ce « regard franc, sévère et bon, qui me raidissait un peu et pourtant m'emplissait d'aise ». A l'église « des aspirations éperdues, mais qui refusaient de se montrer, d'avoir recours à des rites, et redoutaient par-dessus tout la présence du curé; toutes choses que mon arrière-grand-mère comprenait et approuvait ». Et puis, dans la campagne, à l'occasion de promenades ou de vagabondages, des camarades comme le Louis d'*Édith* ou le Basco de *Zélie dans le désert*.

Mais sur lui, le jeune enfant sent peser un étrange regard, gêné, anxieux, qui semblait beaucoup craindre et se demander ce qu'il en adviendrait de ces lectures, de ces rêveries. « J'y sentais toujours de l'appréhension. Et il y en avait encore dans les yeux de ma grand-mère aux derniers jours de sa vie, vers 1940, mais aussi un sourire, l'air de penser : Eh bien, quoi! il est comme ça. »

Cette campagne, cette enfance constituent le soubassement de l'œuvre d'Arland. « Il me semble que je pourrais me passer de beaucoup de choses, de mes livres, de tout tableau, même, quelque temps, de mes amis, pourvu que, de loin en loin, je vive une heure dans une campagne que j'aime. Celle-ci, je la connais depuis toujours; mais elle n'a rien perdu de sa fraîcheur; elle ne cesse de m'atteindre et de me surprendre. C'est que d'abord elle se montre libre... » *(Consolation du voyageur.)* Là, dirait-on, vivent des fantômes qui cherchent à vivre à travers l'imagination de l'artiste. De ces hommes simples, Arland tire ses créatures tragiques : « Tant d'heures passées — rappelez-vous — dans une baraque des champs, une masure, une vieille et véritable « folie » sans portes ni toit... Déjà comme notre solitude était peuplée! Que de visages, à peine entrevus, s'animaient soudain; que de vies étrangères cherchaient en nous leur conscience et leur achèvement. Si la fille délaissée se jetait dans une mare, c'est que nous l'aimions trop pour lui permettre une médiocre infortune; l'ivrogne, près du cimetière, prenait sur ses genoux l'enfant *de l'autre* et l'appelait « mon petit »; deux époux, au café de la gare, couvaient une atroce rancune. Et nous, assis dans l'ombre, les mains crispées au creux du ventre, nous suivions aussi notre destin, faisant accéder à la vie intemporelle le petit peuple d'âmes dont Dieu, dans ses souveraines visées, nous avait remis le dépôt » *(Je vous écris.)*

En 1911, Arland rejoint sa mère à Langres où celle-ci s'est installée depuis 1909 avec son fils aîné pour lui faire continuer ses études. Le jeune Marcel entre comme externe surveillé au collège Diderot (latin-grec). Langres, c'est le Vendeuvre de *Monique* et de *l'Ordre*. En 1940, mobilisé, Arland y reviendra et nous en parlera dans *Sur une terre menacée*.

« Petite place forte au bord d'un plateau, Vendeuvre est avant tout peuplé de prêtres et de soldats. Ces deux puissances, après s'être longtemps combattues, s'avisèrent de s'unir et de rehausser mutuellement le prestige de leurs fêtes. Ce fut en des jours brillants que le général-gouverneur parut aux processions et l'évêque à la fête nationale... Les habitants de Vendeuvre qui n'appartiennent ni à l'Église ni à l'armée sont pour la plupart des marchands : gens à principes, qui savent ce qui est convenable et surtout ce qui ne l'est pas, qui savent aussi que la sagesse fuit tout excès, fût-ce en vertu » *(Monique)*.

Aujourd'hui encore, Arland ne pense avoir connu de Langres « qu'un aspect sinistre ». Il n'en aimait que les remparts d'où l'on découvre, en effet, un paysage saisissant. Il y a situé l'une de ses nouvelles les plus dramatiques : *l'Ame en peine* (dans *l'Eau et le Feu.*)

Période de travail. « J'ai eu quelques camarades, aucun ami : je n'aimais pas ces familles réglementées, ordonnées; je me sentais d'un autre monde et c'est pourquoi, sans doute, je n'ai jamais eu la moindre amertume d'être pauvre. »

Quant aux lectures d'Arland, elles sont, comme ses succès scolaires brillants, comparables aux lectures de Gilbert, dans *l'Ordre : le Rouge et le Noir* (en sixième!), Baudelaire (en cinquième), Barrès (celui du *Culte du moi*, bien entendu) et *l'Imitation de Jésus-Christ*.

Durant les vacances, Varennes, surtout durant la guerre, tandis que le frère d'Arland est au front. Ainsi commence *Édith* : « C'était, je crois, la deuxième année de la guerre. De la sous-préfecture où je suivais les cours d'un collège, j'étais revenu passer les grandes vacances dans mon village natal. Après quelques mois d'absence, je retrouvais mon village comme Ulysse dut revoir Ithaque. » Gilbert Villars, dans *l'Ordre*, après avoir refusé de paraître à la distribution des prix où il a remporté tous les succès, fait le même chemin pour rentrer chez lui...

Après son bac de philo, Arland part pour Paris.

« Vous avez vingt ans. Vous êtes venu terminer vos études à Paris. Quand, pour la première fois, vous avez franchi le seuil de la Sorbonne, je vous ai vu qui, pour cacher votre trouble, preniez un air hautain et parcouriez les couloirs sombres, comme si de tous temps vous les aviez connus. Et je vous ai vu quand vous vous êtes glissé au premier rang de l'amphithéâtre, et qu'avec une grave ferveur, avec des hochements de tête et des sourires, vous avez écouté la première leçon de ce maître, dont le nom figurait sur vos livres de collège... » *(Étapes.)*

Ce zèle ne dure guère. Et le jeune étudiant qui loge dans un hôtel des Grands-Augustins, dans une chambre payée par son grand-père, est vite déçu par les cours. « On me dit pourtant que votre ardeur a fort baissé. On vous a vu de moins en moins souvent aux cours de vos maîtres... Il est vrai que vous alliez toujours dans les bibliothèques. Mais vous flâniez volontiers aux devantures des bouquinistes » *(Étapes.)*

Arland ne fera pas une carrière universitaire : il lit avec passion Dostoïevski, Nietzsche et l'influence de Gide remplace celle de Barrès.

D'ailleurs, une grande détresse s'empare de lui :
« Le désarroi, des vagabondages sans fin, surtout en banlieue, aucune assise, aucun plan ni méthode de vie; parfois la pleine détresse — à en regarder d'assez près la Seine. Et des liaisons où je me jetais à fond... »

Depuis son enfance, il se sentait obscurément porté vers la littérature. Au collège, il avait écrit quelques centaines de poèmes sans parler d'un journal intime. Quand vient le service militaire (engagement), au peloton des élèves-aspirants de la caserne de la Tour-Maubourg (où les après-midi sont libres pour favoriser les études), Arland s'attache de plus près à la littérature.

On lui confie la partie littéraire de l'*Université de Paris* où il publie des notes critiques et quelques textes « précieux ». Prenant son rôle de directeur au sérieux, il obtient la collaboration de Proust, de Giraudoux, de Cendrars, de Mauriac. Il y publie aussi Dhôtel, Vitrac, Crevel, Limbour, Flouquet, ses camarades de peloton.

Certes, la vie militaire pâtit de ces activités : Arland « libère » ses matinées, loue une chambre à Meudon et, durant trois mois, oublie la caserne. Quand on s'en aperçut, il était trop tard pour le punir, on se contenta de le nommer sergent au lieu d'aspirant.

Avec ses amis du peloton et quelques autres, séduits comme lui-même par le mouvement Dada, Arland fonde vers 1920 une revue d'avant-garde, *Aventure*, qui eut trois numéros, puis, après une rupture avec le groupe Breton, une seconde publication, *Dés*.

« Mais je venais de rencontrer Malraux (il avait publié *Lunes en papier* et ne songeait pas au roman). Nous nous sommes vus presque chaque jour jusqu'à son départ pour l'Indochine (où d'ailleurs je lui avais promis de le rejoindre). Nous étions liés par le même souci d'indépendance, le même mépris des tréteaux littéraires, aussi par notre amour de la peinture. Nous nous répétions : Tout ce qui n'est pas essentiel ne compte pas... »

Il est resté quelque chose de cette période dans la seconde partie de *l'Ordre*, dans *les Ames en peine* et dans *la Route obscure*.

C'est alors qu'Arland en vient « à réclamer de la littérature qu'elle fût, non pas un jeu savant, mais la pure expression et le pur accomplissement de moi-même, en tant qu'homme, comme en tant qu'individu. C'était lui demander une valeur éthique autant qu'esthétique. C'était attendre d'elle une sorte de salut... »

Au cours de l'été 1922, à Varennes, Arland écrit *Terres étrangères* que Gide accueille avec chaleur et dont Valery Larbaud parle dans *la N.R.F.* Le voici donc introduit dans ce milieu où il rencontre Jean Paulhan et noue avec lui une amitié profonde.

Il collabore dès lors régulièrement à la revue pour des notes de lecture. Puis viennent des textes plus importants; Jacques Rivière, qui dirige *la N.R.F.*, l'invite à s'y exprimer librement sur les tendances de la jeune littérature. Ce fut *Sur un nouveau mal du siècle*, auquel Rivière répondit dans le même numéro — et qui fit beaucoup de bruit. (Les « Entretiens de Pontigny » consacrèrent à cet essai une de leurs décades.)

A la fin du service militaire, Arland se trouve sans métier et sans argent. Il accepte un poste de professeur de lettres dans un collège libre qui venait de se fonder à Jouy-en-Josas, l'École du Montcel. Il devait y habiter jusqu'en 1929, jouissant de favorables conditions de travail et aimant le contact de ses élèves.

C'est à cette époque qu'Arland écrit *l'Ordre*, « livre de révolte et de sarcasme ».

Le Prix Goncourt décerné à *l'Ordre*, loin de plonger Arland dans la vie littéraire, l'en libère au contraire. A la vie désordonnée et anxieuse qu'il menait, aux liaisons violentes, à la détresse, va succéder une période de calme et de bonheur.

Arland se marie en janvier 1930 : « Vous savez ce que Janine fut pour moi. »

Le romancier fuit alors définitivement Paris pour la campagne. Port-Cros dont la forteresse de la Vigie donnera son titre au livre le plus « éthique » d'Arland; le « Couvent », vaste domaine en plein bois, dans le Vexin. Seuls des amis intimes viennent le voir : Paulhan, Rouault, Chardonne.

L'art de l'écrivain se modifie dans la solitude : il s'approfondit et s'épure. Abandonnant le roman, il choisit la nouvelle ou le court récit qui répond mieux à son rythme de vie et permet une forme plus rigoureuse, plus soutenue. Acte de courage pour un écrivain dont on attendait autre chose, et non qu'il allât dans le sens d'une difficulté croissante.

C'est aussi l'époque des voyages en Italie, en Allemagne, en Autriche, en Hongrie, en Espagne, au Maroc, en Hollande.

En 1930, une fille : Dominique.

Au demeurant, une période très pleine et féconde : « Littérairement, j'ai tendu à créer un monde plus humain, où le trouble lui-même trouvait une sorte d'harmonie; moins violent d'apparence, pas plus apaisé, mais d'un frémissement plus intime. Où est, là-dedans, la part de l'art, et où, celle de la vie, celle de ma vie? Cela se mêle, se confond. » Arland, pour cette époque, parle d'une exaltation à peu près constante...

« Quelques mois avant la guerre, j'étais venu vivre dans un petit village de Seine-et-Marne, où je me retrouve aujourd'hui. A peine un village, un hameau d'une cinquantaine de maisons dispersées au long de huit ou dix routes, chemins ou sentiers, et dissimulées pour la plupart derrière les hauts murs gris d'une cour... » Brinville est une grande et belle maison construite sans doute au début du Directoire et entourée d'une petite forêt. L'écrivain travaille tantôt dans sa chambre au premier, tantôt dans des greniers installés en bibliothèques. Aux murs, dans toutes les pièces, des tableaux : Rouault, Soutine, Chagall, Atlan, Utrillo, Campigli, Modigliani, Dubuffet, Fautrier...

En 1939, Arland est mobilisé et affecté comme sergent-chef à la gare de Langres, où il sert de liaison entre le Gouverneur et l'Intendant. « Toute la France est en attente. C'est un des spectacles les plus tragiques et, humainement, les plus troubles qui puissent s'offrir » *(Sur une Terre menacée).*

Puis on affecte le sergent-chef Arland à une école de perfectionnement à Bouguenais près de Nantes. Il s'ennuie, s'insurge contre une « société réglementée » et, comme les paysans dont il a souvent parlé, il s'en va. Guillevic le rattrape de justesse sur le quai de la gare. Tout s'arrange : « Je n'ai pas touché à un fusil et je suis sorti de l'École avec les notes de Napoléon à Brienne. »

Il demande alors à être affecté en Algérie où il reste jusqu'en octobre 1940 aspirant d'intendance.

Retour à Brinville. « Vers la fin d'octobre ou le début de novembre 1940, je reçus un mot de Drieu la Rochelle qui souhaitait une rencontre « pour parler de la N. R. F. — et du reste. » Je ne l'avais pas vu depuis une quinzaine de mois. Nous déjeunâmes ensemble — déjeuner maussade, lourd de gêne et d'abord de silence. Brusquement, il m'annonça qu'il allait reprendre la revue. Je lui dis qu'il n'en avait pas le droit; je lui demandai de réfléchir. Réfléchir? Il avait tout pesé : la revue ne pouvait paraître sous la direction de Paulhan; mais il était souhaitable qu'elle affirmât dans la défaite la permanence des Lettres françaises; Gide lui-même le reconnaissait, et Valéry, Alain, beaucoup d'autres encore... A condition, certes, qu'elle parût sans pression et fût une pure revue des Lettres; mais c'était bien ce qu'espérait, ce qu'exigeait Drieu » (*La Grâce d'écrire*).

Après avoir collaboré aux premiers numéros, Arland quitte la revue et devient, *contre la N. R. F.*, directeur littéraire de *Comœdia*, jusqu'en 1942.

A cette époque, il écrit *Zélie dans le désert*, de tous ses livres le plus étranger qui soit aux événements. C'est bien plus tard, dans *Il faut de tout pour faire un monde*, que passera quelque chose du trouble profond que les événements provoquent chez l'écrivain.

La guerre achevée, commence alors une nouvelle époque du développement d'Arland : plus libre, il trouve dans l'essai (*La Consolation du voyageur, Je vous écris*), une forme qui convient à ses rêveries. Mais les nouvelles se font de plus en plus âpres et violentes. L'écrivain se sent emporté dans une vision tragique comme par une force irrépressible :

L'Eau et le Feu, puis *A perdre haleine*, peut-être son chef-d'œuvre.

Pour le reste, Arland partage son temps entre Brinville, Paris, l'Auvergne, la Bretagne. Avant que reparaisse la *Nouvelle Revue française*, il collabore à *Hommes et Mondes, la Table ronde* (d'où l'éloigne une polémique avec Mauriac), *Combat, Arts, Contemporains, la Gazette de Lausanne*. Son activité de critique est intense : ne faut-il pas rappeler quelques vérités essentielles au milieu d'un assez grand désordre intellectuel et moral ?

En 1948, il dirige le premier grand colloque d'écrivains depuis la guerre, à Royaumont, qui réunit trois générations et plusieurs tendances politiques. Il organisera d'autres entretiens de ce genre à Cérizy où s'est réfugié le cercle de Pontigny. Il fait aussi quelques conférences en Allemagne, en Angleterre, en Italie, en Autriche, en Belgique, au Danemark et en Suède.

Quand reparaît *la N. R. F.*, Arland en devient, avec Jean Paulhan, le directeur. En 1952, il reçoit le Grand Prix de Littérature de l'Académie française et en 1960 le Grand Prix national des Lettres.

« Si librement que j'aie voulu écrire, si exclusivement engagé que j'aie voulu être dans la vérité et la valeur d'une œuvre, je me rends compte que mes livres témoignent à leur manière de mon époque. C'est apparent pour les premiers, soit qu'ils reflètent le désarroi de l'après-guerre, soit qu'ils tentent de réagir contre ce désarroi. Je crois que ce n'est pas moins vrai de mes derniers livres. De *Il faut de tout pour faire un monde* jusqu'à *A perdre haleine*, si l'accent est devenu plus violent et plus sombre (avec, de loin en loin, des éclairages plus intenses), si le petit monde que je mets en scène est devenu plus dramatique et parfois plus tragique, si la technique même et même l'écriture ont été amenées à évoluer, c'est sans doute parce qu'à mesure que je vieillis, tout me devient à moi-même plus intense et plus dramatique, la vie comme la mort, l'ombre comme la lumière — mais c'est aussi parce que le drame et l'accélération de notre époque, qui frappent l'homme en moi, pénètrent l'écrivain plus ou moins consciemment... [1]. »

1. Lettre à l'auteur.

L'œuvre

I

LA PART MAUDITE

Une trouble malédiction pèse sur les personnages d'Arland : héros persécutés, innocents condamnés, amants séparés, espoirs détruits. L'homme est ici victime d'une conspiration permanente; un nihilisme concerté plane sur l'œuvre entière...

La Route obscure, déjà, très « littérairement », évoque la « destruction, mère des hommes et des mondes », comme pouvait le faire un jeune lecteur de Schopenhauer et de Nietzsche. Philippe, héros évanescent de ce premier essai, s'attache méticuleusement à décevoir la femme qu'il aime. Et puis il se demande, non sans complaisance : « Serais-je un sadique ? »

Dès les premiers récits, cette cruauté prend forme : Lucien, de *Terres étrangères*, a entraîné Madeleine dans son pays natal. Il veut jouir de son bonheur. Que lui manque-t-il ? — Pourtant, il ne peut se retenir de faire souffrir la jeune femme et de détruire son amour : « J'ai tout essayé, c'est une maladie inguérissable, un instinct plus fort que toutes les jouissances : j'anéantis notre bonheur, le mien, le sien surtout pour qui j'aurais donné ma vie. Chacun de mes actes est une destruction. »

Chacun de mes actes est une destruction. Quelle logique conduit l'homme à briser ce qu'il vient de construire ? Lucien perd Madeleine. Pierre Variel, dans *la Pen-*

sion Lomélie (les Ames en peine), ne parvient pas à s'arracher à la médiocrité. Certes, il a des excuses : la guerre vient de finir qui l'a laissé, démobilisé, lassé, déjà vaincu. Dans la misérable pension où il vit, il jette la fille qu'il aurait pu aimer dans les bras d'un imbécile. N'est-ce pas mieux ainsi ? Revenu au pays natal, ne puisera-t-il pas dans son échec une trouble volupté ?

C'est dans *l'Ordre* surtout que la « vocation du malheur » fera de la vie du personnage un suicide toujours différé : le nihilisme destructeur de Gilbert forme, dirait-on, la trame même du livre.

Gilbert Villars, en effet, sait trop qu'il lui est facile de dominer ses camarades de collège. Et, plus tard, il méprisera ses succès politiques et littéraires : la possession l'intéresse peu. Ne voudrait-il pas *avoir été* déjà tout ce qu'il imagine devoir être, pour ne pas se mépriser ? A vrai dire, Gilbert se hait soi-même : quand il s'oppose à son bienfaiteur, le solennel et fade M. Henriot, quand il s'oppose à son frère, Justin, déjà installé dans « l'ordre », c'est à lui-même qu'il s'en prend. Révolté qui « monte à Paris », à la suite de Rastignac, de Rubempré ou de Sorel, il met son énergie au service d'une cause révolutionnaire, moins par conviction que par souci d'être « en marge ». Que cherche-t-il en lançant de violentes attaques contre le parti auquel appartient son frère ? Quel fantôme le hante ? Le nihilisme prend naissance dans une haine contre la médiocrité, mais il devient vite un amour de l'apocalypse chez ceux qu'habite le dégoût de soi. Les exigences de Gilbert ne sont point politiques, elles jettent le jeune homme hors de soi, hors de l' « ordre ».

Comment vivre, quand on est dominé par une telle aspiration au néant ? Gilbert a réussi : il a entraîné la chute de son frère, mais il a perdu aussi ses chances de journaliste politique. Il a passé la mesure : n'est-il pas un simple provocateur ? Certes, Renée, qu'il croit aimer depuis son enfance et qui était devenue la femme de Justin, quitte son frère et vient vivre avec lui. Il n'aime en elle que sa victoire *momentanée*. Peut-être lui en veut-il de l'aimer, lui, et de le condamner à vivre comme tout le monde, puisque l'amour heureux est une chute dans le prosaïsme ? Va-t-il accepter de se sentir enfermé ? Imagine-t-on Saint-Just marié ?

Gilbert étouffe. Une main le serre à la gorge : il lui faut briser ce bonheur, réduire Renée au désespoir, remettre en question son amour. Aussi retrouve-t-il une de ses anciennes maîtresses, femme à moitié folle, qui tirera un coup de pistolet sur Renée. Gilbert s'enfuit, voyage, comme les héros de Flaubert. Mais ce sera pour revenir à son village natal, se réconcilier avec son frère, non avec lui-même.

Tel qu'il est, Gilbert est un cas-limite, sans doute : sa révolte est un suicide permanent, sa cruauté, une arme tournée vers lui-même. Pourtant, l'écrivain s'est accompli en écrivant l'histoire d'un échec. Arland ne s'est-il pas tué à travers son personnage ? N'a-t-il pas « joué » sa mort à travers celle du révolté Gilbert ?

On le sait (Gide l'a répété après Montaigne) : le désir vaut mieux que la prise. A quoi bon s'en tenir à ce qui est, si une exigence plus haute vous appelle au-delà de vous-même ? Et la société, tissée avec les besoins ou les aspirations des autres hommes, cristallisée en institutions, saurait-elle mériter mieux que mon dédain ? Comment désirer ce que d'autres avant moi ont convoité ? Certes, le monde, déjà, a fixé le prix des êtres et des choses. Renée est devenue plus désirable d'avoir été la femme de Justin et d'avoir été fêtée dans les salons. Si je tente de m'attaquer à l'ordre, je vais donc détruire les sources de mon désir, m'anéantir dans l'objet même de mes convoitises. Ou bien je serai janséniste et j'irai « au désert ». Ou bien je me formerai une idée ferme et doctrinale de la société qui doit s'élever sur les ruines de celle que j'attaque. Mais l'une et l'autre attitude nous éloignent de l'art, la première par le silence et la seconde par le dogmatisme. Vais-je donc être contraint d'accepter cette situation bornée qu'on me fait dans le monde, d'oublier ces exigences infinies qui me pressent d'abolir l'ordre qui est, au nom d'un absolu qui n'est point ?

Gilbert Villars n'est pas tant brisé par le monde, qu'il ne détruit en lui-même l'attrait irrépressible exercé par la société. Son destin n'est point tragique, encore que le personnage soit l'auteur de sa propre perte ; il est, prosaïquement, un échec : la volonté de destruction dont Gilbert souffre le rend impitoyable vis-à-vis de lui-même et des autres. A quoi bon s'attacher ? Pourquoi se contenter de ce qui est ? Une soif inextinguible dévore le jeune homme — soif dont Arland ne se débarrassera pas, lui-même, de sitôt : ne retrouve-t-on pas Gilbert, fantôme flottant et fiévreux, jusque dans *Je vous écris* ?

Si le mot d' « instinct de mort » a un sens, alors il faut s'en servir pour désigner le mal dont souffre Gilbert, car la malédiction qu'il pense subir n'est que l'image de son propre effort pour réprimer en lui ce qui rend désirable le monde. On pourrait presque parler de mystique — mystique sans transcendance, il est vrai.

Cela surtout rend le succès de *l'Ordre* paradoxal. Arland se trouve dans la situation d'un homme pris à son propre piège : le succès du roman plongeait son auteur dans un monde qu'il avait rejeté à travers son personnage. L'écrivain recevait la « reconnaissance » du public et des critiques, au nom d'un héros qui faisait profession d'abolir en lui-même cette part de soi qui s'attache au jugement des autres. Après *l'Ordre*, il fallait ou bien cesser d'écrire, ou bien convertir l'instinct destructeur.

Or, précisément, la littérature reprend ses droits sur le cadavre de Gilbert Villars. « Il faut juger un homme à son enfer », dit Arland par l'entremise de son héros (dans les *Carnets*), mais, puisque l'écrivain n'avait pas suivi son héros dans le néant, il fallait bien affronter l'enfer.

Il ne manque pas d'exemples d'écrivains qui aient surmonté et converti en eux-mêmes cet « instinct de mort » conçu d'abord comme une malédiction personnelle. A la détresse de Werther, Gœthe réplique par la morale de l'homme qui se développe librement dans le monde. A la détresse de la « maison des morts », Dostoïevski, oppose une mystique de l'amour. L'échec parisien de Flaubert le conduit à écrire *l'Éducation*. C'est d'une détresse plus profonde encore que Kafka tirera, nous le savons par le *Journal*, le courage de créer des fictions.

Une aventure comparable arrive à Arland : écrivant *l'Ordre* après *les Ames en peine*, il rend extérieur à lui-même un malheur qu'il subissait comme une malédiction. S'il avait tenu son héros à distance et s'était contenté de le décrire de l'extérieur, l'écrivain eût sans doute été condamné, comme tant d'autres, à recommencer inlassablement son livre. Mais l'exigence qui emportait Gilbert était profonde; Arland avait écrit un roman : il avait noyé dans le prosaïsme un personnage qui n'admettait aucune concession avec le monde et prétendait vivre, comme ces héros raciniens dont parle Lukacs, « sous le regard de Dieu ». La logique de la création n'obéit pas à celle de la conscience : romancier, Arland n'écrira plus de livre de cette ampleur.

En choisissant, pour mode d'expression, la nouvelle

ou le récit, l'écrivain bouleverse profondément ses assises ; ce travail de transfiguration a pris des années et, dans une certaine mesure, il n'est pas achevé encore.

Identifié avec son personnage, Arland s'en sépare en modifiant son univers imaginaire : au monde ouvert et prosaïque du roman qui montre l'homme noyé parmi les choses, l'écrivain oppose un espace étroit, aux frontières resserrées, sorte de « ghetto » où viennent palpiter des victimes. Au héros dont les traits sont accentués jusqu'au type, répliquent des fantômes et des somnambules. L'instinct de mort devient le principe créateur, l'action perpétuellement exercée par l'intelligence sur les personnages. *L'Ordre* suggérait un suicide différé, les nouvelles ouvrent un enfer où les personnages sont soumis à la souffrance.

Il ne s'agit point seulement d'un transfert. Il s'agit d'une manière de voir et de sentir, d'une attention scrupuleusement impitoyable : l'espace des récits et des nouvelles est l'espace même de la mort. Et l'auteur organise cette mort avec une minutie calculée.

D'ailleurs, Arland lui-même a conscience de cette modification. « Quand j'écrivais *l'Ordre*, et quand je l'*eus* écrit, j'avais l'impression que je pouvais écrire d'autres romans, aussi longs, plus denses, plus peuplés de personnages. Je ne l'ai pas fait... Pourquoi ?

« Causes accidentelles : réactions contre la longueur de *l'Ordre* et contre ce qu'on attendait de moi. — Sorte de défi en choisissant un genre non public.

« Causes profondes : Je crois que c'est avant tout par goût et besoin de la vérité, de ma vérité. Parce que la nouvelle, telle que je la concevais déjà, dans sa concentration, son choix d'un instant et d'un éclairage révélateurs, sa crispation et sa détente, sa résonance autour d'un point, correspond à mon rythme de vie, de sensibilité, presque de respiration (de même, ma propre vie ne prend de sens pour moi qu'à certaines heures où tout se ramasse dans une pleine intensité, et m'éblouit lucidement).

« Causes proprement littéraires : goût d'une forme plus rigoureuse, d'un ton plus soutenu, que ne le permet habituellement le roman [1]. »

Non sans perspicacité, Arland indique ici lui-même le mécanisme profond de son effort créateur. Puisque le monde ni l'homme dans le monde ne peuvent atteindre à un degré assez élevé de « positivité », mieux vaut reconstituer un autre monde, limité à l'intensité d'une souffrance, au paroxysme d'une émotion ou d'une passion. Le roman ne pouvait atteindre à cet état fulgurant où l'espace littéraire se ramasse autour d'un personnage, le contient, l'étouffe, et s'efface avec lui. Microcosme de tragédie, la nouvelle laisse l'écrivain libre d'imposer à ses personnages leur souffrance et de mesurer leur malheur. Nulle puissance extérieure, nul appel venu du monde ne peut s'interposer désormais entre l'homme et la malédiction : les amants sont enfermés dans la vieille maison de *la Vigie* [2]; mademoiselle Aimée, elle-même prisonnière de la haine du village, emprisonne la fille qui rêve d'un amour perdu; Jeannie est étroitement retenue dans son étroite vie de villageoise (*Zélie dans le désert*) et les personnages des *Plus beaux de nos jours* ou de *la Grâce* sont autant de créatures soumises aux lois d'un espace volontairement resserré.

1. Lettre à l'auteur.
2. *La Vigie* constitue toutefois une exception, une œuvre unique dans la suite des livres d'Arland. Ici, la volonté de bonheur l'emporte sur le nihilisme destructeur de Manuel. C'est que l'écrivain, à cette époque de son existence, est heureux, que son bonheur est une conquête permanente contre l'instinct destructeur. A vrai dire, *la Vigie* est un livre *éthique* : l'auteur nous associe à une épreuve. Il nous rend compte d'un combat livré contre les puissances obscures de son enfer — et ce combat est victorieux.

On conçoit l'importance de ce renversement : il commande l'imagination d'Arland. L'insatisfaction de Villars devient insatisfaction de l'artiste devant son œuvre, exigence de création. On dit qu'Arland se montre « difficile » avec les œuvres de ses amis. C'est vrai : il l'est plus encore avec les siennes. A peine écrites, ses nouvelles le laissent insatisfait : il faut aller plus loin encore, remodeler le monde, construire de nouveaux microcosmes où le supplice infligé aux créatures sera plus précis et mieux conditionné.

Le nihilisme ne s'incarne plus dans un personnage, il se résorbe dans le regard même que le romancier jette sur le monde et dans le mécanisme de l'effort créateur. C'est en détruisant ses personnages qu'il invente son univers. Dans ce monde clos, le héros est abandonné sans recours à des forces dont il ne connaît plus la nature. Arland prépare soigneusement l'asphyxie de ses personnages d'*Il faut de tout pour faire un monde* et d'*A perdre haleine*. En pratiquant cette vivisection, il éprouve combien plus mystérieusement lui apparaissent les hommes...

Si bien que le transfert du nihilisme de 1925 éclaire toute la création : pour aller des *Ames en peine* à *l'Ordre*, il suffisait d'approfondir (non sans narcissisme) une malédiction; mais pour en arriver à écrire les récits et les nouvelles, un autre effort était nécessaire : la malédiction devait se retourner contre elle-même et devenir l'éclairage même du monde imaginaire.

De la souffrance de l'individu, encastré dans une société qu'il cherchait à tuer en lui-même, au malheur de la créature prisonnière d'un espace mesuré, le chemin est difficile. C'est celui d'un artiste qui, sur sa création, à chaque seconde, exerce une action méthodique, vengeresse. L'écrivain, en faisant cela, ne surmonte pas seulement sa détresse personnelle, il change de région de l'être : il se fait le Dieu de ses personnages.

Un philosophe reprochait un jour à un romancier chrétien de se prendre pour Dieu et de tout savoir sur ses héros. Il s'en faut de beaucoup qu'Arland sache tout sur ses créatures, mais il faut précisément le louer d'être devenu le souverain inquiet et cruel d'un monde dont l'apparence ne le satisfait jamais — et qu'il détruit sans cesse...

II

L'ENFANT, LA MENACE

Mais il faut modifier ce cadre. Changer d'orientation. Aborder l'œuvre d'Arland par une autre face. Pénétrer dans ce monde imaginaire aux limites étroites par une autre frontière. N'est-il pas obsédant de voir l'écrivain revenir inlassablement sur les lieux où il est né? Vient-il y entretenir la flamme du malheur? Cherche-t-il à mesurer l'ampleur d'un échec ou d'une promesse non tenue? Plus il avance dans la vie et dans son œuvre et plus Arland rétrécit son domaine : un pays est là, une « terre natale » avec ses fantômes, qui l'interrogent. Ils n'ont jamais fini de poser des questions, les mêmes questions qu'ils posaient déjà à l'enfant — un enfant qui se sentait menacé. Oui, l'enfance, elle est partout dans cette œuvre fiévreuse. Enfants témoins de *Terres étrangères* ou d'*Édith*, enfants fureteurs et curieux de *Zélie dans le désert* ou d'*Antarès*. Dans *Il faut de tout pour faire un monde*, ils pataugent au lavoir dans le linge d'une femme aux sens exaltés, morte la veille. Ils reparaissent dans *l'Eau et le Feu* et dans *A perdre haleine*. C'est à son enfance que le romancier consacre les dernières pages de *Je vous écris*.

Voici d'abord l'enfant dont le regard posé sur les êtres accompagne le drame et pressent les complexités de la souffrance ou du bonheur. Le narrateur de *Terres étrangères* jouit de son jeune privilège pour suivre Lucien et assister aux troubles épisodes de ses amours tragiques. Il est là, simple regard d'en bas qui n'arrive pas à tout comprendre, mais dont les pressentiments jettent sur les acteurs une masse d'ombre. *Édith* met en scène un drame rapide, à peine dessiné, sorte de croquis fantastique en marge d'une inquiétude. Or, ce que nous savons de la belle Édith promise par le ressentiment de sa mère trop sensuelle à une mort cruelle, nous l'apprenons par les notations d'un jeune cueilleur de prunes : la nuit s'ouvre pour laisser passer les protagonistes, et elle se referme aussitôt.

Avec plus de chaleur, mais avec autant d'art, le romancier interroge à nouveau son univers familier à travers ses propres regards d'enfance, dans *Antarès et Zélie dans le désert*. Ici et là, le drame des « grands », c'est le drame des autres : la vie se déroule derrière la paroi qui sépare les âges, mais épargne à l'enfant le soin de se sentir concerné. La jeune fille qui, après la mort de son amant, a été recueillie par Mlle Adèle, la jeune Jeannie qui s'est prise d'un amour impossible pour un prétentieux collégien, nous les découvrons obliquement et comme à travers un voile de gaze. Les accents de la tragédie sont étouffés, les gestes sont effacés. Reste cette agitation de spectres qui fait la force des récits d'Arland...

L'enfant, bien sûr, c'est celui-qui-ne-sait-pas. C'est aussi celui qui-en-sait-plus-que-tous-les-autres, puisqu'il peut avoir accès partout. S'il soupçonne la tragédie, il n'a pas à la décrire comme une tragédie, car il ignore les règles auxquelles les adultes obéissent. Il constate le malheur ou la joie. C'est facile : la joie est une sorte de jeu analogue aux autres jeux. Ainsi le narrateur et son ami comprennent fort bien le plaisir de Jeannie quand ils la surprennent avec un jeune amant. Ils ne suivent peut-être pas l'admirable dialogue (un des plus denses et des plus simples qu'Arland ait écrits) mais ils en prolongent les intentions et lui donnent un sens. Les pans de réalité s'éclairent ou s'obscurcissent selon les humeurs des jeunes témoins. Nous perdons en netteté ce que nous gagnons en charme, un charme un peu nervalien, parfois.

A vrai dire, ce personnage de l'enfant-témoin répond à une recherche du roman contemporain : celle qui prétend authentifier la fiction et délivrer la littérature d'une « objectivité » artificielle. Nous savons ce que nous découvrons, au moment où nous le découvrons, sans en savoir plus que les participants eux-mêmes. Une histoire racontée ne tient jamais « en l'air », par une vertu magique; elle a ses spectateurs. Et ils doutent, s'interrogent, se trompent, prennent leur temps. Tout un chacun est plongé dans le monde de la confusion, et cela se passe ainsi dans la vie. Bien avant que l'on se fût avisé de littérature « objective », bien avant que des romanciers aient sollicité le philosophe Husserl, Conrad, dans la Préface au *Nègre du Narcisse*, avait rappelé ces vérités essentielles, sans quitter le plan de la création artistique. Il suivait en cela son maître Henry James, et il est difficile d'oublier que *le Tour d'Écrou* est le premier livre où nous cheminions vraiment comme des taupes dans un labyrinthe, sous la conduite d'un enfant effrayé. Plus ennuyeux et systématique, *Ce que savait Maisie* est pourtant le modèle d'une esthétique qui, faisant varier l'angle de vue de l'écrivain par rapport à ses personnages, tend à restituer l'authenticité de la vie par la demi-ignorance d'un spectateur puéril. On sait le parti que Faulkner tirera de cette technique...

Mais pourquoi l'enfant, sinon parce que l'enfant occupe une place privilégiée ? Groethuysen pensait que la métaphysique consiste à répondre aux questions des enfants et les ethnologues aiment à comparer leur propre situation dans les sociétés inconnues qu'ils découvrent à celle des enfants dans toutes les sociétés : le monde des adultes est l'objet d'une interrogation permanente pour celui qui en ignore le secret et les règles !

Éprouvant sans doute une certaine nostalgie pour l'époque où il se trouvait lui-même en dehors du jeu, Arland demande à ses spectateurs enfantins de recréer *le monde qui fut*, sans le priver de sa frémissante vérité. L'enfant n'a qu'un seul privilège : celui de trouver toutes les portes ouvertes et de connaître les lieux secrets où se retrouvent les amants. Pour le reste, il est condamné à regarder ce qu'il ne comprend pas ou qu'il pressent seulement, mais avec quelle hésitation ! Ainsi, l'art du narrateur consiste à faire sentir sans jamais dire, à se glisser dans le savoir tout en restant mystérieux. S'imposer cette discipline, c'est obéir à la règle de la création qui veut assombrir ce qu'on met en scène pour ne point effacer l'incertitude de la vie sous une image trop claire de ce qu'on croit savoir. Démarche incertaine.

L'enfance-témoin est comme un cas-limite. A côté, il y a l'enfance elle-même, le rêve du passé, la restitution des secrets pressentis que la vie entière ne suffit pas à épuiser.

Ici, la distance elle-même devient poésie : elle est durée, fuite du temps, découverte, suivant la couche des souvenirs mêlés, des variations d'un visage ou d'un destin. Il faut relire *Antarès*, suivre les mouvements d'esprit du narrateur sollicité, lassé, puis sollicité de nouveau. « Il suffit d'une odeur, d'un son : le battement d'une horloge, par exemple, pour que je me retourne et croie voir une ombre disparaître. » C'est l'homme mûr qui parle; l'enfant n'est pas encore apparu en lui. « Beaucoup de ces ombres, peut-être ne reste-t-il que moi pour leur prêter quelque fugitive apparence; si je m'y refuse, si je les oublie, elles vont se fondre à jamais dans la nuit parfaite. Je me sens responsable de ces ombres; si légères qu'elles soient, et toutes ne le sont pas, je les devine parfois qui pèsent sur un de mes gestes, fixent mon regard ou le distraient, arrêtent ou changent ma parole. » A quoi bon? — Laissons le corps de mademoiselle Aimée descendre dans la tombe, vieille fille anonyme, comme tous les morts. Mais non... Ces êtres insignifiants composent une constellation mystérieuse dont la configuration est inquiétante. Mademoiselle Aimée appelle : à côté d'elle apparaissent d'autres ombres, celle d'une jeune femme recueillie après le suicide de son amant et qui a connu une fin douloureuse. Mais cette histoire est bien plus qu'une histoire... Elle ouvre les portes d'un monde que le romancier n'a jamais exploré. Le temps s'enfonce en lui-même. Déjà l'enfant regarde autour de lui; la disposition des maisons et des meubles change. Le monde s'élargit jusqu'aux frontières des « terres étrangères » qui enserrent les premiers temps de la vie. L'enfant, alors, émerge chez le romancier : l'aventure de mademoiselle Aimée et d'Angèle se recompose par bribes, au hasard, dirait-on, comme on flâne dans un cimetière à la recherche de noms connus. Et l'histoire s'est déroulée ainsi, mystère enveloppé d'un plus grand mystère...

Solliciter l'enfance, c'est donc, pour Arland, plonger dans une rêverie qui conduit à la création littéraire. Quel est le secret de la « terre natale »? Arland est venu le chercher sur place, à Varennes, en 1937. (Déjà, après le succès de *l'Ordre*, pressé de trouver la voie de sa propre authenticité, il avait, dans *Antarès* et *les Vivants*, mis ses pas dans ceux du jeune enfant-témoin de *Terres étrangères*.)

Il s'étonne. Il se laisse envahir par le passé. « Je ne sais plus où je suis. Mais je sens couler autour de moi un fleuve bienfaisant. C'est l'été, c'est la terre, c'est une vie qui n'aura jamais de fin. » Une vie qui n'aura jamais de fin — c'est bien là le secret qu'il découvre dans *Terre natale*. Un secret a été livré durant les premiers jours de la vie. Quel secret? Qui le détient? La mère? Les grands-parents? Les amis? Le paysage? Tout cela ensemble sans doute, et puis la vie elle-même, l'enfance perdue, oui, perdue à jamais, sauf pour le romancier.

Est-il impossible qu'un écrivain se libère ainsi des instances sombres qui pèsent sur son esprit depuis ses jeunes années? Les symboles enchaînés par des émotions anciennes, l'écriture ne les éclaire-t-elle pas? *Terre natale* est une confession : communiquant dans une prose aux phrases courtes et aux images simples les souvenirs enfantins, Arland se dépouille de l'angoisse inavouée. La mère, les premiers amis, une lueur sur un arbre, le crissement d'une pompe, une vague rêverie sous des fleurs en été nous ramènent à ce pays sans loi où nous errons avant d'entrer à l'école. Comme les « grands » paraissent obéir à de dures lois!... Celles qui commandent à la tragédie un peu abstraite des premiers récits. Comme le monde paraît labyrinthique! Mais, dans ce labyrinthe, l'écrivain s'aventure. Son livre cherche des refuges et ne les trouve guère.

Est-ce donc cela, la liberté? *Terre natale* achevé, serons-nous délivrés de l'enfance? Manuel entraînait Geneviève à la « Vigie », dans cette maison solitaire de son pays natal, comme s'il avait besoin d'une femme pour surmonter ce passé contraignant.

Arland décrit ses symboles familiers, il n'en a pas fini avec ses secrets. Dans *Où le cœur se partage*, déjà, il avait tenté de se rendre sensible au mystère de Varennes. Il avait seulement compris qu'au contact avec ce paysage connu (trop connu), il puisait la force d'écrire. *Terre natale* va plus loin, mais se heurte à l'inépuisable étrangeté de l'enfance. Là commence la rêverie...

Il faut louer Arland d'avoir trouvé le moyen de restituer ces rêveries. Le paysage de *Terre natale* servira de cadre aux grandes nouvelles ultérieures, car l'homme ne verra jamais le bout de ce monde à la fois proche et lointain. La rêverie continue. Après *Terre natale*, voici *Sur une terre menacée*, *la Consolation du voyageur*, *Je vous écris*, autant d'exercices spirituels et de variations sur une réalité essentielle, toujours fugitive.

Quand la guerre de 40 commence et que l'écrivain se retrouve soldat à Langres (qui est le Vendeuvre de *Monique* et de *l'Ordre*), le voilà mêlé aux personnages mêmes de ses livres. Ils sont soldats, mobilisés comme lui et, comme lui, incapables de supporter l'armée qui est une invention des villes. Plus tard, après la défaite, il revient à Varennes. Il y cherche un *ordre* humain, mais le paysage et les hommes sont immuables, indifférents à l'histoire. Il n'est pas possible d'oublier. Il n'est que d'entrer dans le royaume : voici les clefs, ce sont celles de l'écriture.

Cela ne suffit pas encore : après la guerre, Arland commence ses courts récits, d'une densité tragique plus sévère et plus stricte que celle de ses livres d'autrefois. Il pénètre dans un enfer, et c'est encore le monde de l'enfance. *La Consolation du voyageur* réplique à *Il faut de tout pour faire un monde* : et cette fois le romancier parle de soi, jette sur ses personnages un regard plus lointain. C'est pour nous mieux faire sentir comment ils naissent, et quel pouvoir ils ont sur son esprit.

La Consolation du voyageur, plus que tout autre livre, est celui d'une rêverie opiniâtre, mais flâneuse; l'écrivain rôde autour de l'essentiel; il sait bien que l'essentiel ne peut être donné dans une rêverie, mais seulement à travers la fiction, seulement à travers la création imaginaire. Qu'importe! Il reviendra à Varennes, questionnera le paysage et les visages. Tout le monde a vieilli. Non comme chez Proust, où le temps altère l'aspect physique des personnages pour révéler à la secrète conscience de l'écrivain que la durée nous dégrade. Au contraire, pour nous rappeler qu'il existe une immutabilité des drames et du malheur.

Ainsi, *la Consolation* obéit au mouvement souple et pourtant gravement ordonné d'un songe : l'écrivain paraît s'abandonner, qui s'épie lui-même et s'observe. C'est une lettre, une lettre à sa femme, que l'écrivain nous propose. Mais comme cette lettre ressemble à une confidence!... Voici les jeux d'enfance, et puis une photo de la classe enfantine d'il y a quarante ans. Une tempête éclate. On ne sait pas. On devrait savoir. Mais quoi, un voile ténu paraît jeté sur la surface des choses. Est-ce donc cela, la poésie? Ou bien est-elle dans la flottante volupté d'apercevoir la vérité par transparence?

L'écrivain éprouve le désir d'entrer dans les parties les plus reculées du passé. Non comme on fuit, mais comme on reprend pied sur un terrain solide. Celui de la création. Pourtant, la rêverie ne crée pas, tout au plus livre-t-elle cet état intermédiaire entre le souvenir et l'imagination où paraissent les fantômes. On peut croire que tout est achevé, que le regard de l'enfant-témoin est, pour toujours, clos, que la grille qui grinçait à l'entrée du monde perdu ne s'ouvrira plus.

Non, de fiévreuses interrogations se font jour. On adresse des signes au voyageur. Qui, « on »? Des survivants, une pompe qui bat, un arbre que le vent froisse au soleil, les étourneaux en bande au-dessus d'un étang entouré de peupliers. Il reste d'autres choses à voir, d'autres secrets à connaître. Cela dépend de nous, de notre courage.

Justement, la mère élève la voix. Elle n'a pas épuisé ses souvenirs, la terrible veuve. Elle se rappelle une vieille histoire du temps qu'elle était jeune fille, et où de grandes manœuvres amenaient, pour quelques semaines, de beaux officiers des villes au pays. Sans doute, l'imagination supplée à la mémoire. Du moins, la mère parle. Elle est, comme tant de vieilles gens du village, un pont vivant jeté entre le passé et l'obscur présent. Elle sait, ou paraît savoir. Et ce qu'elle tait est sans doute plus mystérieux encore.

J'étais là, ce soir-là, avec Arland, dans la cuisine de Varennes où le romancier a passé son enfance, au lieu même d'où jaillit toute sa mythologie. La mère parlait pour nous deux : nous étions des hôtes et il fallait plaire. L'histoire se développait lentement, et la conteuse cherchait ses effets. J'ai retrouvé cette histoire dans *la Consolation*[1] *:* elle est bien telle que je l'ai entendue. Et pourtant, c'est devenu une nouvelle d'Arland. On voit ce qu'il a supprimé : une certaine complaisance peut-être. On sent surtout, dans cette création à l'état naissant, ce qu'il a ajouté, et c'est la part de l'art : une patience inquiète qui fait songer à celle des contes populaires.

Je savais alors ce qu'était Varennes pour Arland : le lieu d'une attente. L'écrivain ne vient pas ici comme on cherche un abri, quoiqu'il le dise souvent, mais comme on se soumet à une menace, sans cesse

---

[1]. Page 281.

renouvelée. Les personnages apparaissent; avec eux monte ce péril d'autant plus inquiétant qu'il est obscur. La fiction de l'enfance n'est-elle pas pour Arland le prétexte qui lui sert à combattre d'imaginaires dangers — et commencer à écrire?

III
DE LA RÉVOLTE
A LA LITTÉRATURE

Le nihilisme se dissout en création. Mais pendant que cette transformation s'opère dans les profondeurs de l'être, un autre changement se fait : l'idéologie de la révolte deviendra le principe le plus ferme de l'analyse *critique* de l'écrivain. La littérature militante se dresse sur les ruines des barricades symboliques où meurent des héros éphémères...

Il faut reprendre les choses en 1923, lorsque le jeune écrivain, qui vient de se faire connaître par *Terres étrangères*, entre dans le bureau de *la N.R.F.*

« En 1923 », écrit-il dans *Essais et nouveaux essais critiques*, « un après-midi que je me trouvais avec Jacques Rivière dans son bureau de *la N.R.F.* (ce réduit où quatre personnes n'auraient pu tenir mais qui fut l'un des centres de la France intellectuelle), comme nous venions de nous opposer sur l'importance de plus d'un homme et de plus d'une idée, Rivière me demanda de marquer dans un essai l'état et les tendances de la jeune littérature. » De cette discussion sortit un essai *Sur un nouveau mal du siècle*, publié en 1924 dans la revue, avec une réponse de Rivière.

1923. Oui, le siècle était malade. Mais, peut-être, souffrait-on plus d'un surcroît d'abondance ou d'une trop grande ébullition que d'un manque, d'une disette. Révolution en Russie, émeutes en Allemagne, en Hongrie, vagues de grèves en Italie, en France, en Angleterre. L'Europe est secouée, elle qui vient d'être mutilée par la guerre.

Le désordre est grand, surtout parce qu'on ne voit plus comment affronter, avec l'aide des seules valeurs anciennes, l'infinie sollicitation que ce monde nouveau apporte. Vieux concepts, vieilles habitudes, tout paraît désuet. « Dada », bientôt le surréalisme, s'installent dans la révolte. Gide, jadis dédaigné et scandaleux, connaît enfin la notoriété. Mais partout, c'est à des affirmations de détresse ou de scandales qu'on répond. La morale est aussi troublée que la littérature.

Peu de consolation dans ce désarroi. Seule, ou presque, à Paris, *la Nouvelle Revue Française* vient de rompre le silence où la guerre l'avait contrainte. Revue bien faite pour déplaire : aucune concession à l'actualité, grand souci de rigueur, volonté de mesurer la vie, si exubérante soit-elle, au souci obsédant de l'expression, la revue semble toutefois répondre aux efforts dispersés des écrivains pour faire reconnaître la dignité de la littérature.

Pourtant, la revue et l'équipe qui la compose, quelle place réelle occupent-elles dans la vie intellectuelle du pays, et dans le pays lui-même ? Avec le temps, nous effaçons les difficultés du passé : à l'époque où Arland et ses amis se rencontrent dans les cafés et fondent la revue *Surréalisme*[1], les « valeurs » sûres, ce sont Binet-Valmer, Sacha Guitry, Claude Farrère et Pierre Benoit. Quant à la littérature, elle

---

[1]. La première, avant l'arrivée de Breton.

rêve autour de Barrès, découvre à grand-peine Gide, Proust ou Valery Larbaud.

Surtout, le nationalisme de 1914 avait tout *rongé* : il avait aboli l'Affaire Dreyfus comme il avait réduit à néant le socialisme franco-allemand d'avant Sarajévo. Et puis, quelle surprise : les éducateurs et les instituteurs n'avaient-ils pas répété depuis cinquante ans, après Auguste Comte, que la civilisation industrielle excluait la guerre ? L'effondrement des valeurs de progrès est aussi angoissant que l'affaiblissement des croyances religieuses. Ajoutons le spectacle d'une société tremblante qui se relève mal du choc et qui sent frémir ses institutions. L'Europe se sait malade : Valéry promène son Hamlet sur les charniers de Verdun.

Nous ne faisons pas l'histoire des années 20 : elle serait passionnante, ne fût-ce que par le rappel qu'il faudrait esquisser de l'invasion des musiques nègres, du cubisme et du cinéma. Il ne semble pas qu'Arland s'y soit complu. Bien trop douloureusement sensible à la dispersion que lui impose la grande ville pour jouir de ce qu'elle apporte de neuf, l'écrivain, ouvert à la révolte qui emporte sa génération, est plus soucieux de se retrouver soi-même.

De cette volonté naquit *Sur un nouveau mal du siècle* : le jeune écrivain constate d'abord que les générations successives oscillent entre deux dangers, celui de l'ordre et celui de l'anarchie; qu'entre ces deux abîmes, il n'est pas aisé de trouver sa route, une route qui fût celle d'un homme, la sienne propre.

Certes, « toutes les civilisations convergent d'abord vers un point idéal, un instant atteint, aussitôt dépassé »; mais si grand soit l'accomplissement d'un peuple durant cette phase « classique », il ne peut s'agir de s'y enfermer. La dissolution de l'idéal, la recherche de valeurs nouvelles prennent alors la forme du nihilisme et de la révolte.

On conçoit l'importance du mouvement « Dada », auquel Arland a adhéré, pour peu de temps, mais avec passion : c'était le rêve d'une génération (qui va se poursuivre dans le surréalisme) en quête de sources d'expression neuves et de moyens artistiques encore inconnus. Belle vocation, bien faite pour aider une époque aux valeurs renversées.

Toutefois, rien n'est plus dangereux que les révoltes qui se satisfont d'elles-mêmes. A s'enliser dans la contestation permanente, les hommes de la génération « Dada » s'enferment dans un nouveau confort intellectuel et moral. Les attitudes, les gestes, les fantaisies sont autant de freins à une recherche authentique. La « sincérité » exige moins de théâtre et plus de rigueur.

La « sincérité ». Aujourd'hui, ce mot très gidien, prête à sourire, comme prêtera sans doute à sourire dans quelques années celui d' « engagement », cher à Sartre. On sent bien qu'Arland n'emploie pas ce terme, toutefois, dans le sens que lui donne *les Nourritures*, mais dans celui, plus précis, de recherche scrupuleuse des exigences profondes de l'être. C'est ce qui explique le recours à la littérature.

Car on ne sortira point du malaise, du « nouveau mal du siècle », en s'y complaisant, mais en lui demandant de hausser la conscience au niveau d'expériences nouvelles. Ou d'aider à définir une nouvelle conception de l'homme. Le nihilisme est nécessaire, et il doit se convertir en lucidité créatrice. Pour cela, il doit éviter les « doctrines » qui enferment la conscience dans un système, et ne point manier le scandale comme d'autres, avant la guerre, maniaient le snobisme et les grands gestes de mousquetaires. Cette conversion répond, sur le plan des idées et de la critique, à la transformation, sur le plan de la fiction, du nihilisme intérieur en principe créateur. Certes, il est plus aisé d'opérer ce transfert avec des idéologies qu'avec le tempérament; Arland découvre alors plus facilement les exigences de la littérature que le créateur ne parvient à surmonter l'instinct destructeur de Gilbert Villars...

Mais il suffit que ce renversement soit entrepris — et maintenant aux deux niveaux de l'existence, celui de l'œuvre et celui de l'attitude littéraire. « Nous sommes écrivains », dit Arland. « Je prononce ce mot sans orgueil, certes, mais sans honte, car je le prononce comme le mot : homme. Il est devenu de bon ton de mépriser la littérature. Et sans doute la foire aux vanités qu'elle propose en spectacle, les injures, les attitudes, les cuistreries, les francs-maçonneries par en bas, surtout cette part de mensonge qu'elle semble réclamer de nous, ce serait assez pour justifier ce mépris si, malgré toutes les souillures, un merveilleux génie ne subsistait en elle. » On sent qu'Arland prononce ces mots de « génie de la littérature » dans un sens voisin de celui où Chateaubriand parlait de « génie du christianisme » — acception religieuse et dévotion presque mystique.

On comprend assez bien que le jeune écrivain qui vient de publier *Sur un nouveau mal du siècle* ne s'attardera point à Paris, dans les chapelles surréalistes. Il lui faut un air moins vicié; surtout, plus de vérité. Aussi quitte-t-il la capitale pour la campagne. Rupture symbolique. En choisissant de tirer de soi seul les semences de la création, il renonce à ce qu'il est convenu d'appeler une « carrière ». Il est passé de la révolte à un mode d'existence : la littérature.

Ce chemin, d'autres, après lui, le referont, des années plus tard : ne reconnaît-on pas ici la démarche trop brève de Camus? Mais Camus n'est pas le seul à avoir compris que sur les débris des idéologies de la révolte, seule la littérature permettait aux meilleurs des esprits de retrouver dans l'art d'écrire une manière de morale.

Car il s'agit bien d'éthique. Ce mot revient à chaque page de *la Route obscure* ou d'*Étapes*, il est implicite dans l'essai *Sur un nouveau mal du siècle* : une morale en ce sens, cela signifie moins un code de devoirs qu'une nouvelle manière de fonder l'homme, comme dirait ce contemporain d'Arland, Malraux. Par là, l'écrivain se délivre des illusions stupides de « l'art pour l'art ». Il sait bien qu'une mystérieuse circulation s'établit entre l'individu soucieux de répondre aux profondes questions que pose à travers sa conscience une époque, et les hommes tous ensemble qui ne savent guère ce qu'ils attendent, mais le savent lorsqu'ils l'ont trouvé. « L'œuvre véritable n'est ni de l'homme ni de l'individu ; elle n'est ni une leçon, ni la confession d'une anomalie. C'est une expression individuelle de l'homme ; le fruit d'une épreuve unique et intransmissible dans son intégrité, mais que par effroi ou par ivresse, un écrivain transpose approximativement de son idiome dans la langue universelle. » Ainsi, l'imaginaire n'appartient pas au domaine des fantaisies pures ou de la gratuité légendaire, il est commandé par un souci fiévreux et opiniâtre — celui d'élucider en l'homme ce dont l'homme a besoin pour se regarder dans une glace.

Cette « conversion » de la révolte en principe de création va servir à l'écrivain de définition critique. Il est frappant de voir Arland construire sur cette définition de la littérature éthique une méthode d'analyse critique.

Certes, il n'est pas utile de rappeler ici les insuffisances d'une critique impressionniste ou dogmatique ; depuis la guerre de 1914, seule une critique soucieuse de trouver l'authenticité de l'homme a su s'imposer : celle qui, justement, se définit chez Arland avec précision. Quant au reste, ce sont de périlleux exercices qui, tantôt utilisant les données des sciences (sociologie, psychologie, psychanalyse), et tantôt assimilant la littérature à la métaphysique, détournent l'expression artistique de son vrai sens. Si séduisante que soit la recherche des « thématiques », les études sur les relations de l'écrivain avec l'espace ou le temps, ces recherches partielles finissent toujours par s'élever à la prétention explicative. Or, qu'une part essentielle de l'artiste lui échappe à lui-même, cela est évident; cette part, toutefois, ne saurait être élucidée par une application de grilles, peut-être valables pour la personnalité moyenne d'une époque, non pour la personne de l'artiste, dont la vocation est de détruire toutes les grilles au terme de cet exercice spirituel imaginaire qu'est la littérature.

Il ne devrait donc y avoir de critique qu'à la mesure de la volonté d'un homme de transmettre à travers son style cette part d'existence qu'il veut élucider. Si l'homme invente des situations et des personnages, c'est qu'il répond au défi obscur que lui lance, non l'expérience déjà accomplie ou maîtrisée de l'humanité, mais la région encore inconnue dont, seule, la fiction peut rendre compte. La création est une manifestation de l'existence poussée au plus haut degré de son exaltation passionnée ou calme : qu'elle soit psychologique (Proust ou Dostoïevski pensaient apporter quelque chose de neuf sur l'homme), sociale (Martin du Gard ou Zola cherchent à comprendre un monde), métaphysique (Malraux et Sartre croient que l'essentiel leur sera révélé), ni la psychologie, ni la métaphysique, ni la sociologie n'épuisent l'œuvre ou la volonté créatrice de l'auteur. Les unes et les autres ne sont que des noms donnés par l'écrivain ou les critiques à une certaine accentuation de l'imaginaire; elles ne sauraient définir les structures mouvantes de la personnalité créatrice.

« ... ou s'il devine sa mort prématurée ? Mon père mourut quand j'avais trois ans. »

Terres étrangères.

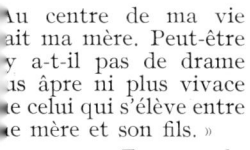

« Au centre de ma vie était ma mère. Peut-être n'y a-t-il pas de drame plus âpre ni plus vivace que celui qui s'élève entre une mère et son fils. »

Terre natale.

« J'ai retrouvé l'autre sur de vieilles photographies ; je garde, à côté de mon frère qui rit de toutes ses dents, une figure maussade, des yeux sombres, une bouche qui semble prendre le monde à partie. »

Terre natale.

L'école de Varennes. 1905. M. A. *au premier rang, sur un tabouret, à la gauche du Maître.*

« Ce gros homme, qui s'emportait parfois jusqu'à suffoquer, me témoignait une affection vigilante, grondeuse, mais non moins douce qu'une caresse. »
Terre natale.

J'ai eu beaucoup de chats depuis mon enfance; ils furent tous assez laids, gris, sans race, bons certes, mais d'un génie médiocre. »
Antarès.

Celle-là, il faut la trouver dans la respiration, le halètement du style et de la langue, la pulsation intérieure qui pousse un homme à inventer des personnages, et, les ayant rendus présents, à les plonger dans des situations dramatiques. Et pour cette raison, à travers l'expression seule, nous pouvons retrouver le « génie de la littérature », la volonté profonde qui commande à l'œuvre entière.

Dans *la N.R.F.*, puis dans ses livres de critique, évoquant ses contemporains ou interrogeant les écrivains d'hier, Arland entreprend ainsi un long travail de connaissance et d'investigation. Les *Essais et nouveaux essais critiques* comme *le Promeneur*, *les Échanges* ou *les Lettres de France* obéissent à une préoccupation unique : celle que l'écrivain définit dans le plus beau de ses livres de critique, *la Grâce d'écrire* : « J'ai demandé à chacun des écrivains que j'abordais : comment avez-vous accueilli cette grâce d'écrire qui vous fut donnée ? Quelle est l'authenticité de votre œuvre ? Qu'avez-vous de vivant et de durable ? »

On voit l'avantage d'une telle enquête : Constant, Diderot ou Marivaux prennent une existence nouvelle. Sollicités de répondre à la question essentielle, ils descendent des rayons de musée où la critique les a trop souvent enfermés : ils respirent devant nous, avec leurs imperfections, leurs hésitations, et, soudain, ces coups de génie qui justifient l'admiration. Telle est la démarche fondamentale de la critique, chez Arland — obliger l'artiste à répondre à ces questions : Comment avez-vous modifié l'image de l'homme que vous avez reçue de votre époque ? Au nom de quelle volonté avez-vous créé ce monde imaginaire qui laisse plus ou moins dans l'ombre toute biographie ?

Voilà quelques années, circulait une « anecdote » que je veux raconter... Chateaubriand vient un jour chez Gallimard pour soumettre à *la N. R. F.* ses *Mémoires d'outre-tombe*. Paulhan et Arland prennent le manuscrit et de longs jours se passent. Ne recevant pas de réponse, un jour, Chateaubriand, tremblant, vient à la revue. Paulhan lui rend son manuscrit avec un refus courtois : pour sa part, il trouve le texte trop long ; quant à Marcel, « il fait des réserves »...

J'aime cette anecdote parce qu'elle indique assez bien la nature du traitement que le critique impose aux œuvres du passé : « faire des réserves » sur *les Mémoires d'outre-tombe*, n'est-ce pas faire à Chateaubriand l'honneur de le considérer comme un écrivain vivant ?

Et c'est là ce qui donne son importance à la critique, telle que la comprend Arland : parler d'un écrivain d'autrefois, c'est solliciter son existence, le questionner comme un être vivant, le mesurer à cette volonté d'authenticité qui fait la part durable de son œuvre. *Les Échanges* ou *le Promeneur* sont autant de dialogues avec la seule passion d'un homme qui ne meure point avec lui : son inquiétude devant l'imaginaire.

Quant aux écrivains contemporains, aux écrivains débutants, Arland leur pose aussi la même inlassable question : que voulez-vous dire ? Ce que vous écrivez est-il à la mesure du rêve que vous portez ? Dans quel sens pensez-vous modifier l'image de l'homme que vous avez reçue en héritage ? Comment vivez-vous votre création et comment votre création vit-elle avec vous, en vous ?

On parle alors de la « sévérité » d'Arland. C'est oublier que cette « sévérité » s'exerce d'abord sur l'écrivain lui-même, avant de s'exercer sur les autres ; qu'elle est une forme suraiguë d'intérêt porté à la littérature. Peu d'écrivains ont aidé autant de débutants qu'Arland. On le sait. On le dit peu. Il faut l'avoir vu à l'œuvre dans le cadre de cette *N. R. F.* à laquelle il sacrifie son temps, où il exerce un sacerdoce.

Dans les *Lettres de France* et *les Nouvelles Lettres de France*, nous suivons ainsi les démarches du critique à travers les productions littéraires de l'après-guerre : que reste-t-il des gloires d'hier ? Que valent les débuts fracassants de tel autre ? Comment se renouvellent les sources d'inspiration ? On trouvera là les études les plus compréhensives qui aient été écrites sur Gide, après sa mort, sur Bernanos. A ceux que la mode ou la politique écarte momentanément de la scène, comme Drieu, Arland veut rendre justice, même si l'œuvre ne répond pas toujours à son appel. A d'autres qui, comme Giono, se sont renouvelés en profondeur, le critique demande le sens des découvertes qu'ils ont récemment faites. A l'œuvre de Chardonne, en ami de toujours, mais non sans rigueur, Arland apporte une lucide analyse. Quant aux plus jeunes, c'est à l'exigence profonde de la langue et de la fiction qu'en appelle Arland : « la pure expression de l'homme et sa création la plus haute » vaut qu'on s'attache à l'essentiel, au noyau créateur, car l'homme élabore sa propre vie au niveau de l'imaginaire, à travers un style...

Là réside le sens profond de la conversion intellectuelle du nihilisme et de la révolte en principe de jugement critique. Mais il nous faut maintenant revenir à la création. Non plus à la création en train de se faire, dans les convulsions de la vie intérieure ou de l'analyse esthétique, mais au visage même de l'écrivain, celui qu'il nous propose à travers ses livres.

IV

LA FIGURE IMAGINAIRE

« Nous portons deux ou trois chants, que notre vie se passe à exprimer », dit Arland, dans *Antarès*. Avec une surprenante continuité, ces thèmes se développent et s'enchevêtrent dans l'œuvre d'Arland depuis ses premiers essais jusqu'aux dernières nouvelles. Laissons de côté la durée ou le mouvement chronologique : la figure imaginaire de l'écrivain est celle de son œuvre; elle se compose à son insu ou, du moins, sans que la volonté ou la lucidité puisse agir sur autre chose que sur les moyens et les formes de l'expression.

Ces thèmes répondent parfois à des situations-clefs de la vie psychique de l'écrivain; parfois, il s'agit de fantômes flottant au côté d'Arland et accompagnant sa vie et ses rêves. Ce sont autant de générateurs d'émotions et de symboles, autant de centres rayonnants pour la trame des récits ou des nouvelles. Ce visage imaginaire ne compose-t-il pas le vrai portrait d'un écrivain, celui qu'il donne de soi, sans l'avoir expressément voulu, à travers les constantes de son œuvre?

L'exclu de la horde.

Voici le premier de ces thèmes : il prend le visage obsédant du héros bafoué, de l'homme humilié que la vie, cruellement, punit d'être celui qu'il est. Personnage combattant, mais vaincu...

Tel est Bauer, le père d'Étienne *(Étienne)* : il a épousé une femme trop belle et trop noble. Il l'a réduite à sa misère. Glissant à l'abîme, il n'a plus les moyens de se redresser. Il lui faut l'appui de ceux-là qu'il a, au regard du monde, déshonorés : la famille de sa femme. Sans argent, il devient un instrument entre les mains de son beau-frère qui, sans pitié, l'amène au suicide. Cela, le jeune Étienne l'a vu, comme il a vu sa mère et son oncle effacer les traces du disparu. Et lui, l'enfant, il est humilié comme peut l'être ce jeune garçon des *Karamazov*, qui voit battre son père, dans la rue.

Le fantôme renaît dans *l'Ordre*, plus présent et plus attirant pour Gilbert Villars : le père du héros n'a-t-il pas, avant lui, défié la société et n'a-t-il pas échoué ? Enlevant la fille de M. Henriot, puis, veuf, se remariant avec une femme méprisée, il est venu mourir d'épuisement et de maladie dans le village où, plus tard, également vaincu, Gilbert viendra, lui aussi, mourir. Le sentiment d'avoir à venger ce père humilié est une des composantes essentielles du caractère de Gilbert, le plus secret moteur de ses actes.

Mais Arland ne se contente pas d'évoquer des fantômes : il faut qu'il présente cet homme bafoué, là, devant nos yeux, comme s'il éprouvait un sombre plaisir à nous montrer l'abaissement et la dérision. Car il s'agit bien de dérision puisque l'exclu de la horde ne peut que susciter notre attendrissement, quand la situation qu'il affronte ou son attitude sont également misérables et ridicules.

Ainsi, dans *Veillée de septembre (les Vivants)*, le fils de M. Clertan vient supplier son père de l'aider. Il lui faut de l'argent. M. Clertan est solidement installé dans la société. Il est maire de son village et, justement, on est à la veille des élections. Son fils n'obtient rien de lui et se suicide. A quoi cela lui sert-il ? M. Clertan exige qu'on camoufle le suicide, qu'on taise le drame. Même sa mort aura été volée au jeune homme.

La liste serait longue des vieillards trompés et des hommes brisés par la vie, dont Arland peuple son univers : tous ne sont pas des révoltés, mais tous sont des bannis, des vaincus. Voici le cousin Charles *(On recueille le cousin Charles* dans *Il faut de tout pour faire un monde)*, pauvre type à moitié idiot que la mort de sa mère laisse seul avec un petit héritage. La famille de son frère a tôt fait de l'emmener avec elle : il sera heureux, choyé. C'est dire qu'il sera une sorte de domestique et abandonnera son héritage. Paul Riquet *(Un Homme de peu,* dans *les Ames en peine)* est plus dérisoire, mais ce lamentable célibataire n'échappe pas au malheur : bafoué dans son amitié et dans son amour, il paraît expier sa sottise.

Dans *A perdre haleine*, et sur un ton presque fantastique, nous retrouvons ce héros humilié, mis au ban de la vie, et puni, dirait-on, en raison même de sa solitude et de son ratage. Tel est le Toby d'*On ne peut tout supporter*, misérable clerc de notaire, boiteux, bafoué par sa femme et l'amant de celle-ci. Depuis l'enfance, Toby est un souffre-douleur. Non un révolté ou un exclu de la horde par volonté profonde, mais un paria forcé, maudit par ceux qui ne veulent pas reconnaître en lui un « prochain ». Toby reste « jusque dans la mort un grotesque » et son suicide même n'arrive pas à être tragique.

Convulsion de la pitié... L'émotion d'où procède ce personnage répond sans doute à une panique enfantine, celle de la brimade. Bien d'autres héros d'Arland sont ainsi chassés du groupe et répudiés. Telle, mademoiselle Aimée d'*Antarès* à qui le village ne pardonne pas de protéger Angèle. Telle, la femme de *Maternité* dans *les Ames en peine*. Tels aussi ces paysans vaincus, isolés, qui s'enfoncent dans le désespoir, créatures épisodiques, vaguement fantastiques, comme de vieux lecteurs de la Bible chez Rembrandt.

Sont-ils là pour nous rappeler que le monde fait autant de parias que d'élus ? Représentent-ils une antique crainte de l'enfant devant celui qu'on met à l'écart du groupe et devant la possibilité d'être soi-même mis de la sorte à l'écart ? La dérision est anxiété dans ses profondeurs, comme l'a senti Kafka. Anxiété devant la solitude, anxiété devant la société des hommes dont la mystérieuse volonté collective et les choix communs sauvent un être ou le perdent.

Le cercle des morts.

Cet autre thème de l'univers imaginaire d'Arland soutient la plupart de ses récits, sert d'arrière-fond à la plupart de ses nouvelles : c'est la mort, inséparable du lieu de la mort, le cimetière, avec ses veuves et ses pleureuses.

Tonalité grave et rude qui accompagne la rêverie de l'écrivain jusque dans ses instants de plénitude. Ainsi, dans *la Vigie*, le cimetière est une seconde maison où plongent les racines du passé, et peut-être celles du cœur : « Nous gagnâmes le cimetière. Il avait neigé pendant la nuit; mais la neige était fondue; il ne restait plus que des flaques d'eau dans les chemins, et, sur les arbres, sur la terre, dans l'air même, une claire humidité, qui rendait tout plus précis et plus lointain à la fois. J'allais le premier sans me retourner : Ici, c'est mon père. Ici, mon arrière-grand-mère, dont je vous ai si souvent parlé. Ici, un camarade d'enfance... Il y eut dans cette présentation de notre amour aux morts et à la terre dont j'étais né, je ne sais quelle confuse alliance qui fit de cette heure la plus belle que j'eusse vécue. » Morbidité, sans doute. Mais on n'a rien dit quand on a prononcé ce mot. L'écrivain sent d'une manière physique le contact des morts : « J'éprouvais l'aide de ces morts, sous mes pieds, et me sentais sûr de mener notre vie à son but » *(la Vigie)*. L'homme ne trouve donc sa sécurité qu'au milieu du cercle des morts, cette seconde famille fantôme. « Ce cimetière était redevenu pour moi ce qu'il était dans mon enfance : une autre maison, celle dont les hôtes ne peuvent changer de traits, ne peuvent nous décevoir, mi-dieux, mi-terre... »

Les Vivants, Antarès, Terre natale surtout, s'emplissent de la mélopée funèbre : c'est à l'occasion de l'enterrement d'un vieux camarade d'école que le narrateur retrouve le sens des vies tragiques paysannes. Et cela est *sa* vérité. Comme un personnage de Faulkner, une vieille fille, tout entière tendue vers son dernier souffle et dont tous les souvenirs se rapportent à des disparus, arrête la pendule qui fait trop de bruit : elle est morte, déjà *(les Vivants)*. Le rythme d'*Antarès* est commandé par celui des enterrements et des visites au cimetière : mise en terre de l'amant d'Angèle, mise en terre d'Angèle et de mademoiselle Aimée, longues visites sur les tombes, tandis que monte dans le ciel celle qu'on appelle à tort l'étoile Antarès. *Terre natale* est une longue méditation autour d'un double cimetière : celui du village et celui que portent avec eux les souvenirs.

Toutefois, et si proche soit dans la géographie le Varennes d'Arland du Charmes de Barrès, le cimetière d'Arland n'évoque point « la terre et les morts » de Barrès : il y a chez Barrès plus de passion et moins d'émotion réelle; ses morts sont anonymes et se perdent dans la cavalcade apocalyptique de l'histoire nationale. L'enracinement dans le sol, dont la profondeur le fait vibrer, est une rêverie politique et sociale; elle semble sortir d'Auguste Comte, son maître, qui voyait le fantôme de l'inventeur de la charrue labourer, invisible, à côté du laboureur. Et plus tard, ce mythe, avec le temps, se charge d'une troublante sensualité : dans *Amor et Dolori sacrum*, Barrès ne songe-t-il pas avec volupté aux fruits qu'il vient de manger dans les îles de la lagune de Venise, parce que ces fruits ont peut-être été nourris par les cendres de charmantes moniales d'il y a deux siècles ?

Rien de tel chez Arland, où les morts ont un visage et constituent un prolongement naturel de la famille et des souvenirs, le terme le plus lointain, mais non le plus inaccessible de la mémoire.

A l'origine, il y a les longues stations de la mère de l'écrivain, veuve, avec ses fils, sur la tombe du mari disparu trop jeune. Cette image revient, pour ainsi dire, à toutes les phases de l'existence d'Arland et flotte à tous les niveaux de sa création : dans *Terre natale*, bien entendu, mais aussi dans les nouvelles. Partout s'impose la figure de la veuve, immobilisée dans sa douleur : « Notre mère s'enfermait dans la chambre pour revoir les souvenirs du mort; des livres, une flûte, une boucle de cheveux; nous l'entendions pleurer comme devant une tombe à peine fermée » *(Sur les tombes)*. Puis, dans *A perdre haleine, la Veuve* : « On pourrait croire qu'il est facile de s'accommoder d'un père mort, que l'on n'a pour ainsi dire pas connu. Mais le père ne quittait plus son fils. Il était présent dans les regards de compassion que surprenait l'orphelin et qui, à travers lui, évoquaient le mort. »

Arland sait bien que ce thème est fondamental chez lui. Aussi, dans *la Consolation*, cherche-t-il à savoir, à percer le mystère. Il revient au cimetière, pour surprendre le secret : il y trouve sa mère. A peine s'étonne-t-elle de le voir : « C'est toi, m'a-t-elle dit enfin; tu es venu voir nos morts. » Il est plus explicite dans *Antarès* : « Aucun lieu ne pouvait être plus propice à la rêverie d'un enfant que ces deux cents tombes, à quelques minutes de l'école et de la maison familiale... Chacune d'elles, avec sa terre, ses hôtes et sa loi était une maison particulière; et toutes ces maisons étaient entre elles comme les maisons des vivants; même, elles paraissaient les véritables demeures, celles d'où l'on vit éloigné pour vingt ou soixante ans, mais il faudra bien qu'enfin on rejoigne la race et la coutume. Je ne me sentais vraiment chez moi qu'auprès de cette bande de terre noirâtre, bordée de buis, au cœur de qui s'élevait une touffe d'immortelles. » Et la grande tristesse qui envahit les récits d'Arland prend sa source dans les impressions d'un enfant fiévreux devant une tombe fraîche.

Nous reconnaissons cette image de la mort : elle est celle qu'on décrit d'ordinaire sous le nom de « mentalité primitive » : participation des vivants au cercle des morts, intervention des fantômes du souvenir, sentiment d'une vie passagère entre le néant et le cimetière. Il serait naïf d'expliquer cette obsession par la survivance à Varennes de traditions remontant à la plus ancienne « primitivité ». D'abord parce qu'il ne s'agit nullement de sentiments « primitifs », ensuite parce qu'il y a beau temps que les campagnes de l'Est sont entrées dans un monde sans magie. Mieux vaudrait songer, sans doute, à une dimension de la conscience de l'écrivain, à un trouble profond qui replace l'homme mûr dans une situation où peuvent se trouver les enfants, et partant certaines sociétés qu'on appelle « sauvages ». On a souvent dit que des troubles apparemment pathologiques correspondaient à des aspects normaux dans d'autres cadres humains : mobilisant sa conscience et cristallisant son être, restaurant son enfance sans cesser d'être un homme d'aujourd'hui, le romancier se fait morbide pour entrer dans un monde où, sans cela, il n'aurait point accès. Le langage littéraire possède cette vertu (dont ne dispose point le langage normal) de pouvoir reconstituer artificiellement une personnalité en apparence différente de celle qui répond aux codes et aux habitudes de la société où l'on vit. Le cercle des fictions serait capable d'amener l'écrivain au niveau d'expériences qu'il ne pourrait approfondir en restant au niveau de la vie normale de son époque. Cette image de la mort serait donc, pour Arland, le mot de passe qui lui permet d'entrer dans un domaine interdit où nul autre que lui ne peut pénétrer. La vision de la mort qu'il suggère ne s'apparente donc à celle des « primitifs » que dans la mesure où les hommes et les femmes dont parle l'écrivain n'obéissent pas exactement aux normes banales de l'existence « moderne ». Par l'écriture, Arland affronte la mort, non la mort en général, mais cette mort qui sert de frontière à la mémoire, qui envahit l'enfance en la peuplant de spectres. Mort qui permet d'atteindre au noyau intime de la personne, d'affronter l'innommable.

Un paysage, une passion.

Imaginerait-on les nouvelles ou les récits d'Arland, privés de cette dimension obsédante que leur apporte la nature? Le seul roman urbain qu'il ait écrit, *l'Ordre*, précisément, il ne l'a jamais refait. Parce que le roman est un art des villes, comme l'histoire.

Un peu abstraitement, *Terres étrangères* évoque « le soir trop grand pour que j'en dise la louange ». C'est que l'écrivain, durant ses premières années créatrices, n'a pas encore trouvé le style pour parler des paysages, qu'il n'a pas encore inventé le moyen de réconcilier le paysage avec une passion.

Terres étrangères, *Étienne* et, dans une certaine mesure, *Édith* (bien que, dans ce dernier récit, il y ait autre chose), *Étapes* ou *la Route obscure* évoquent la nature, mais comme à distance, au loin. La passion dont Arland fait la trame vivante de son livre est une passion projetée sur la scène éloignée de la tragédie. Le paysage n'y entre donc en composition qu'à la manière d'un décor de théâtre, pour accentuer un trait, pour achever une page.

Quant au Gilbert de *l'Ordre*, il est bien trop impatient pour s'arrêter à la nature. Il ne contemple pas, il est haletant, pressé de se prouver à lui-même son nihilisme. Il ignore ces pauses qui font le charme juvénile de Julien Sorel, que Stendhal arrête pour quelques instants dans les montagnes du Jura où il va trouver son ami Fouquet. C'est un « homme pressé » : attentif au caractère moral de son héros, l'écrivain n'accorde à la nature que peu d'attention.

Certes, déjà, par le biais de la banlieue, la nature reparaît. Mais la banlieue est une étrange campagne. C'est un paysage équivoque, ambigu, l'équivoque même devenue nature et ville, tout à la fois, comme Baudelaire le savait bien. Pourtant, c'est dans la banlieue, ce poème naturel pour campagnards exilés à la ville, que Gilbert et Renée se retrouvent, exaltent leur amour. C'est en banlieue que le jeune homme vient rêver et faire ses fugues. Quelques mois avant d'écrire *l'Ordre*, dans *Où le cœur se partage*, Arland a dit son amour pour les régions suburbaines : « J'ai aimé la banlieue autant que je fis d'un corps ou d'une idée... Paris m'étouffait; j'avais l'effroi des foules... » Prenant l'autobus, marchant droit devant lui, l'écrivain arrivait dans ce lieu peuplé d'usines où les premiers champs se mêlent aux dernières maisons : « Rien n'est plus trouble et indécis que le matin sur la banlieue. » Et il ajoute : « C'est à cause de cette incertitude et de cette détresse que j'ai aimé la banlieue... »

Mais la banlieue, ce n'est pas la campagne, ni le paysage naturel. Tout au plus une consolation apportée à l'étouffement des villes. Aussi, quand il quitte Paris et se jette dans la série des grands récits qui font suite à *l'Ordre*, l'écrivain retrouve-t-il d'abord la campagne comme le personnage central de ses livres.

Ainsi, les intermittences du cœur, les palpitations de la passion, le malheur ou la joie seront ponctués et réglés par le mouvement des saisons. Dans *Terres étrangères*, le paysage n'était que le décor ou le repoussoir de la passion, il n'intervenait que pour mesurer la distance entre les sentiments et le monde environnant. Désormais, il s'intégrera au récit.

Manuel et Geneviève, dans *la Vigie*, imposent à leur amour l'épreuve de la campagne. Ils ne tentent pas de pousser leur passion au paroxysme dans la solitude abstraite, mais sous le regard de cette divinité compréhensible qui les observe et avec laquelle ils dialoguent. Comme Jeannie dans *Zélie* ou Angèle dans *Antarès* et la plupart des héros des *Vivants*, les personnages du drame se mesurent à la présence confuse du monde naturel; le paysage emplit les pauses du récit comme un long murmure de convoitise ou de nostalgie. Alors que l'auteur intervient, non pour donner un coup de pouce à ses héros, mais pour ouvrir les fourrés et écarter les arbres sur leur passage. Vivre, ici, c'est participer à une activité transcendante, bien que secrètement présente, qui rattache l'homme individuel à l'univers entier. Non cosmique comme dans les premiers romans de Giono, moins confidentielle que chez Chardonne, plus authentique que celle de Giraudoux, la nature, pour Arland, est la voix d'un témoin silencieux.

Ainsi, il faut que Manuel et Geneviève se réconcilient dans la baraque solitaire où ils ont senti un jour la présence de la campagne, que Jeannie abrite sa passion dans la maison abandonnée du « désert » et qu'Angèle rêve à son amant perdu au fond de la forêt.

Cette manière de traiter la nature est originale. La nature et le spectacle naturel, qui sont des genres littéraires des XVIIIe et XIXe siècles, n'ont, semble-t-il, aucune influence ici. Tout au plus songerait-on à la manière dont Rousseau parle de la Savoie, Nerval du Valois et Fromentin de l'Aunis. Et il n'est pas indifférent que ces trois écrivains soient, comme Arland, des marcheurs à pied. La relation qu'ils entretiennent avec le paysage est différente de celles de Chateaubriand qui la voit de ses voitures ou de ses berlines et de Vigny qui la déchiffre parfois à travers la Bible ou les légendes anciennes. Ici, la prose se détend, se fait plus souple, moins nerveuse, mais plus sensible, comme s'il s'agissait d'apporter aux passionnés la consolation d'une sorte de tendresse.

Car c'est bien de tendresse qu'il s'agit, si la nature est le spectateur présent et contemplateur, le regard inconnu mais fraternel jeté sur les hommes. Déléguée de l'écrivain, elle tend à remplacer l'enfant-témoin des premiers livres. Alors, elle s'intègre au récit, à l'action et fait partie de la trame intime de l'histoire racontée. Cela est sensible dans *Il faut de tout pour faire un monde*, *l'Eau et le Feu* et surtout *A perdre haleine* : l'émotion de l'artiste devant le paysage se développe à côté de l'émotion des personnages soumis à leurs exigences morales.

Il semble qu'Arland trouve souvent le sujet de ses nouvelles lorsqu'il pressent (par une intuition symbolique sur la nature de laquelle il serait difficile de s'exprimer), une relation entre un drame passionnel et un paysage : ainsi sont suscités par le cadre naturel cette nouvelle qui s'intitule *Marais* dans *les Vivants* et, plus encore *les Ajoncs* ou *la Captive* dans *A perdre haleine*. Les personnages émergent d'un monde dont ils ne sont pas le reflet, mais les figurants; la passion se découvre et le duel commence tandis que le paysage se développe. La trame du récit jette ses assises dans la nature qui se révèle au milieu des phrases, comme assimilée à l'action et vivifiée par elle.

Et, souvent, le paysage, comme libéré par l'émotion même qu'il provoque, entraîne le personnage ou l'écrivain au ravissement, pour ne pas dire à l'extase. C'est qu'Arland éprouve devant le paysage naturel la même émotion que devant la peinture qu'il aime d'une passion très vive. Qu'il parle de Poussin dans ses *Promenades au Louvre (le Promeneur)*, de Georges de la Tour dans le livre qu'il lui a consacré, ou des peintres modernes *(Chroniques de la peinture moderne)*, on surprend une même exaltation retenue par la langue et le style. Son émotion métaphysique, n'en a-t-il pas trouvé l'équivalence chez Van Gogh, dans les visions cosmiques où se mêlent le soleil et la nature ? Arland, dans ses récits, ne paraît-il pas vouloir transmettre par ses descriptions une sensation d'extase qui répond à la découverte d'une relation cachée dans l'univers, et dont, seule, la littérature peut rendre compte ?

Mais cette extase n'a de sens qu'intégrée à une rêverie comme dans *Où le cœur se partage* (livre dans lequel elle apparaît pour la première fois) ou *la Consolation* et *Je vous écris*. A une rêverie ou à une action. Alors, les personnages sont comme reflétés dans le paysage et le paysage comme réfracté en eux, selon un procédé qui rappelle celui des graveurs sur cuivre et surtout celui de Rembrandt : l'art n'est-il pas ici de fixer l'attention du lecteur sur une lueur détournée, qui laisse dans l'ombre le visage lui-même ?

Le couple.

Leitmotiv, depuis les premiers récits, sujet même du drame à partir de *la Vigie*, la vie du couple, ses chances de bonheur, reparaissent en filigrane sous toutes les œuvres d'Arland.

Couples déchirés de *Terres étrangères*, d'*Édith* ou d'*Étienne*, couples réconciliés de *Monique* ou de *la Vigie*, couples en attente qui peuplent les livres de nouvelles, visages crispés, amers, animés de folie, souvent raidis par la détresse, rarement heureux, cette image de l'enfer est un des thèmes fondamentaux de l'écrivain.

Le couple, mais d'abord l'amour, avec ses exigences les plus folles, son désir affolé d'absolu qui entraîne l'échec de Lucien *(Terres étrangères)*, celui de Gilbert *(l'Ordre)* ou celui d'Édith *(Édith)*. Amour, il est vrai encore, bien abstrait et comparable à celui qu'on trouve au théâtre, chez Racine, par exemple.

Dans ces conditions, quelles chances de bonheur réel peuvent être accordées aux protagonistes ? Évidemment très peu, puisque l'écrivain prend soin, comme le ferait un dramaturge, de détruire « par avance » toutes les possibilités de conciliation. Il s'agit, dans ces premiers livres, de personnages qui n'acceptent aucune composition avec le monde et ne transigent point avec l'essence absolue de leur passion. De là vient l'impression douloureuse, presque terrifiante (inhumaine, même), que font les premiers romans : l'amour est une malédiction ; la femme n'arrivera jamais à communiquer avec l'homme ; l'homme ne trouvera aucune femme capable d'assouvir à la fois son besoin d'absolu et ses désirs charnels.

Voici donc des couples perdus d'avance... Nous

Quatorze ans. Dans sa chambre, à Varennes.

Gravure de Marie Laurencin pour « Antarès ».

« Parfois la jeune femme s'avançait entre les tombes, m'appelait... Je me trouvais parmi elles comme dans un monde plus léger. »

Antarès.

Gravure de Galanis pour « Terre natale ».

« C'est la fenaison, l'été, la terre, une vie qui n'aura jamais de fin... »

Terre natale.

La prairie de Varennes.

« Tant d'heures passées dans une baraque des champs, une masure sans portes ni toit... »

Je vous écris.

en savons à peine la raison, d'ailleurs, puisque l'écrivain prend soin d'éloigner ses héros, de rendre témoin de leur aventure un enfant incapable d'en connaître le secret. Couples condamnés, comme celui d'Angèle et de son amant *(Antarès)*, de Jeannie et de son collégien *(Zélie)*, de Catherine et de son mari *(la Grâce)*. Quelle amertume sécrète cette vision douloureuse!...

Songeons à la souffrance de Renée et de Gilbert, dans *l'Ordre* : Renée a fui son mari, elle est venue retrouver Gilbert qui a été son ami d'enfance et le seul homme qu'elle ait admiré. Or Gilbert ne peut qu'étouffer dans cette vie heureuse, qui est *aussi* une vie prosaïque. Il s'oppose donc à celle qu'il aime, secrètement d'abord, puis de plus en plus ouvertement; il la trompe, la bafoue — pour se bafouer lui-même. Tourment qui ne peut avoir de cesse. Certes, nous connaissons Gilbert et son goût de détruire. Mais cette destruction s'exerce sur le couple même qu'il forme avec Renée, sur l'être même de son passé et de son existence d'homme. A cette époque, Arland ne dispose pas d'assez grandes ressources « morales » pour « sauver » Renée et Gilbert, les arracher à leur misère : il ne peut que les condamner.

Est-il alors victime d'une image trop abstraite de la tragédie et de la passion? Se fait-il de l'amour une vision si hautaine qu'elle ne saurait se satisfaire de cette « anarchie du clair-obscur » que constitue la vie de chaque jour? Tout porte à le croire, car, dans *Monique*, nous voyons Arland (qui semble avoir découvert dans le théâtre de Marivaux ce jeu des masques qui conduit à la vérité et au bonheur) laisser croire qu'on peut accepter un compromis avec le monde et comme une acceptation amoureuse de la vie dans ce qu'elle a de prosaïque...

Il est remarquable que cette découverte, l'écrivain ne la fasse qu'après avoir renoncé au romanesque, tel qu'il l'avait exprimé dans *l'Ordre*. C'est qu'il apporte désormais au couple une attention d'autant plus précise, qu'il vient lui-même de « changer de phase », comme dirait Kierkegaard, et de passer, en se mariant, de l'esthétique à l'éthique : c'est à la vie même, à l'écart de la fatalité abstraite et d'une malédiction cachée, qu'il demande un équilibre provisoire.

La Vigie sera à la fois l'histoire de deux amants conduits au bord de la catastrophe parce qu'ils veulent vivre leur passion jusqu'aux limites extrêmes où cette passion devient tragédie, et celle d'une volonté éthique de trouver une solution et de *créer le bonheur comme on crée une œuvre d'art*. La réconciliation sur laquelle s'achève le roman répond à un grand « oui » dit à l'existence, à la vie qui passe en ce qu'elle a de transitoire et de relatif. Le roman tout entier constitue un adieu dit à la tragédie qui rend impossible toute composition : Arland s'enracine dans l'existence pour fonder le bonheur de Manuel et de Geneviève; plus tard, c'est au sein de cette existence qu'il trouvera d'autres raisons (plus profondément vraies et plus douloureusement tragiques) de mettre en scène d'autres couples, également douloureux et souffrants.

C'est qu'il y a dans *la Vigie* (comme, du reste, dans les récits de cette époque) une vision de l'amour qui ne correspond plus à celle des premiers récits; l'amour, pour Manuel et Geneviève, implique la transparence totale entre deux êtres, la circulation équilibrée d'émotions et de sensations entre deux partenaires, même au-delà du langage.

Par là, nous sentons qu'Arland suggère une image de l'amour conjugal qui est, avec celle de Chardonne, la seule qui ait pris un sens artistique dans la littérature contemporaine française. Mais dans *Romanesques* ou *Les Destinées sentimentales*, l'amour entre les amants se fonde sur une nostalgie puissante du calme et de l'équilibre, vision différente de celle d'Arland qui surmonte malaisément la violence. L'art de Chardonne est d'avoir compris qu'on pouvait écrire des romans avec des sentiments qui ne s'élèvent jamais jusqu'au « tout ou rien » des passions dévorantes. Les admirables portraits de femmes qu'il trace trouvent leur correspondant dans une maturité apaisée chez l'homme. Chardonne est l'un des seuls écrivains contemporains qui aient su parler de l'amour sans le pervertir dans le libertinage, ou l'exalter jusqu'à l'impossible.

Arland, lui, est dominé trop fortement par les instances les plus profondes de son existence pour admettre cette maturité glorieuse : il lui faut des créatures brisées et des passions déchirantes. Cette exigence rend plus belle et plus saisissante la conquête du bonheur qu'on trouve dans *la Vigie*, car il s'agit d'une passion retenue, d'une morale qui prend naissance au milieu d'une violence maîtrisée par la volonté. C'est consentir au monde que d'admettre que l'amour puisse ne pas vivre de l'absolu. Et les amants de *la Vigie* y parviennent : ainsi Manuel est libéré d'une sourde malédiction qui pesait sur lui.

Cet enracinement de l'amour dans la vie ouvre d'autres drames, moins abstraitement tragiques que ceux des premiers récits. Dans les nouvelles d'après-guerre, Arland retrouve des couples, mais c'est pour y éprouver de nouvelles souffrances. Ici, l'homme et la femme ne sont pas dominés par l'exaltation d'une passion, ils sont opposés l'un à l'autre par des secrets qu'ils taisent ou des vérités qu'ils n'arrivent pas à exprimer. Enfermés dans un monde dérisoire, ils étouffent jusqu'à l'asphyxie, et l'écrivain leur ménage juste assez d'air pour que s'entretiennent leur vie et leur douleur.

Rapides, bouleversants, les coups de lumière

jetés sur les couples dans *Il faut de tout pour faire un monde* révèlent autant une incapacité de communiquer que la détresse de séparations inavouables : hommes et femmes vivent les uns à côté des autres, séparés par un malheur ancien ou par une détresse qu'ils n'avoueront jamais. Drames de la parole et du langage...

L'Eau et le Feu et *A perdre haleine* nous montrent des couples plus douloureux, plus ravagés. Il faut que l'expérience de l'écrivain se soit subitement approfondie pour qu'il en arrive à cet excès de malheur et de déréliction : les amants ici ne sont ni condamnés ni séparés; ils sont condamnés l'un à l'autre, mais en même temps voués à se déchirer. Nerfs à vif, sens exaltés jusqu'à l'épuisement, voici les personnages qui se penchent sur leur partenaire pour connaître une vérité dont ils ont besoin et qui leur échappera toujours. Ils sont rivés l'un à l'autre, mais ils ne découvriront jamais ce qu'est la vie de l'autre ou son véritable désir. Un grand « peut-être » s'interpose entre les amants dans la nouvelle qui porte justement ce titre. Mais ce « peut-être » devrait servir à désigner tous les autres couples du recueil : on ne sait jamais, on ne peut toucher la vérité de l'autre. Vient le souci rongeur, la détresse. Où commence le mensonge? Où finit la vérité? On ne se sépare plus. Le suicide même paraît interdit : il faut aller jusqu'au bout de l'épreuve. Savoir... mais on ne saura jamais.

Ainsi, des couples convulsifs ont remplacé les couples tragiques d'autrefois : plus douloureux, moins abstraits, on dirait qu'ils veulent répondre à une question inlassablement répétée par l'écrivain : qu'est-ce que l'intimité? N'est-elle pas peuplée de plus de fantômes et chargée de plus de nuit que n'est la vie des autres?

Femmes.

Un jour, Claude Roy l'a dit : le monde d'Arland est un monde de jeunes filles. Il faudrait ajouter de veuves et de vieilles filles. Mais, sous ces visages différents dont les uns sont ravagés par le temps et d'autres encore jeunes, se dissimule la plus secrète angoisse d'Arland — celle qui l'amène à s'interroger sur la femme.

Question obsédante, confuse. Mille visages surgissent. Autant de souvenirs, d'hésitations, de ressentiments, de craintes oubliées, de désirs ou de pudeurs. Voici la Madeleine de *Terres étrangères,* amoureuse et docile jusqu'au jour où la muflerie de Lucien la rejette dans son monde à elle, Édith que sa sensualité condamne *(Édith),* Monique qui tente d'échapper au plaisir et à l'amour en se masquant *(Monique),* et puis Renée qui apaise Gilbert juste assez pour qu'il trouve des forces nouvelles de cruauté et de destruction *(l'Ordre).* C'est la première version d'un même visage — celui des amoureuses victimes de leur passion.

Il est possible qu'à cette époque Arland se soit assez peu intéressé à la nature profonde des femmes. Il évoque les passions violentes et courtes qui précédèrent son mariage. Ce n'est pas assez pour entreprendre avec une femme ce commerce qui délivre l'homme de son narcissisme et lui rende cette sorte de tendresse qui est respect de l'autre. Image flottante des héroïnes tragiques, la femme est ici une transposition, un rêve, à peine un fantôme dont la souffrance, seule, est réelle parce que l'écrivain lui insuffle la sienne propre.

Vient alors la seconde époque de l'écrivain; le visage des femmes se transforme. C'est l'admirable Geneviève *(la Vigie)* qui comprend la nature du rôle qu'elle joue auprès de Manuel : l'aider à se délivrer de son enfance, lui prouver que l'amour (leur amour) mérite tous les sacrifices — même celui de la vie. Mais Catherine de *la Grâce* n'a pas moins de grandeur : aux tromperies de son mari, aux vexations du monde, elle répond par cette douceur et cette abnégation qui font d'elle une « quiétiste » de tendresse. N'oublions pas Jeannie de *Zélie dans le désert*, chez qui l'amour prend des formes si simples, si spontanées qu'un ravissement vague plane sur cet extraordinaire récit, fait de pureté et de simplicité charnelle.

Sans doute Arland profite-t-il de la leçon de *la Vigie* : s'il a appris à aimer et à vouloir son propre bonheur, malgré les malédictions qui paraissent s'y opposer, il a aussi découvert, révélation saisissante, la fébrile et labyrinthique existence de la féminité. Rien n'est plus émouvant : on sent que l'écrivain, ému, crée des figures émouvantes et qu'il cherche à travers les personnages qu'il invente à prolonger la tendresse qu'il éprouve dans sa propre vie. Arland parle de cette époque de son existence comme d'une période exaltante et pleine : c'est celle de son mariage et de ses voyages. L'écrivain découvre la plénitude d'un amour qui le hausse au-dessus de son œuvre antérieure, et cela lui apporte tout ensemble la mélancolie voluptueuse dont est formée Jeannie et la mysticité d'Angèle. *Antarès* et *Zélie* ne correspondent-ils pas aux deux pôles d'une féminité qui semble une promesse toujours renouvelée ?

Mais la féminité, ce n'est pas cela seulement. Au bonheur qui préside à la naissance des figures fiévreuses créées dans la plénitude, répondent des inquiétudes nouvelles : la femme, ce n'est pas seulement Geneviève ou Jeannie, c'est aussi la mère, les vieilles filles, les figures presque fantastiques qui sortent de l'ombre.

Voici mademoiselle Aimée, d'*Antarès*, que nous rencontrons au moment de sa mort et dont nous suivons les traces dans le souvenir de l'écrivain : elle recueille Angèle, c'est autant pour la protéger que pour vivre à travers la jeune fille un grand amour qui lui a été interdit. La vieille Rose dans *les Vivants* a perdu jusqu'au souvenir ; elle s'efface peu à peu dans la mort. L'héroïne de *la Fille nue (A perdre haleine)* revient sur les lieux d'où elle est partie, amoureuse et jeune : en elle, la chair n'a renoncé à rien.

Volonté de caricature ? Certainement pas. La vieille fille répond à un besoin lancinant. Certes, il serait aisé de montrer que les transformations lentes de la population française dans les campagnes au XIXe siècle et plus encore après la guerre de 1914 ont aidé à façonner ce type singulier de la femme « laissée pour compte » ou de la femme « mal mariée ». A l'équilibre du mariage « normal », la vieille fille ou la vieille femme maudite par sa mésalliance opposent l'irrégularité, voire la faute. Ainsi, l'imagination des campagnes projette sur ces vieilles femmes sa très ancienne crainte des sorcières. Car ce personnage incarne la rupture des liens traditionnels du système de parenté, la destruction de l'assise sur laquelle repose la vie. Il est ici, chez Arland, le symbole d'un désordre et, en même temps, la marque d'une culpabilité punie : le temps est venu et tout ce qu'il a pu faire, il l'a accompli sur le visage et le corps de ces femmes qui préférèrent leur bonheur à l'ordre ou dont l'ordre n'a pas voulu. Il y a quelque chose de magique dans cette conception. Une magie qui se rebelle contre elle-même, qui s'oppose à sa propre séduction.

D'où vient l'ambivalence des vieilles femmes dans l'œuvre d'Arland : tantôt, ce sont des mères ou des grand-mères protectrices, aimables visages, tantôt, ce sont des créatures possessives, cruelles, voire impitoyablement méchantes. Faulkner fait souvent de ses vieilles femmes le support même du temps et de la mémoire : elles sont la transition poétique entre la tragédie nécessairement repoussée dans le passé et le présent. Ici, chez Arland, les vieilles filles sont, comme chez les conteurs russes, des bastions solides installés dans la vie à la manière des forts qui tiennent les passes d'une frontière. Le souvenir vient buter contre elles, sans arriver à les contourner.

Il serait intéressant de se demander si la vieille fille ne serait pas ici l'image même de la jeune femme, mais renversée, ou, du moins, condamnée, pervertie, vaincue. Cette part d'incertitude qu'on trouve chez Arland quand il crée ses jeunes héroïnes, on ne la trouve plus ici : le type est fermé, clos. On n'hésite plus. Le destin est clair. Peut-être l'auteur se réjouit-il de cet achèvement. Peut-être la vieille fille lui enlève-t-elle le sentiment d'insécurité que lui apporte la jeune femme (sauf la Geneviève de *la Vigie*).

Si bien qu'on se demande si la vieille femme pour Arland n'est pas une jeune femme, punie d'être femme et condamnée par le temps. Qui sait ? Les diverses créations féminines que l'écrivain a le plus parfaitement réussies (Jeannie, Angèle), ne sont-elles condamnées par l'amour et au nom de l'amour parce qu'elles sont femmes ? La vieillesse ne permet-elle de transporter dans le passé un malaise infini devant la féminité ? En ce cas, *la Fille nue* serait significative : la vieille femme est une jeune, déguisée par le temps.

Pourtant, pour comprendre plus profondément le sens de ce genre de personnage, il faut se reporter sans doute à la plus éclairante des nouvelles d'Arland, dans *A perdre haleine*, celle qui s'intitule *la Captive*. Outre qu'elle est une des plus belles de la longue série des nouvelles, elle est aussi la plus révélatrice.

Arland, lui-même, nous dit quelle importance revêt ce récit à ses yeux et combien de temps il porta ce sujet sans en venir à bout : « Je peux porter longtemps les personnages, les thèmes et la fable d'une

nouvelle, je peux même en pressentir l'accent.
Reste qu'il me faut attendre que tout se déclenche
dans un accord commun et selon une note fondamentale. Cela vient le plus souvent d'une rencontre
inattendue, d'un incident, d'une campagne où soudain
tout s'enracine, prend forme et sens... Ainsi, par
exemple, *la Captive*... Le thème central de cette
nouvelle, j'y ai songé en tout premier lieu en 1956.
C'est par cette nouvelle que j'aurais voulu commencer ; je n'ai pas pu, cela se dérobait. Il a fallu dix ans,
maintes choses (voyages et autres), et toutes les autres
nouvelles, et enfin une image de cortège (la fille au
poteau sur un char), image saugrenue, surprise en
traversant un village du Périgord — pour que,
soudain, la nouvelle m'apparaisse (encore, même
écrite, m'est-elle restée secrète). J'ajoute ceci :
quelqu'un qui aimait cette nouvelle m'a dit que
l'image centrale — la fille au poteau — devait être
en moi depuis longtemps ; et j'ai dû reconnaître qu'en
effet elle était en moi depuis mon enfance, image
rêvée, non pas vue, que j'avais oubliée, mais qu'un
hasard vivant avait fait resurgir. Si je reste attaché
à cette nouvelle (sans la juger), c'est qu'elle ressemble
aux quatre années où elle s'est formée en moi ; elle
en a la couleur nocturne, les crispations, l'étouffement et l'abandon, certaine allure onirique ou un
peu délirante ; elle ne résout rien ; elle n'ouvre que sur
une sorte de charnier spirituel de l'ombre [1]... »

Il est trop facile d'imaginer que l'enfance explique
tout. Pour un écrivain, elle n'est que ce que l'écriture
lui permet d'être. Pourtant, il faut bien reconnaître
ici un phantasme : l'enfant voit passer, à l'occasion
d'une fête, un char sur lequel se trouve une belle
fille en chemise, à peu près nue, attachée à un poteau,
entre des guerriers. Image d'origine sexuelle, sans

1. Lettre à l'auteur.

doute : la femme est livrée, innocente, à une violence qu'elle n'a pas méritée; mais elle sera condamnée et châtiée, comme le dirait Sade, *parce qu'*elle est innocente. Ajoutons : parce qu'elle est femme.

Un second élément intervient aussitôt : dans *la Captive*, l'enfant qui voit passer le cortège est un enfant pauvre, humilié : sa mère, veuve, est au service de l'homme puissant en l'honneur de qui l'on donne cette fête. Mais au moment où passe la jeune femme sur son char, un rire sardonique éclate derrière l'enfant et vient, pour ainsi dire, arrêter brutalement sa contemplation innocemment érotique. Cette interruption est, nous semble-t-il, d'une grande importance. Celle qui a ri, à ce moment, est le personnage principal de la nouvelle, la Grenouille, vieille fille qui détient, sur l'homme mûr qui l'interroge, des secrets que ce dernier voudrait connaître. Cela lui permettrait peut-être d'affronter sans flancher le duel qui l'oppose à la femme qu'il aime et dont il ne sait pas si elle lui restera fidèle.

Cette situation constitue un vrai drame : la fille captive punie parce qu'elle est innocente et le rire incompréhensible de la vieille fille. Par là s'établit un pont entre les deux âges et les deux figures : la vieille fille reste inséparable de la jeune fille, comme mademoiselle Aimée et Angèle dans *Antarès* ou la vieille femme de son propre passé dans *la Fille nue*. Il faudrait donc regarder les diverses créations féminines d'Arland comme des variations autour d'un thème unique dont le secret, « l'inavouable et tiède secret des femmes » dont parle *Étienne*, n'est point encore épuisé dans *la Captive*.

Dans une chronique apparemment sans rapport avec sa biographie intime, *Paris Lausanne (Lettres de France)*, Arland évoque la lecture d'un livre d'enfance. Il s'agit « d'un petit roman dont j'ignore l'auteur, mais dont je n'ai oublié ni le thème, ni l'accent, ni le titre : *Georgina*. Je pourrais même en réciter des phrases entières; elles sont d'une littérature fâcheuse. Pourtant, si je condamne mon goût d'écolier, je ne méprise pas mon émotion d'alors. Il s'agit dans *Georgina* d'une jeune fille pure et belle qui est fiancée au plus noble garçon; elle l'aime comme il l'aime; elle ne vit plus que pour cet amour; mais le garçon doit s'absenter; c'est juin, un soir d'orage, et tous les parfums de la terre; la jeune fille, qui est institutrice dans un château, voit s'approcher le maître de maison; elle entend une voix pressante; elle se trouble, un éclair la jette dans les bras du séducteur; tout proche, un divan; c'est la faute. Et le lendemain, la jeune fille se tue ». Et Arland d'indiquer précisément que l'attrait de ce livre, c'est de nous montrer une victime. Il établit d'ailleurs lui-même le lien qui paraît rattacher cette œuvre inconnue aux livres du marquis de Sade. Or, cette situation, si nous la décomposons, elle correspond à trois directions différentes enchevêtrées : l'amour sincère entre deux êtres, différé par un obstacle (thème commun à tous les livres et à toutes les œuvres de théâtre), l'égarement de la femme qui ne sait résister à l'appel de la sensualité, la « souillure » physique et morale qui ne peut être sanctionnée que par la mort.

Si nous y songeons d'un peu près, la plupart des femmes qu'Arland met en scène sont compromises dans des situations comparables : l'héroïne d'*Étienne* a été « souillée » par son premier mari comme elle sera déshonorée par le séducteur militaire qui l'emmène avec lui; l'héroïne de *Terres étrangères* est une femme à qui, en profondeur, Lucien ne pardonne pas d'avoir été danseuse nue et d'avoir eu d'autres amants; Angèle dans *Antarès*, Jeannie dans *Zélie* sont, l'une et l'autre, condamnées, parce qu'elles se sont laissé égarer par la chair : elles n'ont d'autre issue que la mort ou la déchéance complète.

Sans parler des filles-mères des *Vivants* ou des *Plus beaux de nos jours*, de la femme trop sensuelle qui se meurt d'un cancer dans *Lavoir (Il faut de tout)*, de la veuve qui se laisse frôler par le désir sur le cercueil même de son mari dans *Retour au pays (Il faut de tout)* ou des amoureuses de *l'Eau et le Feu* et d'*A perdre haleine* dont l'unique réalité se confond avec celle d'un mensonge ou d'un aveu. Que sont-elles, ces filles, sinon des êtres corrompus, des pécheresses ? Origène pensait que la femme et la faute se confondaient. Sans être chrétien, Arland porte sur les femmes qu'il crée une terrible malédiction : il ne leur pardonne même pas d'avoir été victimes. Pis encore, il les punit parce qu'elles ont été, malgré elles, des objets. Comme dans le roman *Georgina*, mais au niveau de l'œuvre d'art et d'une hantise métaphysique, les femmes sont ici vaincues d'avance — et l'image fantomatique des veuves ou des vieilles filles est celle-là même du châtiment « naturel ». Le temps est là qui altère le corps, ronge les sens et dépouille du plaisir. Le temps ? Non pas ce reflet mobile de l'éternité, comme le voulait Platon, mais le cancer de l'être et de la conscience.

On voit que l'œuvre d'Arland est aussi un interminable dialogue avec une féminité, d'avance condamnée... : femmes un peu lointaines, emportées par des passions inhumaines, filles punies par leur amour et punies en raison de leur désir de femmes, innocentes condamnées, veuves abandonnées, vieilles enfermées dans la contemplation d'une jeunesse devenue souvenir, sorcières conduisant au « charnier spirituel de l'ombre » — aucune figure capable d'atteindre à la plénitude. Un mur auquel se heurte l'écrivain, un obstacle qu'il faut affronter. Long débat qui nourrit la création...

La vie inconsciente n'est faite que de symboles,

mais seule l'écriture donne à ces symboles un sens qui déborde celui de la misérable vie individuelle : la biographie d'un écrivain n'est rien au regard de la géographie imaginaire qui s'élabore, dirait-on, sans lui, ou à l'abri de sa volonté explicite. Reconquérir jour après jour l'authenticité que les forces divergentes de la vie (ou de la carrière) tendent à détruire, engager ce combat, qui, peut-être, définit l'art lui-même, et oppose les symboles aux fictions et les fictions aux symboles devenus évanescents, tout cela constitue la trame de l'aventure littéraire.

Ainsi, la figure imaginaire d'Arland résulte d'une opiniâtreté vraiment extraordinaire à sonder chaque jour davantage la source intime d'où peuvent jaillir des fictions nouvelles : il est rare de voir un artiste répudier les tentations et chercher l'extrême difficulté, loin du succès immédiat. Après *l'Ordre*, Arland, comme tant d'autres, pouvait continuer sur une voie qui n'était pas la sienne — celle d'une rhétorique de la révolte. Combien d'écrivains résistent à ces séductions? Plongent dans la futilité, la répétition et le bavardage? L'artiste alors perd tout contact avec soi, rêve à côté de son sommeil.

Or le trait le plus marquant de la biographie créatrice d'Arland est ce ferme propos de rompre avec tout ce qui l'eût conduit hors de soi, et perdu. Se reprendre en main, éprouver la part la plus rigoureusement personnelle de sa nature, fût-ce au prix d'une douloureuse limitation, voilà qui permet pourtant à l'écrivain de prendre un nouveau départ. La *figure imaginaire* ne se fût point épanouie sans ce travail de la volonté au niveau le plus simple de l'existence morale.

Plus tard, après la seconde guerre mondiale, après le choc, peut-être, que l'histoire provoqua dans la conscience obscure d'Arland, une seconde fois, l'écrivain agit sur lui-même et précise le cadre de sa propre originalité : les grandes nouvelles sont un effort pour approfondir, par derrière les œuvres antérieures, la nature des symboles intimes et trouver le sens de fictions nouvelles. Si la vie psychique ne varie point, si elle est immobilité, fatalité, la vie imaginaire, au contraire, ouvre un domaine inconnu, une perspective ignorée de l'âme, celle de la communication. Cela n'est possible que parce que la littérature est, pour Arland, un être et que l'existence s'est révélée découverte tout entière à travers l'art d'écrire...

V
LA LITTÉRATURE
ET L'EXISTENCE

On a tout dit sur la littérature : qu'elle était un masque de la mort, un message, qu'elle sondait un silence incommunicable ou qu'elle témoignait d'une situation plus ou moins authentique. Arland nous rappelle qu'elle est aussi une forme de l'existence.

Le premier texte cité de *l'Anthologie de la prose* est un prêche de Maurice de Sully, « qui fut évêque de Paris tandis que l'on commençait à construire Notre-Dame et qui mourut en 1196 ». Ce prêche raconte un des plus beaux mythes qui soient — et dont on trouve l'équivalent dans les cultures indienne et arabe.

Il s'agit d'un moine qui s'écarte quelque peu du couvent où il habite, pour prier. C'était un homme de grande piété. Alors, Dieu « lui envoya un ange en semblance d'un oiseau, qui s'assit devant lui », et le regarda. Aucun oiseau n'était plus beau. Le moine se leva pour tenter de prendre cet oiseau, mais celui-ci s'envola et se posa un peu plus loin. Le moine le suivit encore : « Que vous dirai-je long conte ? L'oiseau tira le bonhomme après lui, si qu'il lui était d'avis qu'il était en un bois hors de l'abbaye ». Lorsque le moine se trouva éloigné du couvent, l'oiseau se mit à chanter et « le bonhomme », « écoutant la douceur du chant... en oublia toutes choses terriennes ».

Le soir vient. Le moine reprend le chemin de l'abbaye, s'en vient frapper au portail. Survient un moine inconnu qui tente de l'éconduire. Le moine proteste : n'est-il pas connu en cette abbaye ? N'y vit-il pas depuis tantôt des années ? Qu'on le conduise auprès du prieur et de ses compagnons ! Il dit les noms... Là, nouvelle surprise : au nom du prieur, le portier s'étonne : « Beau frère, ils sont morts trois cents ans passés. Or, regardez où vous avez été, et dont vous venez, et qui vous demandez »...

Et le moine doit convenir du miracle : la contemplation du bel oiseau envoyé par Dieu l'a arraché hors du monde au point de lui faire perdre le sens du temps et de lui faire traverser les siècles.

Lisant ce texte, lors de la première rencontre de Royaumont qui réunissait trois générations d'écrivains autour de lui, en 1948, Arland disait y voir un symbole de la littérature, exercice spirituel, qui arrache l'homme au temps, comme la grâce libère de la durée.

Dès ses premiers livres se manifeste cette idée *mystique* de l'art d'écrire. *La Route obscure* parle de la création littéraire qui s'adresse moins aux hommes qu'à Dieu « sous quelque forme qu'il puisse un jour m'apparaître, en quelque endroit de la route obscure où je chemine et d'où je l'appelle ». Certes, Arland, au lieu de Dieu, eût pu écrire « absolu », puisqu'il s'agit d'une tentative pour déborder le cadre de l'art.

A ce Dieu inconnu qui reparaît dans *Étapes* et dans *Sur un nouveau mal du siècle*, à ce regard anonyme et justicier, l'écrivain dédie son travail. Comme les héros de la tragédie « sous le regard de Dieu », l'artiste, déterminé par cette présence étrangère à lui, vivra selon la « grâce ».

Arland expliquera cette « grâce d'écrire » dans celui de ses essais qui porte ce nom. Il définit l'opiniâtreté courageuse, l'attente du ravissement suprême qu'il convient de mériter par le travail. Il est frappant que, des années plus tard, s'adressant à Jouhandeau dans *Je vous écris*, l'écrivain évoque une fois encore cette plénitude miraculeuse qu'apporte l'acte créateur.

Quoi d'étonnant, si Arland a été nommé « janséniste », s'il a écrit sur Pascal certaines de ses meilleures pages ?

Avec Pascal fait fi des diverses hypothèses savantes suggérées à propos de l'auteur des *Pensées* : Arland tente de retrouver l'homme vivant, en son attente soupçonneuse et inquiète. Pascal attend Dieu, c'est-à-dire la grâce, mais il a choisi de l'attendre avec les jansénistes, en suivant la voie la plus étroite et la plus difficile — celle où la justification risque de ne jamais lui venir. « La seule poésie que l'homme des *Pensées* trouve auprès de son Dieu, c'est la plus haute forme du tourment, de la brûlure et de la dépossession. »

Or, Pascal dispose de l'écriture, comme il dispose des mathématiques. Celui qui s'agenouillait avant de prendre la plume ne saurait cependant être assimilé à un écrivain banal. Il lui faut embrasser le génie de la langue pour convertir les hommes. Convaincre ne signifie pas seulement persuader, mais aussi transformer, bouleverser le système des valeurs acquises. Pascal ne cherche pas à ravir, il veut prouver à l'homme que sa situation est intolérable et tragique, afin de le jeter dans l'anxiété. La littérature se met donc ici au service d'une inquiétude qui la déborde : si la grâce est une attente, l'écriture est un exercice spirituel.

Aujourd'hui la littérature se fuit elle-même. Elle ne s'avoue point. Elle se laisse contester. Certains, qui font carrière d'écrivains, vont jusqu'à dédaigner le mot de littérature. C'est qu'ils pressentent et fuient tout à la fois la gravité essentielle de la création littéraire. S'ils sont touchés par la grâce, ils sauront trouver la route de l'écriture.

Mais l'attente de la grâce est un autre mot pour désigner la recherche de l'authenticité. Cela répond, chez Arland, au mouvement profond de l'œuvre, à son rythme : c'est un difficile travail que de se dépouiller de la rhétorique.

Or, la rhétorique on la trouve encore dans les livres de jeunesse, rhétorique gidienne sans doute, avec ces tournures et ces façons de se déprendre du récit pour le commenter « de loin »; rhétorique de commentaire qui paraît prendre de la hauteur avec les êtres vivants pour les mieux juger. Mais, cela, Arland, peu à peu, le rejette...

Comparez, par exemple, les manières dont on nous apprend la maladie de Lucien dans *Terres étrangères* et celle de Sophie dans *le Lavoir* (la plus terrifiante des nouvelles d'*Il faut de tout pour faire un monde*)... « Lucien devint malade. Une fièvre grave le fit délirer. Le troisième jour, on douta qu'il pût guérir.

— Il y avait des signes, murmura M. de Burge.

Et ma grand-mère rectifiait :

— Des signes envoyés par Dieu... »

Ici, l'écrivain s'écoute, se voit annoncer la maladie de Lucien, comme un messager de la tragédie classique. Trente ans plus tard, nous sommes jetés dans la trame du récit : « Sophie tomba malade d'un mal qui parut fait pour elle. Tumeur ou cancer, cela travaillait dans son ventre, disait-on, et la rongeait, pourrissait les chairs. Elle ne se leva plus, elle geignait sourdement ou tombait dans l'hébétude. »

Dans *Terres étrangères*, Arland traite le paysage comme un tableau extérieur qu'on observe : « Le soir était trop grand pour que j'en dise la louange. Les gens s'asseyaient devant les maisons, un peu gênés parce que leur cœur et leurs vêtements semblaient rudes pour tant de douceur. Des chats contemplaient l'ascension calme de la lune. » Charmante *composition* qui disparaît dans les œuvres ultérieures, car le paysage s'absorbe dans l'action. Voici le début de *Champ* (dans *Il faut de tout pour faire un monde*) : « Les yeux fermés, on eût senti que le village était proche, à l'odeur familière des champs, à la fraîcheur naissante, mais surtout, après trois heures de marche, au pas du cheval, soudain plus vif. Le bruit de la voiture semblait nouveau... » Ici, sensations et images se fondent dans la réalité vivante, dramatique. L'écrivain ne « jette plus les yeux », il s'enfonce dans le tissu nerveux des relations entre les êtres, il plonge dans le monde souterrain des circulations entre les personnages du drame.

On pourrait donner mille exemples de cela : à partir des *Vivants* et de *la Grâce* et, plus encore, dans les grandes nouvelles d'après la guerre, l'écrivain enfouit sa conscience dans le réseau interstitiel qui rattache entre eux les personnages d'une même situation, identifie son écriture à la trame même du récit ou de l'événement, de sorte que l'imaginaire et le vraisemblable ne forment plus qu'un même être.

Cette plongée dans l'existence n'est point philosophique heureusement. Arland dit souvent à ses amis qu'il est surpris lui-même de l'allure de ses récits et qu'il ne dirige pas toujours à la logique intérieure de sa création. C'est qu'il pénètre dans l'univers obscur de la vie même.

Mais la fiction, c'est aussi le dialogue, l'explication des personnages par la conversation. Dans les premiers livres d'Arland, les dialogues sont rares, presque inexistants. En tout cas, ils ne sont pas toujours intégrés à l'action. *Étienne* est à cet égard éclairant : on dirait que les paroles des personnages sont séparées, mises à l'écart de l'action.

Il est possible que la lecture du théâtre de Marivaux — à qui Arland porte un amour fidèle qu'il a expliqué dans tout un livre — ait aidé l'écrivain à modifier ses relations avec la conversation. Dans *Monique*, le dialogue de la jeune fille et de son amoureux est déjà intérieur au récit; et même, il le commande.

Bien entendu, *l'Ordre* traite le dialogue comme le faisait le roman classique, c'est dire qu'il sert à la fois d'explication de la situation et de rêverie pour les personnages. Ce n'est pas cela seulement que cherche Arland... On le pressent dans *Zélie dans le désert :* les personnages ici parlent pour ainsi dire à travers un voile de durée et de souvenir; la parole n'explique pas une situation, elle la met en péril, elle l'interroge. Nous ne savons pas comment les choses vont tourner au cours de l'admirable conversation surprise par les enfants-témoins et au cours de laquelle Jeannie et son amoureux s'approchent l'un de l'autre, puis s'éloignent définitivement. L'action chemine à travers les paroles échangées, hésite, attend, épie. Jeannie dira-t-elle à son amant qu'elle est enceinte? Non, elle lui parle de son amour. Au moment où ils paraissent près l'un de l'autre, le garçon voit un petit serpent et il s'effraie. L'occasion est perdue... Jeannie ne saura plus communiquer. Tout au plus saura-t-elle avouer au jeune homme qu'autrefois, elle a été violée par un braconnier.

Scène admirable qui rapproche Arland du Bernanos de *Mouchette :* ici le dialogue jette de l'ombre sans effacer l'action. La mort de Jeannie est contenue déjà dans sa conversation avec le châtelain où tout peut prendre un autre cours. L'écrivain a trouvé la fonction du dialogue qui est d'opposer à l'action un obstacle à surmonter.

Dans les nouvelles d'après-guerre, l'intégration du dialogue et de l'action se fait de plus en plus mystérieuse; l'imprégnation des conversations par la souffrance qui domine les personnages fait partie de l'attitude même des protagonistes. Dans *A perdre haleine*, on peut croire que le dialogue interrompt l'action, l'altère : il lui ouvre d'autres voies. Imperceptibles au romancier lui-même.

Derrière le dialogue, il y a cette respiration de la prose qui fait le caractère de l'écrivain. Respiration qui n'est point un style, mais l'affirmation d'un tempérament à travers la prose.

Les premiers récits d'Arland sont bien faits, avec leurs phrases courtes, suivies de périodes plus voluptueusement ordonnées. L'écrivain, on le sait, perçoit alors ses personnages *à distance*. L'image qu'il se fait de l'homme et de la femme est comme celle qu'il se fait de la tragédie et des passions — lointaine, étrangère. Et, comme la tragédie devient élégie au niveau de la prose, c'est une élégie qui se développe. Mais, de temps en temps, l'auteur se reprend, juge ses héros, intervient, s'impose et, sèchement, conclut. De là vient ce balancement entre des « pulsions » rapides (« après ces réconciliations, ils vivaient plus étroitement unis que jamais. Ils organisaient l'avenir. Leur bonheur semblait si grand qu'ils en étouffaient ») et des mouvements longs (« Comme le fils de Tobie suivit l'ange jusqu'à la maison de Raguel, je vous suivrai jusqu'aux terres étrangères, Lucien, tant votre main sur la mienne est celle d'un jeune dieu... Terres étrangères. Mais nous y trouverons, nous, autre chose qu'une femme et une fortune »).

Là aussi, *l'Ordre* marque une interruption. Le

style de *l'Ordre* est celui d'une littérature qui se développe en fresque. On conçoit que l'écrivain, soucieux de se retrouver, ait abandonné ce genre massif, peu convenable à sa nature, pour le récit où pouvaient s'emmêler les variations du souffle et les chuchotements de la confidence.

De cet effort, deux directions principales naissent : celle qui conduit à *Où le cœur se partage* et à *Je vous écris* (je prends les deux essais extrêmes), c'est-à-dire à un monologue cheminant selon les lois de la rêverie ou de la méditation; celle qui conduit aux nouvelles à travers *Antarès, les Vivants* et *Zélie*.

L'une et l'autre de ces directions tendent vers le « naturel », c'est-à-dire l'effacement de tout ce qui pourrait rappeler un apprêt quelconque, une préméditation artistique. Mais ce naturel n'est naturel que par la simplicité de la langue et la pureté du dessin. L'écriture ne cherche pas à rivaliser avec le lyrisme coupé de Montherlant dans ses meilleurs moments de confession (on pense aux *Lépreuses*), ni avec la ferveur nonchalante et un peu hautaine de Chardonne dans *Vivre à Madère*, ni avec cette familiarité lucide qu'il y a chez Parain *(De fil en aiguille)*. La respiration de la langue se manifeste ici par des ruptures dans la trame de la méditation, des « n'importe », des « à quoi bon ? », des pauses volontaires, des arrêts qui paraissent saugrenus, mais qui sont en réalité des interruptions de l'attention ou de la ferveur. Dans ces essais, Arland ne veut pas tout dire; mais il ne cache pas, non plus. Il sait seulement mesurer une hésitation, interrompre notre attente : nous attacher davantage.

Dans les nouvelles, la respiration de la prose est retenue, voire opprimée volontairement : l'écrivain ne veut plus hausser le ton, ni faire sonner sa voix. On dirait qu'il élimine tout ce qui pourrait être un éclat ou une surprise : il faut que les personnages du drame restent en tête à tête avec eux-mêmes, qu'ils échangent leurs émotions et leurs passions. Non que l'auteur soit absent, mais il ne manifeste plus sa présence que par le rythme qu'il inspire au style, les ruptures qu'il ordonne, les lenteurs où il paraît se résigner, le halètement de la tragédie qu'il étouffe délibérément, comme cela se passe dans *la Captive* ou dans *la Baie des Anges (A perdre haleine)*.

L'écrivain avance par à-coups, peu à peu, stoppe devant un obstacle, et sa langue irradie en images ou en visions qui nous détournent brièvement de la situation mais semblent l'enrichir, indirectement.

Il est possible que cette direction de l'expérience d'Arland recoupe celle de Tchékhov ou de Virginia Woolf, de Katherine Mansfield aussi. On trouve en effet la même volonté d'effacement, le même désir de faire sentir l'essentiel sans le nommer jamais. Mais, plus fantastique, plus délibérément visionnaire, Arland ne peut s'en tenir à cet effacement, il brise le tissu en nous jetant au visage quelque monstre. Ainsi s'ouvre le « charnier spirituel de l'ombre ».

Comment ne pas constater qu'un écrivain se trouve lui-même en piétinant sur place, pour ainsi dire, en creusant délibérément le même trou, puisque c'est en cette répétition qu'Arland parvient à inspirer à sa langue ce mouvement fiévreux et assourdi, comme étouffé — échos lointains d'une inquiétude inépuisable ?

Quant à la construction ou à l'organisation intérieure des récits et des nouvelles, elle répond à cet effort de quarante ans pour intégrer l'existence dans la littérature et vivifier l'existence par la fiction créatrice.

Étienne ou *les Ames en peine* nous font assister à un déroulement de faits inéluctables suivant une loi simple de l'évocation continue. La psychologie, puisque psychologie il y a, s'étale dans la succession d'une durée. L'écrivain fixe un développement.

L'Ordre ne présente pas une construction différente et l'ampleur du roman ne saurait faire oublier que l'anecdote dépend d'une particularité du héros dont se déduit aisément la logique du livre. Un caractère se déploie librement, raisonnablement, suivant les étapes de quelques années. Ce n'est d'ailleurs point un « livre d'éducation », puisque le personnage n'est en rien modifié par ses malheurs — comme peuvent l'être les héros de *Wilhelm Meister*, de *Guerre et Paix* ou, à un moindre niveau, des *Thibault*. Arland explique son personnage en le dévoilant dans la durée simple.

Ces événements ou péripéties sont autant de déductions logiques. E.M. Forster, dans un texte célèbre [1], parle de ces romans en forme de sablier comme sont *les Ambassadeurs* de James, où les personnages et les situations échangent leurs places, du début à la fin, « et c'est la réalisation de ce mouvement qui rend le livre satisfaisant à la fin ». Dans *l'Ordre*, « l'épanouissement de cette symétrie » est réconfortant, trop sans doute. La suite des événements obéit à la loi du retournement intégral, et la situation finale pourrait être superposée à la situation initiale, sans que l'on puisse dire que la nature intérieure du héros ait été altérée par son développement dans le temps. Forster a raison de rappeler que ce mouvement est celui-là même des tragédies de Racine, où les héros sont immobiles dans leurs passions comme dans un masque de plâtre. Si l'on pense qu'Arland avait construit ses premiers récits comme des tragédies classiques, éloignant même les personnages dans une perspective tragique comparable à celle où l'on voyait évoluer Princes et Reines de la mythologie,

1. *Aspects du Roman*, Mesures (n° 3, 1938).

on conçoit que *l'Ordre* puisse reposer sur une intuition comparable à celle de *Terres Étrangères*.

Mais cette construction romanesque répond à l'époque, pour ainsi dire, « euclidienne » de la littérature où il était possible de figurer chaque personnage à sa place dans un temps et un espace : de même que la physique moderne a découvert qu'il fallait tenir compte de la vitesse de la lumière dans les calculs et qu'on ne pouvait à la fois saisir la place et la vitesse d'une molécule, le roman contemporain, depuis James et Proust, sent qu'il ne peut s'en tenir aux schémas du siècle dernier. Le roman doit s'emparer d'un élément *romantique* qui apparaissait dans les récits de Nerval ou les contes d'Hoffmann, avant de s'imposer chez Kafka ou Musil — et cet élément consiste à mettre en cause simultanément la situation (exprimée à des niveaux différents du temps), la crédibilité des fictions et la signification des figures imaginaires.

Sans aller jusque-là, après *l'Ordre*, Arland sentit qu'il ne lui était plus possible de concevoir une architecture romanesque aussi simple. L'expérience qu'il découvrait lui paraissait autrement nuancée. Aussi, peu à peu, impose-t-il à ses récits une distorsion dans le temps qui rend irréversible la trame du sujet, tandis qu'il efface les traits dessinant trop vivement un type humain. Ici, l'événement se dissout dans les oppositions de personnages. Seuls, émergent des détails partiels ou secondaires qui, par leur seule présence, doivent rendre compte de l'ensemble, toujours caché.

Ce changement a surpris les critiques : « *Antarès* et *les Vivants* avaient été chaleureusement accueillis », dit Arland. « Quand parut *Les plus beaux de nos jours*, on en parla beaucoup, mais ce fut pour me mettre en garde, me dire que mon art devenait dangereux, que j'étais sur la corde raide, que je risquais de me casser le cou, etc. C'est pourquoi, devant ces mises en garde, je me suis dit que j'irais encore plus avant dans cette voie, même si l'on ne pouvait me suivre. Et je tiens encore aujourd'hui *Les plus beaux de nos jours* pour un des aboutissements provisoires où je pouvais atteindre. Cependant, il y a eu changement : d'une part, une réaction inconsciente m'a fait chercher dans *Terre natale* et dans *la Grâce* une substance plus nombreuse; puis, à cause de ce que m'ont apporté la guerre et la vie qui l'a suivie pour moi. Cela se manifeste déjà dans *Il faut de tout pour faire un monde*, puis plus intensément dans *la Consolation*, *l'Eau et le feu* et mes deux derniers livres... Encore une fois, je n'ai pas prémédité ce changement; il me fallait tenter d'être fidèle à ce qui m'était donné, donné avec une violence qui imposait un autre accent et déclenchait une autre technique [1]. »

Voilà bien la direction : Arland, de plus en plus, noie l'histoire dans la vie, la vie telle qu'elle apparaît à ceux-là mêmes qui sont les protagonistes du drame; ainsi se multiplient les angles de vue, les coups d'œil rapides, les apparitions de rêveries ou de figures occasionnelles rendues fantomatiques par leur fulgurance même.

Mais cela ne suffit pas : l'élément vivant prend une sorte de puissance envoûtante. Comme les enfants qui se mettent un masque sur le visage et s'effraient d'eux-mêmes quand ils se regardent dans la glace, l'écrivain semble accentuer le caractère violent de ses personnages jusqu'à cristalliser en eux sa propre peur.

Presque toutes les grandes nouvelles ont ainsi la forme d'un mouvement de plongée dans l'enfer, mouvement qui entraîne chez l'écrivain un sentiment d'insécurité, non explicite sans doute, mais intégré

1. Lettre à l'auteur.

à la trame du récit. Arland, dirait-on, suggère une technique d'auto-envoûtement, un art de l'angoisse contrôlée. Nous plongeons en aveugles dans un monde clos et l'anxiété dont souffre l'artiste se transpose sur les personnages, les nourrit — jusqu'à ce que l'écrivain (et le lecteur) s'étonne de la fiction presque fantastique qu'il vient de créer...

Ainsi les personnages imaginaires sont innervés par l'angoisse intime que le romancier éprouve à les concevoir, et cette angoisse anime à son tour la fiction. Mécanisme que Gogol, peut-être, connaissait.

Techniquement, l'artiste intervient de nouveau : il faut en finir avec le destin visible, mettre un terme à la frénésie. *Les plus beaux de nos jours* ou *les Vivants* ne concluaient point : les récits débouchaient sur un monde interminable où tout pouvait recommencer. Mais avec *Il faut de tout pour faire un monde*, les nouvelles sont brutalement interrompues, comme par une force impitoyable mais incertaine : un « qui sait ? » vient conclure, sans apporter d'apaisement. Si bien que chaque nouvelle se heurte à la suivante. Il s'agit peut-être « d'un monde en attente », car ces visions rapides et cruelles sont plus proches des visions des rêves que des préoccupations de la vie éveillée. Du moins l'auteur tend-il à créer un art de la souffrance à l'état pur, qui ne soit ni celui de la tragédie, ni celui du roman — le monde de l'existence nue, dépouillé de toute justification.

S'intériorisant avec les années, l'art de l'écrivain est devenu l'acte profond de la volonté, la rêverie agissante d'où naissent les images et les idées. L'existence et la littérature se fondent l'une en l'autre. L'existence ne peut se frayer un chemin qu'à travers l'écriture elle-même...

Arland le sent bien qui écrit : « Je peux difficilement parler d'art à mon sujet — parce qu'il s'agirait d'un art qui se confond avec la part essentielle de moi-même. Aux heures les plus intenses de ma vie, je suis partagé entre le cri, le balbutiement et le silence. Mais (à cause de cela) il me fallait écrire, c'est-à-dire, en gardant la même intensité, me préserver de ces trois solutions naturelles. De là, un besoin d'une forme scrupuleusement organisée et exigeante. Armature d'une sincérité. Je n'avais pas à amplifier mon émotion; plutôt le contraire. Cela a donné souvent le change (je me suis parfois entendu louer ou blâmer de mon « calme »). Je n'ai eu souci de l'harmonie que dans la mesure où j'en manquais moi-même. Reste, qu'au lieu de m'apporter quelque apaisement, l'âge, ma vie et mon tempérament sans doute, m'ont jeté dans un débat plus violent [1]. »

VI

BÉNÉDICTION

« ... Un matin de juillet. Une longue et basse maison où j'ai trouvé refuge après quelques mois qui n'ont pas manqué de ténèbres. Elle est vide; mais mes fenêtres s'ouvrent, par delà le vert profond des pins, sur le ciel le plus jeune que j'aie vu. Je fais quelques pas dans la cour; j'y ai trouvé des fleurs que je ne connaissais plus depuis mon enfance : des immortelles; dans mon village, elles poussaient sur les tombes; elles aussi ce matin, m'ont paru jeunes. C'est précisément l'heure où chaque jour, dans l'homme enténébré qui reprend conscience

1. Lettre à l'auteur.

de soi, un peu de l'enfant qu'il fut jadis essaie de le rejoindre, mais n'est jamais reconnu. Il me semble que je peux un instant l'accueillir. Le monde que je perçois n'est pas moins pur qu'à ses yeux; il est plus beau, il est irremplaçable. J'entends, d'assez loin, un bruit de marée qui monte, où perce parfois un rire d'enfant sur la plage ou la plainte heureuse d'un oiseau. Vent et soleil; l'ombre s'est peu à peu retirée, et toute chose n'est plus que soi, qui brûle. Sans doute n'est-il qu'un mot qu'il faille dire devant ce monde, même si on ne le dit que pour d'autres, ou pour les morts : bénédiction. »

Ce simple accord de l'homme avec lui-même et avec le monde — accord assurément passager et fragile — comme il est difficile à conquérir !... Fallait-il traverser les nouvelles et le « charnier spirituel de l'ombre » pour accéder à ce sentiment de paix et d'acquiescement ?

Certes, il n'est point malaisé de trouver dans les autres livres d'Arland un tel désir de plénitude et de bonheur. Mais à l'état de désir, justement. De nostalgie — et souvent d'espérance déçue.

Pour les amants de *Terres étrangères* ou de *l'Ordre*, d'*Édith* ou de *Monique*, la joie d'aimer est menacée : par l'amour même, et par le monde. Seule, la mort apporte l'apaisement et, à l'écrivain, la sérénité qui achève souvent les crises morales ou le malheur. Très « littéraire » encore, l'apaisement ne se nourrit que de renoncement. Un peu trop vite, semble-t-il, car la faim paraît trop vite satisfaite.

La Vigie apporte un élément nouveau : c'est du mouvement même de la passion et de l'amour dont la logique est poussée en ses conséquences extrêmes, fussent-elles contraires au bonheur, que doit jaillir l'accomplissement bénéfique. Les luttes de Manuel et de Geneviève n'auraient aucun sens, si ne flottait devant leurs yeux l'image d'un contentement spirituel, nourri de plaisir charnel et de communication pure.

Mais ces personnages qui se voudraient transparents, nous ne les trouvons que dans *la Vigie*. L'opacité de l'être interpose un obstacle. Et celle du souvenir : que savons-nous des êtres, que connaissons-nous de leur vraie exigence intérieure ? Angèle s'efface plus qu'elle ne se précise dans *Antarès* et son amour même change de sens avec le déroulement des souvenirs. Si heureuse qu'elle cherche à être, la nuit vient en elle pour corrompre ses désirs : c'est un être paralysé, qui survit.

Plus obscure est cette opacité des êtres dans *Les plus beaux de nos jours* et *les Vivants*, car les sources du bonheur y sont volontairement simples et faciles. Mais l'écrivain ne puise plus dans les souvenirs de la tragédie classique; le malheur est ici congénital à l'existence, comme la femme, pour Origène, était inévitablement pécheresse. Si bien que la détresse des personnages naît surtout de ce qu'ils ne peuvent accomplir les rêves de bonheur qu'ils formulent en secret, et que leur vie est toujours une sorte de suicide.

Si transparente qu'elle soit, la petite Jeannie de *Zélie* se charge d'ombre : elle veut s'arracher à son être sordide; elle souhaite éperdument d'être heureuse. Elle le souhaite trop peut-être. Car en même temps, avec une opiniâtreté que l'art de l'écrivain dissimule avec soin, elle s'applique à forger sa défaite.

Mais seules, les grandes nouvelles, d'*Il faut de tout pour faire un monde* aux toutes récentes, donnent une forme à cette détresse qui s'engendre elle-même avec d'autant plus de vivacité que les préméditations de bonheur ou simplement de contentement sont fortes. Là règne cette puissance maléfique de l'enfer que l'homme semble porter en lui et qui ouvre ses portes à l'heure où nous tentons d'accomplir la part de plénitude que nous portons. Les plus humbles des héros d'Arland ne sont jamais exclus de cette malédiction. Et l'auteur veut justement qu'ils soient simples et humbles.

Peut-être le malheur est-il d'autant plus grand que la condamnation qui pèse sur les personnages déborde le cadre de la psychologie : assurément, les héros souffrent de ne pouvoir s'arracher aux masques ou aux rôles que leur impose le groupe auquel ils appartiennent. Ils doivent ressembler à ce qu'on attend d'eux.

Mais il faut que la force dont ils subissent les effets soit de nature plus vaste. Métaphysique, dirait-on. D'où vient que l'écrivain ne puisse plus conclure, ni même définir le véritable sens du malheur que subissent ses créatures. Les « peut-être », les « qui sait ? » d'*A perdre haleine* sont autant de questions sans réponses. L'artiste ne peut évoquer que la souffrance. La parole ne déborde pas le cadre de la vie. Pourtant, une menace pèse sur l'homme, une menace infinie. Qui la représentera ? Qui lui donnera une forme ? Elle est simplement menace. Et que nous importe, si l'écrivain n'a créé de figures menacées que pour échapper au sentiment d'insécurité dont il souffrait...

Alors, nous sommes en enfer. Et un enfer qui ne doit rien à la philosophie ni à la fantasmagorie. Un enfer à l'échelle humaine — et l'écrivain se demande parfois d'où lui vient cette violence, cette intensité cruelle. Qu'il la porte en lui, voilà qui est sûr, mais cela n'explique rien, car nous portons en nous tout ce que nous croyons porter ! Seul compte ce qui s'élève à l'expression, ce qui peut prendre une forme irréductible à la conscience claire mais commandée par les constantes du tempérament ou de l'être profond. Il est inexplicable en effet que l'artiste façonne pour la souffrance des personnages sollicités par le plaisir, la plénitude ou simplement le banal bonheur. Inexplicable, mais, sans cette impérieuse construction intérieure, ce moule imposé par l'être du conteur ou du romancier à des figures venues des régions enfantines de la mémoire, qu'en serait-il de l'œuvre ?

Si bien que le malheur et la recherche de la plénitude vont de pair, s'associent dans la même frénésie de création ; comme si la « fable » était le témoignage d'une responsabilité intérieure ou l'expression d'une communication toujours brisée, toujours déçue.

On imagine que l'enfer créé par un écrivain le surprenne, car les figures douloureuses et soumises à une force incontrôlée ne peuvent que troubler la conscience, même si la conscience y trouve son profit. Mais créer inlassablement des figures douloureuses est une épreuve où le sentiment d'être du romancier est mis en péril, comme soumis à une imprécation intérieure. Les personnages d'*A perdre haleine* prennent alors leur sens lorsqu'on ouvre *Je vous écris*, bien que ce dernier livre reste en deçà de l'enfer, et comme en dedans de la main. Arland nous y conte les démarches et cheminements extérieurs qui accompagnent la création de ses nouvelles. On dirait qu'il veut leur échapper, qu'il fuit en Bretagne pour s'en éloigner et qu'il retrouve son obsession de créer avec le contentement spirituel qu'apporte le fait de susciter des figures convaincantes. Mais cette fuite est un retour : au fil des lettres imaginaires ou réelles, l'écrivain retrouve des personnages anciens auxquels il prête vie, pour quelque temps, les héros de *la Vigie* — en revenant à Port-Cros —, Gilbert de *l'Ordre* — et il donne une suite aux *Carnets*. Or quelle consolation peut-il trouver à ce retour ? Ni Manuel, ni Geneviève, ni Gilbert ne sont des havres de repos et de calme ! Tout au plus des étapes où le romancier prenait appui — précisément pour parvenir là où il en est. Même l'enfance le rejette dans le présent : « J'étais cet enfant, et ne m'attendris pas sur son compte. J'ai poussé l'aventure plus loin qu'il n'eût rêvé. Ce fut la plus brûlante et la plus folle des îles, la plus dangereuse peut-être. Je n'en suis pas encore revenu. »

Il y a peu de chance qu'il en revienne : *Je vous écris* nous ramène au « charnier spirituel de l'ombre » comme à la seule fontaine où l'on puisse s'abreuver.

Ainsi, ce bonheur qui habite les récits d'autrefois trouve dans l'enfer une sorte d'épanouissement. Arland poursuit le voyage qui l'a conduit à travers le dédale des personnages mutilés et souffrants, il le poursuit et trouve dans ce voyage même le désir d'accorder une manière de calme à ses personnages. Bénédiction. Ce grand « oui » accordé à l'univers, quel qu'il soit. Et quelle que soit la force qui l'écrase. Un consentement. Si crispée qu'elle paraisse, cette sérénité n'en n'est pas moins une forme de plénitude.

Les livres

Terres étrangères

RÉCIT, ÉCRIT A VARENNES, DURANT L'ÉTÉ 1922, PUBLIÉ EN 1923

Un spectateur enfantin assiste aux amours difficiles de Lucien et de Madeleine : une force obscure pousse Lucien à mettre en question son bonheur, à tourmenter Madeleine. Ne lui en veut-il pas de l'aimer ? Mais peut-être le jeune homme ne peut-il accepter sa condition et lui faut-il le grand délire de la révolte pour se réconcilier avec lui-même...

Quand Lucien aura mis en fuite Madeleine et que celle-ci, meurtrie, refusera de recommencer avec lui un amour qui est une longue souffrance, le jeune homme se tuera : quelle malédiction pèse donc sur le bonheur ? Du moins, l'enfant-spectateur aura suivi les amants jusqu'aux « terres étrangères » de la passion.

La Route obscure

ESSAI, ÉCRIT EN 1922 ET 1923, PUBLIÉ EN 1924

« J'écrivis ces pages dans une solitude à peu près parfaite et dans un égal désarroi. » Il s'agit de « fixer un moment de mon instabilité ». Les quelques fictions que contiennent le volume rappellent certains textes de Gide. Le ton se hausse dans la seconde partie où l'écrivain entreprend son examen de conscience : « j'ai senti jusqu'à l'angoisse la séduction de la révolte », mais que signifie la révolte, lorsqu'on se trouve seul à seul avec soi-même ? Il faut sans doute arrêter une morale provisoire qui tienne un compte égal des exigences profondes de la personnalité et des sollicitations du monde. Pourtant, si l'on y prend un peu garde, on peut constater « qu'il n'existe pas de littérature sans éthique ».

C'est à soi seul qu'on peut demander un secours, et non aux
« doctrines » qui nous sollicitent. Cette route est sans doute
obscure, mais c'est la seule.

Étienne

RÉCIT, ÉCRIT EN 1923, PUBLIÉ EN 1924

Précepteur dans un mystérieux château, un jeune homme
se laisse fasciner par son élève, Étienne. L'enfant est-il une
victime entre les mains de son oncle et tuteur, l'orgueilleux
D'Albert ? Ne projette-t-il pas sur Étienne l'attrait qu'il
éprouve pour sa mère, Louise ?

Un mystère plane d'ailleurs sur ce château : Étienne est
le fils d'un homme sans condition et sans fortune qui,
ruiné, a été conduit au suicide par le frère de Louise.
L'enfant n'ignore pas ce drame, bien qu'on ait tenté d'effacer
les traces de son père. Hamlet campagnard, il cherche à la
fois la vérité et la vengeance.

C'est compter sans l'oncle D'Albert qui, terrorisant les
siens, introduit pourtant dans sa maison un séducteur militaire et fat, le beau Max d'Ayrens. Ce dernier ne manque
pas de se faire aimer par la belle Louise. Bientôt, il l'emmène
avec lui à Paris.

Le narrateur retrouve Étienne, sa mère et son amant à
Paris : sans cesser d'aimer Louise, comme le héros de *Terres
étrangères*, Max la bafoue et la tourmente. Louise, vaincue
pour la seconde fois, rentre au château. Le narrateur mesure
alors le poids du passé : n'est-il pas trop tard pour tout le
monde ?

Monique

RÉCIT, ÉCRIT EN 1925, PUBLIÉ EN 1926

Claude Vidal, vingt-cinq ans, arrive à Vendeuvre, son
pays natal, pour se reposer après une maladie. Il revoit une
jeune fille qu'il a connue, autrefois.

Monique est pauvre. Les prévenances de Claude lui

semblent un affront. Comment admettre d'être aimée? Claude, attiré par la jeune fille qui se dérobe, tente en vain de lui faire accepter son amour : Monique va jusqu'à vouloir se fiancer avec un vieil original, jusqu'à inventer une fausse passion. Elle doit détruire son amour, elle n'a pas droit au bonheur. Si, à la fin, elle cède, elle doit vaincre une part d'elle-même, qui n'est pas seulement de l'orgueil.

Les Ames en peine

NOUVELLES, ÉCRITES EN 1925 ET 1926, EN RÉACTION CONTRE CE QUI POUVAIT SEMBLER TROP ROMANTIQUE ET TROP LITTÉRAIRE DANS « ÉTIENNE »

La « vie des autres ». Arland fait une embardée dans la réalité prosaïque, non sans violence. Plusieurs fois, il va opposer des héros sans noblesse à des obsessions contraires.

Ainsi, Pierre Variel *(la Pension Lomélie)* traîne sa détresse de démobilisé dans un hôtel de banlieue. C'est la médiocrité : pourquoi vivre? Fasciné par son propre échec, le jeune homme jette la femme qu'il aurait pu aimer dans les bras d'un imbécile et revient dans son pays natal, vaincu dans son orgueil et son désir.

Plus lamentable encore est le héros d'*Un homme de peu* qui monologue pour le lecteur et traîne sa vie lamentable de raté, son timide amour de chien fidèle, ses naïvetés. La sottise sans doute est une faute.

Jusqu'à la fin, le couple d'*Intimité* sera déchiré entre la résignation et l'amertume, tandis que la vieille paysanne de *Jour de Noël* qui a pour seule joie la visite annuelle de son fils se verra bafouée par le jeune homme, sans pouvoir lui montrer son amour...

La vie multiplie les « âmes en peine », murées dans leur impuissance à communiquer et d'avance condamnées.

Étapes

ESSAI, ÉCRIT EN 1925 ET 1926, PUBLIÉ EN 1927

Ces courts textes répondent à une période de trouble et d'anxiété. L'écrivain s'en prend aux « doctrines » qui arrachent l'homme à lui-même. La Révolte que l'écrivain juge nécessaire ne devrait pas être une pose ni une attitude, mais l'excitation nécessaire et permanente qui empêche l'homme de s'endormir.

A la fin du livre, Arland s'interroge plus profondément; comment peut-on prendre conscience de soi sans se perdre? Comment éviter la mauvaise foi? Comment l'expérience littéraire permet-elle de ressaisir cette part inconnue de l'être dont nous ne sommes pas entièrement les maîtres? C'est donc une réflexion d'attente, tendue vers l'œuvre encore à venir...

Où le cœur se partage

ESSAI, ÉCRIT EN 1925 ET 1926, PUBLIÉ EN 1927

Confidences et voyages. Arland s'exerce à cette libre méditation, cette rêverie contrôlée qui le promène au milieu des hommes et des paysages. Nous suivons l'écrivain dans son pays natal, à Varennes, puis dans la banlieue de Paris où il habite, près de Port-Royal, grande ruine abandonnée.

Mais Arland revient à ses obsessions : comment atteindre à la vérité, à *sa* vérité? Par quelle méthode allons-nous nous assurer de notre authenticité? Et pour la première fois, l'écrivain découvre combien doivent l'aider, dans cette recherche, la fréquentation et le souvenir des lieux où se sont déroulés ses jours d'enfance. Lentement, à l'occasion de la mort d'un vieux paysan, l'écrivain fait le point sur lui-même et mesure la fragilité de l'être qu'il est : comment doit-il s'insérer entre une tradition et une révolte? Ici, enfin, Arland s'abandonne au frémissement des émotions : elles circonscrivent peu à peu une obscure définition d'un authentique tragique.

Édith

RÉCIT, ÉCRIT EN 1928, « UNE SIMPLE IMAGE QUI FAIT PASSER DE « TERRES ÉTRANGÈRES » A « ANTARÈS »

L'enfant revient à son village natal, durant les vacances. C'est la guerre et tout a changé : ainsi, autrefois, on allait faire au loin « la campagne des prunes ». Malgré son âge, le grand-père décide de partir en expédition avec son petit-fils.

Dans un lointain village, on trouve à se loger chez une belle femme de quarante ans qu'une hostilité violente oppose à sa fille Édith. Comme dans *Terres étrangères*, l'enfant assiste au drame, d'en bas, comme dans un lointain rêve. La mère et la fille ont le même amant, un déserteur qui se cache dans les bois. La présence des étrangers cristallise sans doute le drame : jalouse de voir sa fille jouir d'un homme qu'elle a perdu, la mère dénonce le fugitif aux gendarmes qui le débusquent et l'abattent. Édith se tue. Le grand-père et le petit-fils rentrent au village comme on regagne un abri, ou le sein maternel.

L'univers d'Arland se définit avec précision : un récit court, concentré sur un paroxysme et une passion violente.

L'Ordre

ROMAN, ÉCRIT EN 1926, 27, 28, PUBLIÉ EN 1929; PRIX GONCOURT

L'histoire de Gilbert Villars, adolescent anxieux, avide, fils spirituel de Julien Sorel. A peine sorti du collège de Vendeuvre où il a remporté sans peine des succès scolaires sur ses camarades, Gilbert affronte une société qu'il hait et qu'il entend combattre.

Sa première bataille, il la livre contre son père adoptif, un notable de province, M. Henriot, dont il aime la fille, Renée. Puis contre son demi-frère, Justin, qui, lui, incarne l'ordre et la réussite sociale. Quand Renée, à la suite d'un malentendu, devient la femme de Justin, Gilbert s'enfuit à Paris. De toute manière, pouvait-il rester dans ce pays où son père, méprisé et humilié, est venu mourir autrefois?

A Paris, Gilbert se mêle à la vie des chapelles littéraires et des groupes politiques. Nous sommes après la guerre de 1918 et nous reconnaissons aisément ces visages de la révolte. Gilbert adhère au parti communiste et, dans les journaux, entreprend de violentes attaques contre le gouvernement et la société tout entière. Ses amis mêmes s'effraient de sa violence : combat-il une politique, ou veut-il abolir en lui et hors de lui tout ordre social quel qu'il soit ?

Il a revu Renée, mariée à Justin, chez des amis communs. Un jour, le scandale éclate : Justin, qui prépare une fulgurante carrière politique, désavoue publiquement son frère à la Chambre, tandis que la violence des attaques de Gilbert le mène en prison, puis le réduit à la misère. Seule Renée vient vers lui : elle a quitté son mari.

Commencent alors des amours difficiles, tragiques même : Gilbert ne peut s'empêcher de détruire ce qui devrait lui apporter la paix : il a convoité Renée; elle est là. Il la fuit, la tourmente de mille manières, la trompe avec une fille sordide, une de ses anciennes maîtresses, Germaine. Cette Germaine est à moitié détraquée : mêlée à la vie médiocre de Gilbert, elle devient l'instrument du drame et tire un coup de revolver sur Renée — sans la tuer.

Gilbert peut être satisfait : il a brisé la carrière de son frère, le bonheur de Renée, conduit Germaine en prison. Il lui reste à se détruire. Il y parvient, au terme de longs voyages en Orient et en Amérique.

Quand il s'en retourne, malade et mourant, dans son pays natal où son frère Justin (et Renée qui est revenue auprès de lui) s'est retiré pour faire oublier le scandale dont il a été la victime, il se réconcilie avec tout le monde, mais non avec lui-même. Il entre dans la mort comme on tombe dans une trappe.

Carnets de Gilbert

ÉCRITS EN MÊME TEMPS QUE « L'ORDRE » ET SURTOUT L'ANNÉE SUIVANTE, PUBLIÉS EN 1931

Le personnage de Gilbert Villars flotte devant les yeux d'Arland : n'est-il pas très proche de lui ? Et puis, Gilbert le révolté, n'est pas de ceux dont on se sépare aisément. Ces *Carnets* sont un dialogue saisissant entre le romancier et son héros : « derrière l'amour, derrière l'orgueil, derrière l'intérêt, le secret moteur de nos actions, c'est le désir d'être en paix, le goût du néant »...

LES LIVRES

Essais critiques

ESSAIS, ÉCRITS DE 1923 A 1930, PUBLIÉS EN 1931

Ce livre commence par l'article retentissant publié en 1924 dans *la N. R. F.*, « Sur un nouveau mal du siècle ». Arland s'en prenait aux spécialistes de la révolte, plus soucieux de poses, d'attitudes et de doctrines que d'expression littéraire. Si la littérature se cherche, elle a peu de chance de se trouver dans la parade où toute une génération se complaît. Non plus que dans l'« engagement » politique.

Certes, les maîtres et les valeurs d'hier sont morts ou dispersés. L'homme sait que « Dieu est mort », aussi lui est-il plus malaisé de vouloir. Du moins, s'il est écrivain, la littérature peut-elle lui apporter une éthique, peut-être la seule qui compte. Car la littérature est un mode d'existence qui exige, il est vrai, une ascèse de solitude et de rigueur. Tout le monde peut jouer à la révolte. Certains seulement peuvent s'élever à l'expression artistique. Et pour cela, il n'est qu'un souci : le souci de soi-même.

Narcissisme un peu péremptoire qu'Arland corrigera sept ans plus tard : il sait que la littérature résulte d'une longue épreuve, et cette épreuve demande le silence et l'abnégation : on sert la littérature humblement, comme une religion.

Suivent d'importants essais dans lesquels Arland met au point sa méthode critique de compréhension et d'analyse qui traite les œuvres d'hier (Constant, Pouchkine ou Barrès) comme des œuvres actuelles. N'est-ce pas rendre vivantes les premières et juger exactement des secondes que de les mesurer à l'effort de l'écrivain pour retrouver et conquérir sa propre authenticité ?

Antarès

RÉCIT, ÉCRIT A PORT-CROS ET AU « COUVENT » DANS LE VEXIN EN 1930 ET 1931, UN PEU EN RÉACTION CONTRE « L'ORDRE », PUBLIÉ EN 1932

Nous sommes à Varennes, dans la « terre natale ». Mademoiselle Aimée vient de mourir. Pour tout le monde, c'est une vieille fille un peu folle. Mais le souvenir et la mémoire de l'écrivain retrouvent le drame et la vraie noblesse de mademoiselle Aimée : n'a-t-elle pas recueilli jadis une jeune fille, seule survivante d'une mystérieuse tragédie au cours de laquelle son amant s'était suicidé? Aimée vivait un grand amour à travers cette jeune fille abandonnée et solitaire. Et l'amour lui-même s'accrochait à de vagues images, fulgurantes mais obscures, comme celle de l'étoile Antarès qui protège les amants. Tout le monde aujourd'hui est mort : les « terres étrangères » de la passion et de la tragédie appartiennent au lointain passé de l'enfance. Même la jeune fille est morte presque folle, maîtresse d'un braconnier. Mais cela, l'homme l'apprend à l'enfant...

Les Vivants

NOUVELLES, ÉCRITES EN 1932 ET 1933, PUBLIÉES EN 1934

Arland a trouvé les sources de son tragique : il est revenu à ses origines, à *Terres étrangères*, et s'approfondit. Ces « divers moments d'un seul récit » se situent à Varenne, ce Varennes toujours couvert de terres inconnues. Voici une jeune fille qui aime un gendarme pressé de la quitter, une vieille femme qui a trop vu mourir et ne sait plus la place qu'elle occupe parmi les vivants, une jeune femme que l'on pousse au suicide. Monde inquiétant de vieillards prisonniers de leur passé, de séducteurs de province, de vieilles filles chez qui monte la folie : la mort prend racine au cœur même des êtres.

La Vigie

RÉCIT, ÉCRIT DE 1932 A 1935, PUBLIÉ EN 1935

L'instinct destructeur dont souffrait Gilbert n'est pas mort : le héros du roman, Manuel, entraîne sa jeune femme, Geneviève, dans son pays natal et s'enferme avec elle dans une maison qui s'appelle la « Vigie ». « Mon roman, dit Arland, est l'histoire d'un homme et d'une femme qui s'aiment, qui vont jusqu'au bout d'eux-mêmes, et dont le drame vient d'un accord trop profond. » Mais l'instinct destructeur dont souffrait le héros de *l'Ordre* n'est pas mort : Manuel fait souffrir Geneviève, au nom même de leur amour. Il faut qu'un effort supérieur, de nature morale, surmonte cette épreuve de la solitude. Manuel et Geneviève retrouvent leur accord, à travers une intensité nouvelle.

Les plus beaux de nos Jours

NOUVELLES, ÉCRITES DE 1935 A 1936, PUBLIÉES EN 1937

Varennes, encore. Mais les personnages de ces nouvelles semblent plus irrémédiablement condamnés que ceux des *Vivants*. Plus l'art d'Arland s'enracine, plus s'impose la tension tragique dont sont tissus les personnages. Le vieux couple est voué à l'amertume, la jeune femme au malheur, les vieilles à de vaines tendresses. Et, tout autour des personnages, la nature prend une coloration nouvelle : elle n'accompagne plus « de loin » le drame, elle paraît s'y associer. Le malheur, ici, n'est pas inévitable, mais il est plus implacable.

Terre natale

RÉCIT, ÉCRIT EN 1937, PUBLIÉ EN 1938

Il faut maintenant s'interroger sur Varennes et ce monde chargé de mystère. C'est que le souvenir paraît apporter avec lui de fulgurantes images tragiques. Ne faut-il pas savoir pour quelle raison, peu à peu, l'écrivain a été ramené à ce qui faisait la saisissante attirance de *Terres étrangères* ou d'*Édith* ?

Voici donc la mère de l'écrivain, veuve et dominée par le souvenir de son mari, qui enferme ses enfants dans le souvenir du mort, la grand-mère et le grand-père, les vieilles filles et les cousins qui paraissent avoir accès à un univers que l'homme mûr ne peut retrouver qu'à travers son enfance.

C'est évidemment plus qu'un livre de souvenirs : Arland tente de comprendre les figures familières sans lesquelles il n'aurait jamais conquis son authenticité d'écrivain. Enquête infinie qui laisse planer plus d'ombre qu'elle n'apporte de clarté. La « terre natale » reste inconnue, non seulement en raison du temps même qui l'éloigne dans la durée, mais aussi parce que les personnages d'autrefois paraissent porter avec eux un drame dont l'enfant seul était le témoin.

La Grâce

NOUVELLES ÉCRITES EN 1938 ET 1939, PUBLIÉES EN 1941

Voici des femmes et des hommes dominés par une sorte de force qui les jette au-delà d'eux-mêmes : Flavie ou Catherine semblent obéir à une exigence plus puissante que la vie. Catherine est « appelée » — c'est peut-être ce qui lui permet de pardonner au mari qui la bafoue. Plus obscure, moins dessinée est la fugitive héroïne de « Marais » chez qui la « grâce » est peut-être seulement la sensualité. De toute manière, l'appel le plus profond auquel l'homme soit sensible le pousse au malheur.

Sur une Terre menacée

ESSAI, ÉCRIT EN 1940-41, PUBLIÉ EN 1941

C'est la guerre. Arland est soldat à Langres, avec ses personnages favoris, les paysans de l'Est. Comme lui, ils supportent mal l'armée, la ville. Les uns meurent, d'autres se tuent. Le drame est là, profond, mais il se mêle au malheur collectif.

Quand tout est terminé, Arland revient à Brinville, puis à Varennes. La campagne est toujours là, attirante, non consolatrice, féconde en thèmes. Mais que sont donc ces héros ? Des paysans ? Martin du Gard s'est moqué d'eux dans *Vieille France*, un peu comme on le fait dans les villes. Il n'a rien compris : la paysannerie est un être que l'histoire française n'a jamais intégré. Pour lui, Arland n'a que mépris pour une littérature « paysanne ». Ce qu'il tente est différent : retrouver la part tragique de personnages familiers.

Anthologie de la Poésie française

ÉCRITE EN 1940, PUBLIÉE EN 1941

Arland, mobilisé, relit les poètes français. Puis il fait un choix, *son* choix, et tente de définir un art qui, au contraire de celui de la prose, s'épanouit puis soudain, pour de longues années, s'endort.

Zélie dans le Désert

RÉCIT, ÉCRIT EN 1943, PUBLIÉ EN 1944

L'enfance à la campagne : Varennes encore, mais un Varennes transposé dans l'enfance. On se perd dans les greniers, on lit de vieux livres, ainsi cette *Zélie dans le Désert* qui inspire à Bosco et au jeune narrateur le désir de trouver une solitude qui ne soit qu'à eux.

Comme dans *Terres étrangères*, mais avec plus d'art et de tendresse, le désert et la solitude livrent une tragédie. A distance, et pour ainsi dire d'en bas, les enfants assistent au calvaire de la jeune bergère Jeannie, amoureuse d'un lycéen stupide. A-t-elle mis trop d'elle-même dans cet amour impossible ? Porte-t-elle une mystérieuse condamnation parce qu'elle tente de déborder le cadre étroit que la société lui fixe ? Est-elle punie pour avoir été violée par un braconnier, selon les lois d'un jansénisme cruel qui serait assez dans la manière d'Arland ? Toujours est-il qu'elle est conduite à la mort. Et la tragédie, pour lointaine qu'elle soit, surprend douloureusement les jeunes témoins. L'enfant narrateur rejoint sa grand-mère et la chambre intime où l'on apprend à lire les vieux livres. Dehors, dans la rue, passe le chariot qui ramène le corps de Jeannie.

Le Promeneur

ESSAIS CRITIQUES, ÉCRITS DE 1941 A 1943, PUBLIÉS EN 1944

Arland, durant la guerre, relit de vieux ouvrages et prend plaisir à découvrir des textes peu connus : *Mémoires* de Sully, *Voyages* de Montesquieu, etc.

A la fin de son livre, à propos de Forster et de Sartre, Arland tente de définir l'art du roman : « un roman n'est pas, ne peut pas être une copie exacte de la vie; il en est la transposition stylisée. »

Avec Pascal

ESSAI ÉCRIT EN 1945, EN MÊME TEMPS QU'UN CHOIX DE TEXTES DE PASCAL, PUBLIÉ EN 1946

Pascal, quelle force l'anime ? Est-ce seulement celle de la religion ? Ou bien cette religion impitoyable est-elle le nom que nous donnons à une exigence plus haute et difficilement exprimable ? Dans la paix tumultueuse de Port-Royal, Pascal ne cherche pas le repos. C'est au monde qu'il pense quand il polémique et lorsqu'il entreprend d'écrire une apologétique dont les *Pensées* seront les fragments épars. Puis, avec le temps, les grandes ambitions s'effacent devant l'attente de cette grâce imprévisible et incertaine qui fait le déchirement de l'âme et l'anxiété du penseur.

Les Échanges

ÉTUDES ÉCRITES DE 1943 A 1946, PUBLIÉES EN 1946

Essais critiques « consacrés tout ensemble à des œuvres et à des hommes ». L'auteur cherche à retrouver le visage de l'être vivant sous le masque de l'œuvre, à saisir l'apparition du destin, ce don, cette grâce, sans laquelle les écrivains ne seraient point artistes. Tristan, Racine, Fénelon, Mme de La Fayette, Marivaux, Laclos, Constant, Fromentin, Alain-Fournier sont interrogés successivement.

Il faut de tout pour faire un Monde

NOUVELLES, ÉCRITES DE 1945 A 1946, PUBLIÉES EN 1947

Ce n'est pas un « recueil » de nouvelles. L'écrivain ne peut séparer le destin particulier de chacun des personnages qui occupent chacun des récits du monde commun qui les étouffe. Pour fugitive que soit la lumière projetée sur les visages, l'impression n'en est que plus violente, voire impudique, comme si l'on violait un secret. Jadis Arland songeait à prolonger la réalité par la création; maintenant, c'est l'être même qu'il immobilise dans une attitude momentanée, comme dans une pose effrayante. Paysage étrange, fantomatique, qui s'achève dans l'au-delà, au-delà de la mort d'une vieille femme. Comment aller plus loin ? — Pourtant, il ne s'agit pas d'un monde désespéré. « C'est un monde en attente. »

Chroniques de la Peinture moderne

ÉTUDES ÉCRITES DE 1945 A 1949, PUBLIÉES EN 1949

La peinture occupe une grande place dans la vie sensible d'Arland. Il possède lui-même une belle collection d'œuvres modernes. C'est un familier des expositions et des galeries. Le spectacle d'un tableau est une volupté.

Ici, le critique joue à passer du Louvre aux galeries contemporaines. Piero della Francesca ou Giorgione semblent appeler Braque ou Rouault.

Mais nous sommes à l'époque de la « peinture non figurative » qui fit couler beaucoup d'encre. Encore, pour en juger, faut-il se délivrer des théories et des modes dont ne se soucie point un tempérament vigoureux. Ami de Rouault, de Chagall, d'Atlan, le critique demande que la peinture lui apporte une émotion si profonde qu'elle se suffise à elle-même.

Lettres de France

ÉTUDES ÉCRITES DE 1949 A 1951, PUBLIÉES EN 1951

Ces essais restituent le « paysage » littéraire français des années d'après-guerre. Soucieux de « faire le point », Arland revient sur Gide, Bernanos, Benda, Giono, mais il veut aussi saisir les courants nouveaux : aussi demande-t-il aux livres des débutants de lui indiquer une direction. La plupart de ces essais ont été écrits pour *la Gazette de Lausanne* dont Arland, à cette époque, tenait le « feuilleton ». C'est sans doute un document indispensable sur la vie littéraire de l'année 50...

Marivaux

ÉTUDE PUBLIÉE EN 1950

Arland a toujours aimé Marivaux. Ici, il veut suivre le mécanisme profond des romans et des pièces d'un auteur secret, qui ressemble assez peu à l'image qu'on donne de lui dans les manuels. Chez un homme pour qui tout devient matière à réflexion (si on en croit ce qu'il dit de lui-même), c'est de la vie que naissent les images et les situations. Ainsi, l'œuvre de Marivaux est une longue confession sur la vérité, l'amour et, peut-être, le bonheur.

A l'époque de
Terres étrangères.
Litho de Galanis.

Un quartier de Varennes (Le Pâquis), vu de la maison où M. A. revint écrire *Terres étrangères*, puis *Terre natale* et *la Consolation du voyageur*.

Janine Arland,
Aigues-Mortes, 1930.

Marcel Arland
à la Vigie
de Port-Cros, 1930.

Marcel Arland, à
Châtenay-Malabry, 1932.

La Prose française, anthologie, histoire et critique d'un art

COMPOSÉ ET ÉCRIT DE 1946 A 1951, PUBLIÉ EN 1951

C'est la première partie d'un travail considérable qui s'arrête ici à Saint-Simon. Arland suit le mouvement créateur de la prose, qui « n'est pas un instrument, mais un être ».

Il s'agit d'une genèse, d'un « musée imaginaire » développé dans une histoire. On y voit la prose se chercher, se trouver, paraître se perdre et reprendre ses vertus. Fragments choisis, analyses critiques, notations s'enchevêtrent pour composer un des seuls ouvrages d'artiste sur l'art d'écrire à travers le temps...

Essais et nouveaux Essais critiques

PUBLIÉS EN 1952

Aux *Essais critiques* de 1931, Arland ajoute de nouvelles études sur Valery Larbaud, Chardonne, Julien Green, Drieu La Rochelle ou Malraux. Puis, il tente de « faire le point » sur la situation présente de l'écrivain et les conditions de la critique. L'époque se prête-t-elle vraiment à la création ? Mais quelle époque a jamais été favorable aux créateurs ?

La Consolation du Voyageur

RÉCIT, ÉCRIT DE 1949 A 1952, PUBLIÉ EN 1952

« Légende des morts et des vivants. » Arland revient au pays natal, générateur de joie. Suivant les variations complexes du temps et de l'espace, il retrouve certains des visages de son enfance. Le passé confère-t-il seul une allure tragique à ces héros ?

Mais l'homme d'aujourd'hui voyage. En Allemagne ou en Espagne. Des personnages réels, caricaturaux ou fantastiques, se mêlent aux visages familiers. Pourtant, c'est à Varennes que l'écrivain vient entendre le chant « de cet oiseau sans nom qui console le voyageur dans le vallon de Cachemire », dont parle Chateaubriand. Une sorte de tristesse voluptueuse baigne les souvenirs et se projette sur les personnages. Et cette longue confidence, écrite pour Janine, est une méditation sur la création et la vie.

Nouvelles Lettres de France

ÉTUDES ÉCRITES DE 1951 A 1954, PUBLIÉES EN 1954

Arland poursuit son enquête commencée avec les *Lettres de France*. Gide vient de mourir et il faut faire le bilan d'une œuvre qui a marqué une époque, sans gagner pour autant de chances de survie. Voici Montherlant, Supervielle, Grosjean...

La Grâce d'écrire

ÉTUDES ÉCRITES DE 1953 A 1955, PUBLIÉES EN 1955

Autant que d'études publiées dans *la Gazette de Lausanne*, *Contemporains* puis *la Nouvelle Revue française*, il s'agit d'une psychologie de la création littéraire. Parlant de Drieu, de Radiguet, de Saint-Exupéry ou de Bernanos, Arland se demande comment l'écrivain reçoit cette « grâce » dont il parlait déjà dans *Échanges*. Cette fois l'idée s'enrichit et si le mot est emprunté à Katherine Mansfield dont Arland aime profondément les nouvelles, c'est à une méditation générale qu'il nous conduit. « J'aime avant tout dans l'œuvre d'art — sans négliger un plaisir plus candide — l'un des hauts modes où l'homme s'exprime, se délivre et trouve son harmonie, l'un des moyens, les plus purs peut-être, par où il tend à s'accomplir. »

L'Eau et le Feu

NOUVELLES ÉCRITES DE 1954 A 1956, PUBLIÉES EN 1956

Arland poursuit ici dans la voie ouverte par *Il faut de tout pour faire un monde* : c'est dire qu'il s'agit d'un monde cohérent, ordonné et tragique. A peine si nous entrevoyons les personnages, mais leur présence est toujours obsédante. Les thèmes de la solitude, de la vérité difficile à saisir, de la communication totale entre les êtres, de la mort et de la détresse, commandent pour ainsi dire à l'organisation interne de ces nouvelles, plus graves que les précédentes, comme si une angoisse plus vive tourmentait alors l'écrivain. Un feu intérieur dévore les personnages, et l'auteur. D'où viendra l'apaisement ?

Valery Larbaud

PRÉFACE AUX « ŒUVRES », DE LA PLÉIADE, PUBLIÉE EN 1957

Importante étude de l'homme et de l'art. Et particulièrement sur cette surprenante particularité de Larbaud de joindre la jouissance amoureuse et la jouissance littéraire. Où donc commence et finit Barnabooth ?

A perdre haleine

NOUVELLES ÉCRITES DE 1956 A 1960, PUBLIÉES EN 1960

Les plus tragiques, les plus lourdes de sens des nouvelles d'Arland. Tout ce que la recherche antérieure laissait pressentir arrive ici à maturation. Il s'agit d'un monde presque totalement sans espoir, et dont on dirait que l'auteur ne peut plus secouer l'emprise. La détresse qui envahissait *l'Eau et le Feu* prend corps et s'intègre à la matière même de la « fable ». Caricatural et fantomatique, douloureux et impitoyable, l'homme paraît écrasé par une force inconnue. Est-ce celle qui plane sur l'écrivain depuis son enfance ? Est-ce une présence, un regard souverain ?

Je vous écris

ESSAI INTIME, ÉCRIT EN MÊME TEMPS QU' « A PERDRE HALEINE »,
PUBLIÉ en 1960

Lettres imaginaires écrites au moment où Arland rédigeait ses nouvelles. Confessions et méditations sont autant de réflexions sur la vie intime et l'expérience créatrice. Sans doute faut-il trouver des raisons de vivre dans l'imaginaire, puisque l'imaginaire est si proche de l'existence qu'il ne peut plus s'en isoler. L'angoisse, certes, ne disparaît point de ces pages simples et graves, les plus confidentielles et les plus graves qu'ait écrites Arland, mais on sent pourtant monter une sorte de sérénité calme. Arland, comme le moine dont parle Maurice de Sully, s'est laissé ravir par la grâce d'écrire; le monde lui est rendu, mais comme éloigné dans l'espace et le temps...

Pages

SUR UN NOUVEAU MAL DU SIÈCLE

Entre deux dangers : l'ordre et l'anarchie, les générations oscillent. Il n'y a d'autre ordre pour la pensée que celui qui existait la veille; l'anarchie est le refus de cet ordre; mais, dans ce qu'elle peut avoir de fécond et par où elle s'écarte du jeu ou du suicide, c'est la recherche d'un nouvel ordre.

Il semble que toutes les civilisations convergent d'abord vers un point idéal, un instant atteint, aussitôt dépassé. Comment l'appeler, ce point, équilibre des qualités d'une race, minute unique où toutes les forces qui se cherchaient ou s'entravaient auparavant, s'associent et se combinent, spectacle admirable né de la collaboration de l'homme et du destin? A peine a-t-elle produit cet instant, une civilisation s'en écarte et ses forces divergent. Et si beau, si plein qu'il ait été, il appartient dès lors au domaine de l'ordre, domaine historique, riche d'enseignements, sans doute, mais domaine des morts, dont il faut s'écarter pour répondre à la vie d'une nouvelle époque et créer, dans une apparente anarchie, un ordre nouveau.

Qu'un peuple soit en proie au trouble, c'est dans les œuvres nées de ce trouble qu'il pourra découvrir son visage véritable, sa grandeur et sa beauté particulières, et déjà les germes de *son* ordre. C'est, d'autre part, en de telles époques, violentes et bouleversées, décadences ou résurrections, que se révèle le mieux le génie des individus.

Dans la confusion et la nonchalance contemporaines, il était facile à beaucoup d'élever la voix et d'annoncer des terres nouvelles : un public se trouve toujours alentour, heureux et fier d'applaudir et de comprendre. Les petits-maîtres n'ont pas manqué; chacun découvrit une originalité et la proclama parfaite, comme ces boules des jardins de banlieue où l'on peut, sans fatigue, parcourir le monde et ses passions.

Fantaisie, gestes et attitudes, tels sont trois des principaux caractères de la littérature qui florissait hier et voudrait encore sévir actuellement. On s'est plu à croire que l'intime secret de l'âme et de la beauté tenait en ces frivolités compassées, en ces exercices de mots et de cœur, délicats et gracieux comme une rose (la rose, emblème de toute une littérature), dont on nous a accablés depuis vingt ans sous prétexte de fantaisie. A toutes les questions du monde, la réponse fut une pirouette; le tout était de pirouetter avec grâce; après quoi l'on s'inclinait, adressant un sourire au miroir.

Les gestes sont un danger aussi haïssable. Si peu de force et de goût que j'aurais eus sans doute à tenter ceux du mouvement dada, j'aime et j'approuve que d'autres s'y soient livrés. Mais les répéter, que serait-ce d'autre qu'un jeu? Nul geste n'exprime un individu; les délires semblent un peu froids, et les gestes, pythiques, quand une saison a passé sur l'enfant prodigue. Ces airs tranchants, ces grimaces laborieuses, ces pétarades littéraires : je ne cacherai plus mon ennui. Le fusil n'était pas chargé; je ne sursaute plus, à la deuxième détonation. Qu'une âme bien née brûle intérieurement : peu de spectacles sont aussi pathétiques.

Mais un péril plus grand, ce sont les faux prophètes. Ils nous ont proposé des règles pour aimer les choses et les gens, pour cultiver l'égoïsme, pour nous affranchir de toutes règles. Ils connaissaient cet instant pénible des adolescences, où l'on a besoin d'un principe comme d'une maîtresse, et savaient qu'une voix assurée et deux mots d'esprit suffisent à enrôler une incertitude. Des attitudes et des doctrines, nous en avons cherché dans toutes les foires du monde; c'était assez d'un air arrogant, d'un sourire fin, d'une déviation du corps ou de l'âme, pour que notre cœur s'émût. Notre besoin d'enrôlement volontaire est tel que des *succédanés* d'Annunzio et des junkers allemands, prêchant, par exemple, le culte unique du foot-ball comme régénérateur du monde, ont aujourd'hui des disciples fervents.

C'est en s'éloignant de ce triple mensonge d'attitudes, de gestes et de fantaisie, que la littérature qui se cherche aujourd'hui acquerra des chances, non peut-être de succès immédiat, mais de vie. Vers l'absolue sincérité, voilà de quel côté s'orienteront sans doute les quatre ou cinq individus qui suffisent pour représenter, sinon pour exprimer une génération. C'est moins d'ailleurs une génération que des individus, qui nous peuvent maintenant intéresser; il n'est plus aujourd'hui de véritable travail que solitaire. Le mot travail peut faire sourire; rarement en effet on eut autant de méfiance envers l'art; et je ne dis pas seulement envers les procédés artistiques, mais envers leur résultat, qu'on appelait autrefois la beauté; méfiance envers les mots, les procédés d'investigation et de connaissance, envers l'intelligence comme envers la sensibilité, envers la personnalité.

Avant toute littérature il est un objet qui m'intéresse : moi-même. De cet objet, je cherche à m'approcher par les plus purs moyens qu'il me soit possible de trouver. La littérature, qui est le meilleur d'entre eux, ne nous séduit plus guère qu'en ses rapports avec nous-mêmes, et selon l'influence qu'elle peut avoir sur nous. Par là elle s'élève et s'abaisse à la fois; car si le but que nous lui proposons est le premier en noblesse, elle n'en devient pas moins elle-même un moyen : moyen de nous connaître, moyen de nous éprouver (certaines expériences littéraires sont plus dangereuses que des expériences réelles).

La morale sera donc notre premier souci. Je ne conçois pas de littérature sans éthique. Aucune doctrine ne nous peut satisfaire; mais l'absence de doctrine nous est un tourment.

Toutes questions se ramènent à un problème unique, celui de Dieu. On a parlé d'un nouveau mal du siècle; on a mis à la mode des mots et des sentiments nouveaux; le moindre lecteur des revues d'avant-garde s'est cru atteint de ferveur, puis d'inquiétude. Je regrette fort la vulgarisation de ces mots, qui nous obligera à de fâcheux néologismes. Mais les notaires qui, il y a cent ans, se crurent Werther ou René ne nous font douter ni de Gœthe ni de Chateaubriand. Et quelle que soit notre répugnance pour ce trop emphatique : mal du siècle, nous l'admettrons pourtant, si nous en croyons notre angoisse.

Dieu, l'éternel tourment des hommes, soit qu'ils s'attachent à le créer, ou à le détruire; l'œuvre de Virgile s'explique par sa présence permanente; celle de Rousseau, par sa recherche; celle de Stendhal, par l'effort des passions pour en cacher l'absence. Mais un esprit où cette destruction est accomplie, où le problème divin n'est plus débattu, par quoi comblera-t-il le vide laissé en lui et que maintient béant la puissance des siècles et des instincts? L'absence de Dieu est le non-sens de toute morale. Est-ce la forme politique d'un pays, des questions humanitaires ou économiques, qui pourront remplacer en nous l'ancien fondement? Jusqu'à ce que nous ayons pris l'habitude de ce nouvel état, tout nous apparaîtra dérisoire, et nous-mêmes d'abord. Esprits désaxés, bâtissant par convenance ou pour des raisons pratiques des garde-fous auxquels nous n'accordons nulle confiance, nous sommes condamnés à de perpétuelles *occupations;* occupations, et rien d'autre; chacun s'y adonnera selon sa sensibilité, sa fatigue et son ennui : il y a les voyages, le mariage, les passions; être riche, être Lauzun, être député des Halles; il y a certaines tentatives dangereuses, certaines anomalies, certains crimes, certaines vertus; il y a aussi la littérature.

Car ce n'est pas en quelques années que l'homme se consolera de la perte de Dieu. Avec quelle ardeur pourtant n'a-t-on point tenté de réparer cette perte; mysticismes de la beauté, de l'homme et de l'individu : passions inassouvies, instincts déviés — de tout cela il ne reste plus guère que lassitude et découragement, et que perpétuellement en nous cette flamme inquiète et désolée. Certains, malgré eux-mêmes, malgré le siècle et leur peu d'espoir, sentant en eux, non plus l'idole, mais toujours l'autel, ont tenté de les retrouver en continuant, en exagérant les mêmes gestes d'adoration — dans l'attente d'un miracle.

Entre le miracle et le suicide, il y a place pour une littérature très individuelle, dangereuse à coup sûr, parfois lyrique et anormale. Car après tant de vaines jongleries, tant de grâces et de grimaces, tant d'efforts vers l'originalité, tant d'exotisme et de littérature cinématographique, l'heure n'est-elle pas enfin venue d'une simplicité nouvelle, celle des époques où, sans gesticulation, l'homme se penche sur son propre drame, avec les cinq misères de ses cinq sens, avec l'enivrante misère de penser et d'être ému? Ce n'est point un retour vers le classicisme qui me semble souhaitable, — mais, dans le désordre et dans le tumulte des esprits, une nouvelle harmonie. Ainsi cette littérature serait-elle à la fois une phase, un facteur et le reflet d'un bouleversement qui nous dépasse singulièrement et qui conduit une civilisation vers sa ruine ou vers sa résurrection.

LA ROUTE OBSCURE.

« PRÉLUDE » [1]

Ma pierre ricocha sur l'eau et s'enfonça dans un remous, des rides énormes et des sanglots. Puis le trouble s'atténua. Il ne resta plus que les lignes minces du souvenir. La fontaine revint à ses hôtes habituels : le ciel infiniment calme de l'été et les maisons campagnardes. — D'un tel émoi, et de la vigueur de mon jeune bras, n'était-il donc rien resté ? Je me sentis faible jusqu'au désespoir; mon enfance me protégeait à peine. Tristement orgueilleux de cette révélation, je poussai la porte.

« Marcel, dit ma grand'mère, jurez-moi, devant monsieur de Burge, que vous irez aux Indes propager notre foi. »

Notre foi, c'est ma grand'mère, une femme vieille et grave dans un fauteuil rouge. J'irai vers les Indes, qui sont un pays jaune avec des tigres et des pagodes. Dans mon ermitage, je dirai nos prières, qui sont les traits maigres de votre visage; puis, de l'exil, je tendrai vers le soleil, les lianes et les grands fleuves, mon cœur sacrifié au devoir, mais où chantent des rumeurs pathétiques, que vous ne sauriez soupçonner. Aux Indes sont aussi des officiers mélancoliques et les filles immaculées et douces des brahmanes.

« Sans doute, dit M. de Burge, mais qu'il prenne garde aux esprits. Ils revêtent les formes les plus diverses. On se promène avec une canne des Iles et des gants blancs; au détour de la haie, ils manifestent leur présence : c'est un escargot qui tord son corps mou, ou cette branche d'arbre qui s'incline. Les gens aveugles sourient. »

Je ne sourirai pas, Monsieur. Peut-être suis-je moins poli à votre égard que ne devrait être un enfant de ma

---

1. Dans ce choix de *Pages*, les titres entre guillemets ont été ajoutés.

race. J'ai dit un jour que vous ne restiez pas une minute sans cracher. Et que votre éternel habit noir et votre chapeau haut de forme n'étaient pas sans ridicule, surtout pour notre village. J'avoue aussi que je fis deux vers contre vous :

> Monsieur de Burge marche sec
> comme une allumette.

Mais j'aime vos yeux bleus, qui voient les esprits. La religion est trop revêche, avec sa résille et sa cape sombre. Vous êtes le seul pour qui j'aie souhaité d'ouvrir ma grande âme.

Je m'agenouille sur un prie-Dieu et me tourne contre le mur : on n'entendra pas battre mon cœur.

Et voici mes trésors. Trésors incomparables d'un roi trop riche! Il y a les cartes glacées où les paquebots sifflent et partent, entre des îles vertes ou roses, jusqu'à Tampico, où mon grand-oncle fut tué dans un café. Et vers les pôles on plante des étendards; celui de la France a les trois couleurs des filles de mon village, le dimanche, quand elles prient pour les morts ou s'égarent dans les bois.

Je contiendrai mes larmes : il y a le livre entre tous. Ce sont des corsages montants, des mains sans bagues et des couples très peu vivants qui sourient et voudraient être heureux. Et ce collégien, au visage mince et jauni par le temps : mon père. Si triste déjà, souffre-t-il de quelque incurable passion, ou s'il devine sa mort prématurée ? Mon père mourut quand j'avais trois ans. Le monde s'apitoie sur moi, me caresse avec des gestes retenus, comme si l'on craignait une mystérieuse fragilité. Je sais que je représente le disparu et j'ai pris la tristesse qui sied; mais je suis fier comme du plus bel héritage, parce qu'il est beau de mourir jeune.

« Lorsque, dit M. de Burge, les jeunes gens, nos voisins, sont venus de Paris abriter ici leur union, il y avait des signes : on ne les a pas vus. Quittant la voiture, Madeleine chancela; cependant les fenêtres, qu'on avait ouvertes pour aérer leur demeure, claquaient sous je ne sais quel souffle. Et comme Lucien s'était élancé pour soutenir sa jeune femme, ils restèrent, mon amie, silencieux et très blancs. »

Du bord des lèvres, ma grand'mère laissa tomber :
« Madeleine est trop jolie pour ce ciel simple.
— On dit, murmura M. de Burge, qu'elle dansait dans un théâtre. »
Puis, car il était bon :
« Mais leur passion fut bénie par un prêtre. »
Ma grand'mère releva la tête, frappa le sol de sa canne et, sèche :
« Il n'y a pas de prêtres, monsieur de Burge, il n'y a que la religion. Et ces gens seront malheureux parce qu'ils ont placé quelque bonheur éphémère plus haut que le devoir. »

TERRES ÉTRANGÈRES.

CARNETS DE GILBERT [1]

Et moi aussi, je le dis tout bas, j'ai souhaité de vivre en Arcadie. Je songe à cette nuit de janvier où, rentrant sous la pluie et le vent, je me tins quelque temps immobile à regarder la fenêtre éclairée et, derrière, le profil de la jeune femme qui m'attendait. Je me dis que jusqu'alors j'avais obtenu plus que je ne méritais; et que, n'eussé-je encore rien obtenu, ç'aurait été un don plus grand que la fortune n'a coutume d'en réserver, que cette jeune femme en attente derrière la vitre, une nuit d'hiver, et pas même cette femme, mais son image et mon espoir. Alors, m'adressant je ne sais à qui, peut-être aux dieux exigeants qui m'ont toujours sollicité : « Qu'il me soit donné, disais-je, de sentir longtemps comme ce front est doux, comme ces yeux sont clairs, et comme ce pourrait être une bonne chose que de renoncer à tout orgueil, fût-ce à celui de ma destinée. » Je parlais ainsi cette nuit-là; mais le vent et la pluie menaient un tel vacarme que les dieux ne m'ont sans doute pas entendu.

---

1. Gilbert est le héros de *l'Ordre*.

★

« Toujours ensemble, toujours. » Je l'entends bien, elle veut dire même dans la tombe. Et je m'y sens déjà quand elle se serre contre moi, ou que la nuit, réveillé, je la devine à mon côté, et que j'étouffe, et que je me retiens de crier, comme si la terre nous recouvrait.

★

Cette bouche qui quête la mienne, ces yeux humides qui mendient mon regard, ce corps tiède qui appelle le mien, hier, aujourd'hui et demain et toujours, cette douceur, cette tendresse, cette bonne volonté, cet écœurant paradis. Comme je l'envie, ce garçon sans amour, que je fus, la gorge sèche, les mains vides, le long des quais, dans les banlieues, au couvent Saint-Marc où, toute une après-midi, je pleurai de détresse et du ravissement de ma détresse !

★

Je n'ai jamais aimé une femme qu'autant qu'elle me paraissait un miracle, je veux dire nouvelle et inexplicable. Mais voici que je sais quelle parole de moi ou quel silence la font rire ou pleurer ; quelle enfance, quels livres, quelles lois de son corps déterminent en elle cette légèreté ou cette tendresse, et jusqu'à ce pli soudain de la lèvre. — Qu'ai-je à faire de cette mécanique ?

★

Cherchons de beaux souvenirs. Certains jours de congé, à Vendeuvre, sur les terrains vagues, près des remparts, j'entendais des soldats jouer du clairon. Ce fut un de ces jours-là que je conquis la Perse, un de ces jours que j'écrivis *Hamlet*. Je me suis reposé depuis.

★

Un des grands plaisirs que j'aurai pris, au cours de cette admirable vie, aura été de me dire : « En ce moment précis, cinq cents millions d'hommes et de femmes font l'amour ; les voici qui mangent ; les voici qui dorment » ; et de les imaginer ou de les voir qui, l'heure d'après, chacun juché sur son moi, chamarré de sa fonction, de son âge et de sa fortune, se saluaient, se souriaient, pensaient, grand Dieu ! — tout cela avec un sérieux imperturbable.

Un autre, de me dire : « Aujourd'hui cent mille hommes sont morts ; cent mille sont nés. Rien n'est changé. »

Un autre encore : « Parmi les multitudes d'hommes, de bêtes, de plantes aussi peut-être, il n'en est pas un seul qui ne se fasse le centre de l'univers. »

★

J'ai beau faire : j'oublie à tout instant la règle du jeu. J'oublie qu'à l'heure du café une parole n'a pas la même importance que dans un livre ou une catastrophe. J'oublie qu'il est un ensemble d'accords, de sous-entendus et de politesses, sans lesquels la vie sociale est impossible, l'amitié aussi peut-être, et peut-être l'amour. J'ai cent fois pris la résolution d'employer le ton, les formules et les mines de rigueur. Mais à peine en compagnie, tout me heurte, tout me semble mensonge, je me sens perdu. Ce que j'attends malgré moi d'un homme, et ne l'eussé-je jusqu'alors jamais vu, c'est qu'il livre l'essentiel de lui-même, ou qu'il se taise. Les deux ou trois amis que je retrouve parfois, et que je me fais une fête de retrouver, suis-je auprès d'eux ? me voilà déçu, trompé, meurtri. De même, au jeu civil qu'une femme réclame, j'ai toujours préféré l'insolence. Voudrais-je donc que chacun parlât comme s'il allait mourir ? Tout cela est ridicule de présomption et de puérilité.

★

Un des seuls êtres pour qui j'aie senti du respect fut un vieux chat. Son corps était décoloré, sinon la tête, très belle, au nez important, aux yeux verts, qu'il tournait vers moi une ou deux fois le jour, et clignait à demi. Pas un geste de trop ; lassé de la gourmandise, il mangeait à peine, buvait un peu d'eau, préférait parfois le pain à la viande. Parfois, il sautait lourdement sur mes genoux, s'asseyait, me regardait, songeait un peu, et descendait. Il n'appelait plus, miaulait silencieusement. Mais, un jour de soleil, je le vis soudain, lentement, abandonnant toute dignité et tout âge, se rouler deux fois sur le dos. C'est à partir de là que je le respectai.

★

S'éveiller et trouver couchées à son côté, non pas une jeune victoire, mais trente années d'asservissement aux livres, aux femmes, à l'opinion, aux voix médiocres. Marcher, s'agiter, parler, rire, se confier, s'attendrir : je ne connais que trop cette parade; de quelle défaite cherches-tu à te cacher l'approche ? Dégoût de penser et de ne pas penser. Dégoût de prendre un air dégagé si on me regarde, de faire de l'esprit, de faire de la révolte. Dégoût de me plaindre ou d'appeler au secours. Surtout dégoût d'être prêt à recommencer... Avoue ta faillite. — Non.

★

Derrière l'amour, derrière l'orgueil, derrière l'intérêt, le secret moteur de nos actions, c'est le désir d'être en paix, le goût du néant, qu'un homme apporte en naissant, et qui ne fera que croître jusque-là qu'il soit comblé pour toujours. Je hais cela, que toute ma vie peut-être (je le crois du moins) s'est passée à fuir. Mais comme je le comprends !

Nous portons notre vie comme une monstruosité, et n'avons de cesse que nous ne l'ayons oubliée. Seigneur, dissipez tout ce qui nous empêche de dormir : le bruit du sang, la vue des choses, et les tenaces étoiles — celles-là surtout qui nous guettent par delà les tombes.

« LES AMANTS »

Un samedi (c'était au début d'août, les vacances commençaient le soir même), comme les enfants, réunis derrière l'église, vers une heure, attendaient que l'instituteur les appelât pour la dernière classe, l'un de nous cria que le feu était aux Grands-Bois et que de sa vie il n'avait vu

Litho de Rouault pour les « Carnets de Gilbert ».

« Tandis que j'écrivais en marge d'un roman, Rouault semble avoir prévu une histoire beaucoup plus longue, et sans fiction. »

Je vous écris.

Auvergne. « Mon libre monde, libre ciel, libre terre où chaque pas et chaque mot sonnaient vrai... »

A perdre haleine.

Vers 1935. *(Photo Laure Albin-Guyot.)*

incendie pareil. A nos pieds, la colline de notre village descendait, avec ses vignes et ses jardins de pruniers, jusqu'à la vallée et à sa rivière; puis le monde se relevait en un large plateau que couvraient les Grands-Bois. Une tache à peine rouge, plutôt quelques gouttes de pur soleil tombées dans la masse noirâtre des bois, c'était tout l'incendie. Mais une journée limpide et venteuse à la fois, l'approche d'une liberté de trois mois qui nous serrait le cœur, et cette voix qui nous disait que tout était grand et désespérément unique — le moindre feu de broussailles eût passé à nos yeux le brasier d'une capitale.

Nous dévalâmes la colline, courûmes dans la vallée entre les étangs et les canaux d'irrigation; la passerelle d'un barrage nous laissa franchir la rivière. Quand nous atteignîmes la forêt, une énorme masse de fumée, tachée de larges éclairs, roulait sur le sol. Parfois un coup de vent en jetait au ciel de larges lambeaux; nous apercevions alors, entre les pans de la déchirure, des arbres qui vacillaient et se tordaient comme de longs animaux préhistoriques. Des bruits légers, épars : sifflements, craquements, rires, formaient un tel contraste avec ce lourd et confus spectacle, que nous avions peine à les associer aux mêmes causes.

Des villages voisins, une cinquantaine de gamins s'étaient joints à nous; quelques hommes qui travaillaient dans les prés d'alentour étaient accourus dès le début de l'incendie; tous, hommes et enfants, nous restions immobiles et parlions à mi-voix.

Vers le soir, comme je rentrais au village, anxieux d'annoncer que les Grands-Bois flambaient et que les hommes ne connaissaient rien qui pût éteindre l'incendie, à l'instant que je regagnais la grand'route, je vis s'avancer une étrange caravane. Une machine lourde et trapue traînait lentement deux ou trois voitures; elles étaient basses, longues et bleues, sur de larges roues, les fenêtres ornées de clairs rideaux qui parfois se relevaient sur des fleurs ou sur des visages; plutôt qu'aux wagons d'un train, on songeait, en les voyant, à de splendides roulottes, organisées pour l'aventure. Le convoi passa devant moi, qui me tenais adossé à un peuplier. La machine, avec un souffle paisible, lançait des boules de fumée, qui montaient se dorer dans le ciel de sept heures. L'intérieur des voitures semblait tendu d'un velours sombre; leurs hôtes lisaient ou fumaient avec nonchalance; à l'embrasure d'une portière, une vieille dame tendait à la fraîcheur un visage couvert d'une voilette. Tous étaient silencieux; je perçus seulement un rire de femme; encore, léger et si différent des rires de mon village, ne donnait-il au spectacle rien qui me le rendît plus réel. Les voitures s'éloignèrent entre les peupliers; j'entendis longtemps encore le bruit des roues et la respiration de la machine. L'ombre était venue; quelques étincelles se mêlaient à la fumée; puis, de chaque côté des voitures, un peu de lumière mouilla le bord de la route et se perdit dans les champs.

J'étais resté immobile, sentant à peine ma vie. L'apparition elle-même ne m'étonnait pas; chaque jour j'en imaginais de pareilles, et mon existence véritable se passait parmi elles. Mais que ce rêve prît soudain corps, qu'il apparût entre les peupliers les plus calmes et se dirigeât vers mon village, où tous comme moi le pourraient voir, c'était là qui détruisait, entre le monde et moi, toutes les frontières à l'abri desquelles se menait mon enfance.

Je courus, rejoignis le convoi au bas de la côte qui monte au village, et marchai quelque temps à son allure, sur l'herbe de l'accotement. La clarté laiteuse qui régnait dans les voitures les rendait plus secrètes encore. L'ombre d'une silhouette apparut sur une fenêtre, puis, s'éloignant, grandit hors de mesure, pâlit et sembla pénétrer dans un monde inconnu.

La côte était rude; l'attache des voitures faisait un cri léger, mi-chanson, mi-plainte. Nous allions, entre les vignes géométriques et les champs d'où montait une odeur de sainfoin. D'autres chemins s'amorçaient sur le nôtre; à chacun d'eux, j'attendais que le convoi, s'y engageant, retournât vers la plaine, pays des forêts ténébreuses et des saulaies au peuple mélancolique. Mais les premières lueurs du village apparurent.

A cet instant, la vitre d'une portière se baissa; j'entendis un rire, celui-là même que j'avais déjà perçu. Deux êtres se penchèrent par l'embrasure; comme elle était étroite, ils se tinrent à demi tournés l'un vers l'autre.

— Mais qu'il fait sombre! dit une voix quasi enfantine.

Je m'étais arrêté. Ils passèrent devant moi : c'était un homme et une femme, dont je ne distinguai pas les traits, mais qui semblaient très jeunes. Entourant du bras les épaules de la jeune femme, il se pencha dans l'ombre vers le village.

— Nous arrivons, dit-il.

Je crus les voir se presser plus étroitement. La voiture s'éloignait. J'entendis encore la voix légère et naïve, qui répétait :

— Mais qu'il fait sombre!

J'étais arrivé au pied de notre jardin; je le traversai. Mais, la main déjà tendue vers la porte, je m'assis sur la marche du seuil, inquiet et comblé, et regardant tour à tour, comme pour y trouver le sens et la juste place de ce que ce jour m'avait donné, la masse familière du buis et des poiriers, celle de la campagne jusqu'à l'horizon, et celle, grave et bleuâtre, du ciel. Je poussai la porte. Au fait, j'étais en vacances.

— Hé! petit, quelle histoire!

Mlle Aimée joignit les mains.

— Savez-vous que ce train qui se promène dans la campagne, un peu au hasard, j'imagine, rien ne me conviendrait davantage. Nous partirions ensemble pour voir des pays, des pays... La France a beau être petite depuis la guerre de 70 et celles du grand empire : avant que nous en ayons fait le tour, Sœur Théotime aurait greffé plus d'une fois les rosiers.

La Sœur haussa l'épaule et murmura :

— Les bicyclettes ne suffisaient pas, ni l'automobile du médecin. Belle invention que ce train Renard!

Nous avions appris que le convoi s'appelait ainsi; et d'abord ce nom m'avait déplu, mais je ne tardai pas à y voir le symbole d'une vie libre et capricieuse.

Le train n'était resté qu'une nuit dans notre village; quand, le matin, vers dix heures, je gagnai la place de la mairie, on me dit qu'il avait laissé à l'auberge un couple de jeunes mariés.

— Ah bien, je les ai vus, je les ai vus comme je vous vois, bien que ce fût le soir. Lui disait : « Nous arrivons »; et elle, par deux fois : « Mais qu'il fait sombre! »

Donc, au milieu de nos champs à la terre dure et exigeante, devant nos maisons noirâtres, nos mares et nos tas de fumier, avaient passé ce train, organisé pour le plaisir, ces êtres qui lui confiaient leur vie indolente. Nous, pour qui pénétrer dans une gare était une aventure, et tout un spectacle le passage d'une automobile, ce ne fut bientôt plus que par des allusions gênées que nous évoquâmes le train vagabond.

La présence parmi nous du jeune couple nous surprenait tout autant. On parlait de voyage de noces, sans comprendre que, familiers comme ils devaient être des grandes villes et des paysages fameux, ils pussent trouver beau notre village. Je m'étais dit parfois qu'il était beau, et plus souvent l'avais senti, soit qu'étendu face au ciel sur une voiture de foin et frôlé au passage par des branches, la campagne, vers le soir, me parût s'ouvrir à une trêve divine, soit l'hiver, à l'école, quand, regardant de mon banc pardessus le mur de la cour, je songeais que, sous sa neige et son jour jaunâtre, cette terre portait un secret aussi émouvant qu'aucun autre.

Ils restèrent huit jours parmi nous. On disait qu'*il* connaissait la région comme s'il y était né, qu'*elle* savait peindre, qu'un soir même elle avait chanté, et les maisons voisines tendaient l'oreille, mais c'était une vieille chanson que l'on ne chantait même plus chez nous. On disait encore qu'ils étaient toujours ensemble « à se promener ou à se regarder dans les yeux », et qu'ils auraient paru tout à fait heureux si on ne les avait vus tomber dans d'inexplicables silences, dont eux-mêmes ne semblaient pas s'apercevoir. On ajoutait qu'ils ne portaient point de bague, qu'il n'était donc pas sûr qu'ils fussent mariés.

Nous tenions ces nouvelles du gamin de l'aubergiste. De mémoire d'enfant, seul, de loin en loin, un commis-voyageur descendait à l'auberge; encore n'y passait-il qu'une nuit.

Pendant les vacances, nous nous retrouvions l'après-midi, vers quatre heures, sur la place du village; c'est un rond-point que bornent l'église, la mairie et deux ou trois maisons bourgeoises; au milieu, une femme de bronze tend une palme au buste d'un sénateur. On avait beau nous retenir à la maison (— « Louis! Albert! Où allez-vous ? Venez ici tout de suite »; — j'ai encore ces cris dans les oreilles), l'heure des commissions nous délivrait, et bientôt, posant contre la statue le pain, les bouteilles, les paquets, nous nous mettions à jouer, jusqu'à l'instant que le cordonnier, cassé, grommelant des menaces, montait sonner l'angélus. Au troisième coup, il ne restait personne sur la place.

Ces jours-là, ce n'était pas le jeu qui nous rassemblait, mais le désir d'apercevoir les Étrangers. Je les vis passer deux fois, grands et minces, lui : avec quelque chose de violent et de saccadé dans l'allure, elle — mais je parlerai d'elle. Un jour qu'ils se dirigeaient vers un bois, prenant par un raccourci, nous pénétrâmes dans la futaie, et là, blottis derrière des arbres, nous les vîmes venir sur la route. Ils marchaient tout près l'un de l'autre; la tête fixe, ils semblaient regarder sans voir. Ils ne se parlaient pas; mais quand ils furent à notre hauteur, nous entendîmes, venu de la jeune femme, un vague murmure ou chantonnement. Nous revînmes au village; soudain aucun de nous ne plaisantait.

Je rapportais chaque jour à Mlle Aimée ce que l'on disait des Étrangers. Si complaisante qu'elle ne cessât d'être à mon endroit, l'intérêt qu'elle prenait à ces propos m'emplissait d'aise et de fierté. Nous vînmes à nous entretenir du jeune couple comme si nous partagions avec lui quelque secret. Le soir dont j'ai parlé, comme je me hâtais de raconter la promenade dans la forêt :

— Il est grand, mince; elle aussi, mais...

Mlle Aimée se mit à rire, et, l'œil brillant de malice :

— Comme si je ne le savais pas! et qu'il s'appelle Philippe, et la jeune femme Angèle!

Elle jouit un peu de ma surprise; puis sa langue n'y tint plus :

— Ils sont venus, ils sont venus tous deux, ici, dans le jardin, dans la maison. Je les voyais venir. Mais qui est-ce donc ? — « Bonjour, Mademoiselle, on nous a dit que vous » aviez les plus belles fleurs du village, et que peut-être » vous consentiriez... — Oh! Monsieur, Madame, les » plus belles fleurs, c'est beaucoup dire; et mes fleurs ne » sont pas à vendre; mais je serai contente de... » Et voilà que nous nous promenons dans les allées. Petit, si vous les aviez vus marcher! Des gens comme ceux-là, on dirait que le ciel leur sourit à chaque instant. Cela réjouit le cœur. Elle surtout, la belle jeune femme, et polie, et pas du tout l'air d'une poupée, s'intéressant à tout, craignant de vous froisser. Ce sont les roses crème qu'elle préfère, tout comme moi. Ma foi, quand ils sont partis, je leur ai dit : « Ce serait péché au Bon Dieu que de vous ôter votre » bonheur. » Alors ils m'ont embrassée tous les deux; lui » m'a dit : « Nous devons beaucoup à votre village; mais » rien n'aura été plus beau que vos roses. » Et elle, la chère enfant, elle m'a dit : « Nous serons toujours heureux, Ma- » demoiselle »; et je vous jure qu'elle pleurait presque. Demandez à Sœur Théotime.

La vieille tête ingrate de la Sœur se ferma un instant sous la réflexion.

— Ça n'a pas l'air de mauvaises gens, dit-elle enfin. Tout de même, ils paraissent un peu drôles.

Le jour suivant, à l'aube, enfonçant la porte, l'aubergiste les trouvait abattus l'un sur l'autre, lui, déjà mort, elle, la poitrine sanglante, sans connaissance.

Il pleuvait; j'avais passé la matinée chez Mlle Aimée à lire dans un coin du grenier. Quand la pluie cinglait moins violemment les tuiles, j'entendais Mlle Aimée, au-dessous de moi, se promener et parfois se parler à mi-voix. Vers midi, par une des petites fenêtres, je vis la sœur Théotime, un filet au bras, pousser la porte du jardin, se hâter vers la maison; tout de suite elle parla précipitamment, et Mlle Aimée poussa un cri. Et tandis que je descendais l'escalier, des paroles entrecoupées, des exclamations me serraient le cœur. Mlle Aimée me tendit les mains :

— Nos pauvres amis! gémit-elle.

Mais la Sœur :

— Mademoiselle!... On ne parle pas de ces choses devant les enfants.

Mlle Aimée, indécise, détourna la tête, puis s'assit près de la cheminée. La pluie avait cessé; il y eut un silence et une paix extraordinaires.

— Et pourquoi n'en parlerait-on pas, murmura Mlle Aimée,

Elle me dit alors que les jeunes gens s'étaient tués.
— Je ne sais ce que j'éprouve. C'était si bien, hier, quand ils sont venus. Et puis vous m'en parliez tous les jours. Je crois que je m'étais attachée à eux.

La Sœur hocha la tête, et je crus l'entendre parler de damnation. Puis elle sortit.

— C'est une grande faute, certes, reprit Mlle Aimée, peut-être un crime. M. le curé ne voudra pas les enterrer à l'église... Petit, petit, songez-vous : ils étaient jeunes, ils s'aimaient, ils descendaient du beau train. Et voilà qu'ils se tuent. Saura-t-on jamais, mon Dieu!

Elle me regarda et dit tristement :
— Vous ne paraissez pas avoir grand chagrin.

Je rougis; je me sentais la gorge oppressée, je ne savais de quoi, mais ce n'était pas de chagrin.

Elle murmura comme pour elle-même :
— Mais qu'est-ce qui se cachait donc dans leur bonheur?

Soudain elle porta les mains à son visage :
— Mon Dieu! gémit-elle, ils se sont tués! Mon Dieu, mon Dieu, pourquoi avez-vous permis cela?

ANTARÈS.

MORT D'UN VIEILLARD

J'ai connu un homme durant trente ans, qui sut tout de ma vie et me laissa voir la sienne, et de qui je ne reçus jamais une blessure. A l'âge où l'on ne peut pardonner au monde qu'en faveur d'un miracle, j'ai eu ce miracle auprès de moi, mais si clair et si simple que je ne m'en suis pas aperçu. Je n'ai guère fait que poursuivre quelques figures tout idéales; s'il m'arrive aujourd'hui de les serrer de plus près, ces traits, ces gestes, ce rare secret : je ne les découvre pas, je les retrouve.

Ce fut deux ou trois semaines avant Pâques que l'on m'appela auprès de mon grand-père. Sur le pas de la porte, un jeune médecin s'essuyait les mains; dès qu'il me vit :
— J'ai tout fait. Tout. Tout ce qui était en mon pouvoir.

Il était devenu très rouge. Derrière les lorgnons, ses yeux tantôt me fuyaient, tantôt appelaient à l'aide une bonne conscience.

Autour du lit, des voisins et des parents s'entretenaient à voix basse. C'était le commencement d'une veillée funèbre, qui dura quinze jours. On s'écarta, et je vis la place qui m'était assignée : près de la tête du vieillard. Il dormait. Ses yeux tout à l'heure s'ouvriraient sur moi. L'aider à mourir.

Cependant tout, dans cette chambre, sinon ce masque décharné, avait pris une apparence d'idylle. Les voix étaient douces, un peu chantantes; les regards, humides; les gestes, naïfs.

— « Oh! a-t-il dit, elles sont bien belles, ces roses. » Oui, il a dit qu'elles étaient belles. Et il souriait, le cher homme, et il se penchait pour les sentir.

Tous souriaient à leur tour, balançaient la tête et se regardaient avec tendresse; et le monde semblait avoir retrouvé son innocence, parce qu'un vieillard près de mourir avait dit que des roses étaient belles.

Il s'éveilla, me vit, ferma longuement les yeux. Mais déjà, j'étais entré dans mon rôle :

— Tu as donc été malade ? Je suis venu en coup de vent chercher des livres.

Et du petit groupe, autour du lit, des voix montaient :

— Il a été un peu malade. Mais cela va mieux.

Tandis que d'autres, expliquant ma présence :

— Il est venu par hasard. Mais il verra le grand-père se rétablir.

Son menton tremblait par saccades. Il regarda sa main se détendre et se fermer. Sa gorge parut nouée, comme jadis, aux instants d'embarras, battit et contraignit la bouche à s'ouvrir. Et, comme il tentait de s'accouder, il laissa échapper un cri. J'en fus déconcerté; je ne l'avais jamais entendu se plaindre. Je pouvais, moi, crier; mais lui... Aussi bien tous, autour de lui, s'empressaient-ils d'étouffer jusqu'au souvenir de cette plainte :

— Ce n'est rien. Un bras ankylosé. Cela va passer. C'est passé.

Et lui-même, devant mon regard, baissa les yeux, hocha la tête et répéta :

— C'est passé.

Les jours s'écoulèrent. D'un jour à l'autre plus faible, il lui fallait faire un plus grand effort pour se délivrer du sommeil. Et d'abord, les yeux égarés, la tête vacillante, il semblait appartenir à un monde qui n'était pas le nôtre. Alors, pour le ramener à nous, nous lui nommions les choses qu'il avait vues pendant soixante-quinze ans : « Le laitier passe. La chatte a fait ses petits. Cette année, le printemps est en retard. » On ne parlait plus de maladie, à peine de convalescence, mais de la fenaison prochaine, de voyages, de plantations nouvelles.

Je faisais comme tous. Mais parfois je ne sais quelle honte et quelle colère me prenaient, comme devant un jeu sacrilège. Et tandis que je le voyais sourire vaguement à nos propos, dodeliner de la tête et de nouveau s'assoupir, je lui disais en moi et j'aurais voulu dire à voix haute : « Ne vois-tu pas que tu vas mourir ? On te cache ta mort, on te vole ta mort. Éveille-toi, regarde-la, pleure ; mais ne sois pas cet enfant que l'on berce et que l'on abuse. »

Je regardais ces traits de paysan, francs, bons, à la fois rudes et fins. Je reprenais sa vie, celle d'un homme que rien n'avait trouvé les yeux fermés, ni la misère, ni les humbles joies qui dans un cœur discret tiennent la place du bonheur. Était-ce à l'heure la plus grave qu'il devait se dérober ?

« Si tu parles de moi dans un livre, tu diras que ton grand-père, pour se chauffer, jetait au feu ses vieux sabots. » C'était un soir de l'autre année ; il tendait ses mains vers la flamme, et je voyais luire un œil malicieux. — « Mais tu auras de plus belles choses à dire ! » Je ne sais pas. Je ne le crois pas.

Voilà trente ans, une nuit que son fils n'était pas rentré, le quartier partit à la recherche. Un orage avait éclaté vers le soir. Longtemps on marcha à travers les terres détrempées. Dans les ténèbres, au pied d'un arbre, le père vit un corps étendu, s'arrêta un instant, puis reprit sa marche, à l'écart, jusqu'au moment où, acceptant enfin, il fit signe : « Venez ; je vais vous conduire. » De mon lit, j'entendis le roulement du chariot qui ramenait le corps foudroyé ; déjà s'élevaient des rumeurs et les cris des femmes.

Penché vers la tête somnolente, c'est un peu de ce courage que j'attendais, réclamais, et réclamais vainement. Deux ou trois fois pourtant, comme son regard cherchait le mien, et que je me taisais et ne pouvais sourire, il parut s'interroger et soudain comprendre. Ce ne fut qu'un instant ;

la tête pesa sur l'oreiller, les yeux se fermèrent, il revint à son sommeil, comme un homme qui a fait ce qu'il pouvait faire, et qui ne veut pas qu'on lui demande davantage.

Une nuit, j'étais resté seul à son chevet. Il gémissait et parfois la fièvre le faisait trembler. Je posai la main sur son poignet et la tins longtemps ainsi. Peu à peu, la fièvre parut tomber, le souffle s'apaisa. « C'est moi qui l'ai calmé », pensai-je; je ne crois pas avoir jamais eu plus grande fierté. Tout était silencieux, sinon l'horloge qui battait avec lenteur. Et moi-même je me voyais glisser dans le sommeil, quand un cri, un sursaut, une main qui étreint la mienne... Sortait-il d'un cauchemar ? Les yeux distendus, le souffle haletant, il me regardait, sans pouvoir parler. Il dit enfin mon nom. Et comme sa main restait crispée sur moi, il s'en rendit compte, voulut la retirer; mais, à mon tour, je la maintins. Je le vis alors sourire vaguement, et, comme rassuré, reprendre son cours. — C'est bien peu de chose; mais nous n'étions pas encore allés jusque-là.

Et tandis que, de nouveau, je voyais monter et descendre un drap qui bientôt resterait immobile, la secrète misère de cette vie m'apparut, simple, commune, atroce pourtant en cet instant où elle était sans remède. Cet homme n'avait jamais vraiment parlé, et jamais on ne lui avait parlé. Ce qui lui tenait le plus au cœur, il ne l'avait pas dit, soit qu'il n'eût pas osé, ou pas pu, ou pas su l'exprimer.

« Le lendemain de notre mariage, à cinq heures, nous étions dans les champs. » Oui; et, depuis ils ne les avaient pas quittés. Et le plus bel amour, déjà paralysé de gaucherie, comment le faire sentir, quand la tête tombe de fatigue, et qu'un enfant crie ou qu'une vache est malade?

Je me rappelais certains soirs d'été, après les fenaisons; il venait s'asseoir sur la pierre de la cave; elle était tiède encore; le village s'endormait, il faisait doux, il n'était pas mauvais de vivre. Mais une voix : « Qu'est-ce que tu fais donc ? — Je regardais si le temps était au beau. » Il rentrait.

A présent qu'il allait mourir, on s'empressait autour de lui. L'un disait avec un gros rire : « Vous voilà emmailloté comme une poupée. » Et cela voulait dire : « Nous vous aimons; nous donnerions beaucoup pour que vous guérissiez. » Mais le comprendrait-il ? Et cette femme : « J'ai mis du sucre dans ta tisane. Est-elle bonne ? Bois; mais bois donc. » Il me semblait entendre : « Nous avons vécu cinquante ans ensemble. Je voudrais être à ta place. » Il repoussait la tasse avec humeur. Ils s'étaient tus si longtemps qu'ils avaient oublié comment on parlait.

Je me souvins alors que je ne lui avais moi-même jamais parlé. Souvent, et de plus en plus à mesure qu'il vieillissait, j'avais senti son regard posé sur moi. Je feignais de ne pas m'en apercevoir; ou si d'aventure je me tournais vers lui, il détournait une tête embarrassée. Il avait toujours été envers moi d'une pudeur que rendaient plus émouvante encore et presque pénible ses mains rudes, ses gestes gauches et sa fatigue. Mais d'année en année, il devenait toute précaution, douceur, attente. Et comme il avait fait sa besogne et ne se sentait pas loin de disparaître, il semblait trouver enfin le droit de vivre un peu selon son cœur (c'est un bien gros mot pour lui) et d'espérer dire ou entendre les paroles qui complètent une vie. Encore, de ce droit, n'était-il pas tout à fait sûr; et ses maladresses, ses silences, ses rougeurs, ses rires trop brefs ou tout à coup enfantins ressemblaient à des excuses.

Aux vacances, je trouvais les allées du jardin bien entretenues et bordées des fleurs que j'aimais, disait-on. Je m'y promenais donc et m'imposais d'y rester longtemps. Une porte s'ouvrait enfin; le vieillard, un panier ou une bêche à la main, s'avançait.

— Tiens, tu étais donc là !

Il toussait, regardait autour de lui, regardait le ciel.

— Ce n'est pas encore aujourd'hui qu'il pleuvra.

Puis il s'éloignait, les pommettes rouges, le souffle court.

Et je me répétais qu'un jour, je lui dirais enfin... Mais il n'y eut que cette main sur la mienne.

Regrets, désirs ou craintes, dans les dernières heures, tout parut disparaître, et je n'avais plus devant moi qu'un corps indifférent à son destin. Il s'enfonçait dans un silence intolérable. D'instant en instant, pris de peur, on l'éveillait, on le pressait de questions, on le forçait à boire; et l'on accueillait avec joie un signe même de souffrance.

Songeait-il encore à son passé? Ce devait être comme à quelque décor confus : le sien, ou celui d'un autre, ou celui d'un rêve. De tout ce qu'il avait cru sa vie : deuils, travail, visages, il n'était rien qui fût encore à lui en cet instant. Il vivait pourtant; quelque chose en lui s'obstinait, où il semblait reconnaître le seul bien qui ne pût lui être contesté. Dans ses mouvements, derrière le vide de son regard, j'essayais de surprendre cette dernière compagnie, qui sauvait de toute bassesse l'agonie d'un paysan. Un soir enfin, je l'entendis murmurer un mot, que je compris mal. Il le redit un peu plus tard, et le dit encore, le jour suivant, une ou deux fois.

C'était le nom d'une petite lande qui s'étendait, au-dessus d'une colline, derrière la forêt, très loin du village. Il aimait à s'y rendre, certains jours d'hiver, comme les grands travaux avaient pris fin. Je le voyais partir à l'aube, le corps plus vif, mâchonnant sa moustache. Et j'entendais : « Qu'est-ce qu'il peut bien y faire? Mais il faut le laisser; c'est sa marotte. » Et longtemps le nom de cette lande avait été pour moi comme celui d'une terre étrangère. Je l'y suivis un jour; nous marchâmes en silence pendant deux heures à travers les champs, puis dans la forêt. Et quand enfin nous atteignîmes la lisière, et qu'il me dit : « C'est là », devant ces terres abandonnées, sans horizon, sans agrément, je crus d'abord qu'il se moquait. Mais déjà, une serpe à la main, il élaguait de jeunes arbres. Je m'assis au défaut d'une friche; le ciel était sombre; un vent gros de neige soufflait. Je voyais, à cent pas de moi, le vieillard lever et baisser la serpe; mais je n'entendais aucun bruit. Il me parla : les mots semblèrent se perdre dans le vent, dans la terre, parmi les arbres. Il me rejoignit une heure après, prit dans un sac du pain et des œufs. Ses yeux ne m'avaient pas encore paru aussi jeunes; sur cette terre nue, loin du village, dans le vent violent, après un libre travail, sa voix tremblait un peu comme d'un plaisir trop vif. Nous revînmes avec le soir; la neige commençait à tomber.

Était-ce tout ce qui restait en lui pendant ses dernières heures? On s'obstinait; on tentait de lui imposer d'autres images. Je ne sais si l'on y parvint.

LES VIVANTS.

« ET DÉJA CE BONHEUR... »

Si j'avais à recommencer ma vie, je ne souhaiterais rien d'autre que ce qui me fut donné.

Quand je rencontrai Geneviève, je fus moins sensible à sa beauté, assez rare d'ailleurs pour exiger une accoutumance, qu'à je ne sais quel défi et quelle insolence dans ses regards, dans sa démarche, dans ses rires rapides et saccadés, dans ses silences mêmes, qui semblaient se passer du monde. Je ne m'avisai pas qu'il pût y entrer quelque gêne. Il me fallut plusieurs mois pour admettre que cette grande jeune fille, frondeuse, gonflée de vie, était la même qu'un rien blessait, ou qui, inquiète, craintive, glacée, semblait un instant du regard implorer secours.

Je lui disais parfois, en la retrouvant :

« Qui êtes-vous aujourd'hui ? » Elle souriait : « Celle que vous voudrez. »

Un des premiers jours de nos fiançailles, comme nous engagions l'avenir, elle se tut soudain, baissa la tête, resta quelque temps silencieuse. Puis, pressée de questions, — j'entends encore sa voix hésitante et pleine de bonne volonté : « Il y a toute une partie de moi, dit-elle, dont je ne suis pas sûre, dont j'ai presque peur. » Elle leva les yeux, me vit changé ; touchant alors ma main : « Mais vous m'aiderez, reprit-elle, d'un ton anxieux et confiant à la fois. Je n'ai peur de rien, si vous m'aidez. »

Je ne savais pas jusqu'alors que la beauté pût être un don aussi grave. Un jour que l'on parlait de Geneviève en son absence, l'une de ses amies, fine, bonne, mais de mine ingrate, se prit à murmurer : « Geneviève est belle ; elle est très belle. » Elle le dit simplement, de tout son cœur ; mais il me sembla percevoir dans ses paroles une crainte, une compassion, et peut-être quelque délivrance de n'avoir pas reçu cette dangereuse faveur en partage.

Pour moi, cette beauté même, j'étais près parfois de la reprocher à Geneviève. C'est à cause d'elle qu'à notre première entrevue, j'avais à peine desserré les dents, au point que les cousins de Geneviève, chez qui je rencontrais la jeune fille, crurent que nous nous connaissions déjà, et bien assez pour nous détester. C'est à cause de cette beauté, qu'à chaque nouvelle rencontre je découvrais davantage, et davantage encore quand je me retrouvais seul, que je me fermais à tout trait d'esprit, à toute grâce de cœur, à tout pressentiment d'un accord inné, qui m'eussent ravi chez une autre femme. Cette même beauté que j'épiais et mettais sans cesse à l'épreuve, tremblant qu'elle ne me parût moins rare, désolé d'y relever quelque trait imparfait, me faisait dire à part moi comme dans toute mon attitude : « Que ne faudrait-il pas, Geneviève, pour vous racheter de votre corps! » Vint un jour, pourtant, que cette beauté physique, qui lentement pour moi s'était emplie d'âme, fut, au plus secret de ma vie, une vie dont je ne pouvais plus me passer.

★

Je revis Geneviève un mois plus tard. Elle avait rejoint sa marraine dans un village des Alpes. Tandis que, de la gare, nous nous dirigions vers l'hôtel où je devais descendre, je restais silencieux, doutant d'elle et de moi, regrettant d'être venu, tant il me semblait impossible que rien, parole, geste ou sourire, pût apporter à chacun de nous l'assurance qu'il réclamait.

C'était un dimanche. Nous gagnâmes l'église, où la voix fausse du chantre, la niaiserie d'un sermon, jointes à de curieuses coutumes locales, firent de la messe un spectacle dérisoire. Ce fut alors pourtant, comme, debout près d'un pilier, je regardais les ornements misérables des murs, que je me sentis soudain à la fois délivré et comblé. Tournant les yeux vers Geneviève, je la vis qui me regardait avec la même surprise ravie. Ce que nous n'espérions plus s'était installé en nous; et parce que nous en avions été privés tout au long de cette matinée, nous en connaissions à présent le prix. Pendant les deux semaines qui nous virent ensemble, nous l'éprouvâmes constamment.

Quand je songe à ces deux semaines, il me vient à l'esprit des mots comme « clarté », « force » ou « douceur ». Elles furent faites de choses et de gens, non point de pensées ni de paroles, à peine même de passion. Je vois un ciel immuablement clair, un simple paysage de collines et de forêts; j'entends le bruit d'un volet qui claque, le soir, après la chaleur; la voix traînante de la paysanne qui me servait à table, quelques meuglements nocturnes; j'éprouve encore la fraîcheur d'un bois de pins, celle d'une rivière où je me baignais chaque jour.

Nous parlions à peine; mordre à un fruit, marcher, dormir, tout prenait un sens et remplaçait les paroles. Cette terre paisible et ces gens rudes semblaient s'entendre pour nous accueillir, nous ménager, nous convaincre d'une secrète harmonie.

Nous voulûmes un jour voir les ruines d'un château, au sommet d'une colline boisée. Nous étions partis dès l'aube; à midi, nous marchions encore. Je m'aperçus soudain que, pour la première fois de ma vie, ce n'était pas le but qui m'intéressait, mais que chacun de mes pas vers ce but se suffisait à lui-même.

Un autre jour, au crépuscule, nous revenions vers le village, laissant derrière nous la rivière, dont nous parvenait encore l'odeur de menthe. Parfois nous nous retournions vers cette rivière; comme nous y avions longuement nagé, et que l'humidité et le silence de l'heure en prolongeaient l'empreinte sur nos corps, il nous sembla un instant que nul avant nous n'avait découvert le secret de ces choses presque humaines : rivière, silence, nuit naissante. Je m'étendis sur les pierres du chemin, encore tièdes. Geneviève se tint debout auprès de moi, grande, fine, les traits comblés. Et d'abord nous regardâmes fixement l'horizon, comme pour justifier notre pause. Puis, nous tournant l'un vers l'autre, nous nous mîmes à rire. — Je n'ai pas de souvenir plus précieux.

Je n'avais certes pas vu sans trouble devenir sensible à chacune de mes paroles, inquiète de mes silences, cette jeune fille d'abord si indépendante. Mais peu à peu tout me paraissait naturel, son amour comme le mien, comme la complicité du monde à notre égard. Je sentais en moi, je sentais autour de moi une présence dont j'ignorais encore le nom. Je ne m'en avisai que la veille de mon départ, et jamais surprise plus profonde ne me saisit, ni plus vive anxiété.

J'étais resté seul ce jour-là; vers le soir, comme je rencontrais la marraine de Geneviève, elle me dit qu'elle avait laissé la jeune fille à l'entrée du village. Je m'y rendis; assise au bord d'un pré, Geneviève tournait le dos à la route. Je m'aperçus qu'elle pleurait. Elle me vit, rougit, secoua la tête.

— Ne faites pas attention, dit-elle. C'est de bonheur.

Je m'assis auprès d'elle, incapable de rien dire, bouleversé par ce mot de « bonheur » qui, brusquement, se proposait, s'imposait à moi. Tout jusqu'alors, et d'abord le spectacle de gens « heureux », m'avait poussé à voir dans le bonheur un aveuglement plus ou moins volontaire, un sommeil, presque une lâcheté. Et je découvrais soudain qu'à mon tour... Une parole me revint à l'esprit; elle m'avait toujours étonné : « Tous les hommes recherchent d'être heureux; cela est sans exception. » Que tout être tendît inconsciemment vers le bonheur et qu'il eût raison d'y tendre, pouvais-je à présent en douter?

Et déjà, ce bonheur, je tremblais de le perdre ou de le voir s'altérer. Il changerait pourtant; ce ne serait plus ce ciel, ces gens, ni exactement cette femme.

— Pourquoi ne me dites-vous rien, Manuel?

— Je songeais que je ne pourrais plus me passer de ce bonheur, et que toute ma vie, sans lui, serait une attente insupportable.

Un peu plus tard, je repris :

— Il nous a été donné sans que nous le demandions. Il faudra désormais le conquérir, Geneviève, et le préserver d'une déchéance. Sinon... sinon ce serait pire que de ne l'avoir jamais connu.

Appuyée à moi, elle m'écoutait, grave, hochant la tête :
— A quoi pensez-vous, Geneviève?

Elle leva vers moi des yeux humides, les baissa, et, d'une voix un peu cassée :

— J'ai trop à dire. Et je ne sais pas comment le dire.

Puis elle murmura :

— Il me semble que je commence à vivre.

LA VIGIE.

BERNANOS ET LA GRACE
(Nouvelle Histoire de Mouchette)

Du *Soleil de Satan* à *Monsieur Ouine*, j'ai repris, ces jours derniers, tous les romans de Bernanos. A vrai dire, il s'agit là d'une même œuvre, ou plus exactement d'un seul édifice, avec ses ténèbres aux trouées éclatantes, avec son angoisse et son impérieuse certitude, et toutes les voix des orgues. Un seul édifice, une seule présence, un seul esprit.

C'est une œuvre inégale, sans doute. Elle comporte des parties confuses ou précipitées. Mais il n'est rien d'elle qui ne respire la grandeur. Cette grandeur éclate dès le départ, et l'on ne peut rêver portail ou narthex plus admirable que *Sous le Soleil de Satan*. Le *Journal d'un Curé de campagne* pourra nous offrir un accent plus proche, une ligne plus délicate ou plus patiente; mais il ne nous en fera pas oublier le jaillissement, l'allure dramatique, ni l'insolente architecture, qui trouve son équilibre dans la violence des contrastes.

Une dizaine d'années après son premier livre, Bernanos publiait la *Nouvelle Histoire de Mouchette*. Je ne crois pas que l'on tienne cette œuvre pour l'une de ses plus importantes. Il n'en est point pourtant qui me semble mieux venue et plus durable, ni qui m'émeuve plus intimement.

Ce livre excède à peine les dimensions d'une nouvelle. Il est construit sur un « fait divers », qui semble lui-même relever de la nouvelle plutôt que du roman. Il ne met en scène que d'humbles personnages, et seulement pour quelques heures. Mais je ne le trouve pas moins nourri ni moins surprenant que les œuvres les plus amples et les plus tumultueuses de Georges Bernanos. J'y découvre la même atmosphère, la même violence, la même densité spirituelle, et pour tout dire la même grandeur. Que Bernanos y parvienne en renonçant à ses héros d'élection, saints ou maudits, à leurs débats, leurs tourments, leur psychologie exceptionnelle, c'est là précisément ce que j'admire le plus dans ce petit livre.

Un « fait divers », le plus banal. Une fillette, après l'école, rencontre un braconnier qui l'entraîne; mi-contrainte, mi-séduite, la voilà prise — un sujet de chanson, de plaisanterie, au mieux : de complainte pour les cœurs sensibles. Mais l'auteur le nourrit de sa propre substance et l'élève à une dignité farouche de tragédie. Sa maigre héroïne, à peine surgit-elle, devient une héroïne de Bernanos. C'est le soir, une tempête se déchaîne, l'enfant court à travers une forêt, dans la campagne désolée d'Artois. L'homme qu'elle rencontre semble un instant digne de ce décor; on le traque, il a tué un garde, il tombe d'épuisement, d'ivresse et de haut-mal : tous les prestiges pour cette gamine sauvage. Et tous les pièges : ceux de l'admiration, de la pitié, de la peur — et Mouchette y tombe. Non qu'elle ne les soupçonne; mais elle est seule et misérable; sa vie sans amour, la campagne perdue, la tempête, la nuit, l'ardeur du sang l'appellent à ce demi-viol. Jamais à ce point les personnages de Bernanos n'avaient semblé naître des éléments et du décor. Mais ils ne disparaissent pas dans l'atmosphère; ils en sont la forme humaine. De là vient une part de leur grandeur; une part seulement.

Ce fait divers conçu comme un drame va devenir la source d'un drame plus ample. Et cette fillette fermée, hargneuse, tourmentée par une hérédité alcoolique, c'est à elle que l'auteur confie, une nuit et une matinée durant, jusqu'à ce qu'elle se tue, le débat, la tragédie de la souillure. Comme j'aime qu'il l'en ait jugée digne, et comme il est récompensé de l'avoir choisie! Elle se tait, elle parvient mal à ajuster deux pensées; nulle subtilité, nul monologue intérieur. Pourtant elle n'a pas moins de sens ni de résonance qu'une princesse du théâtre tragique. L'extrême humilité du rang semble rejoindre l'extrême élévation. Ce que la noblesse, la parure, l'histoire ou la légende apportent à l'une, l'autre le trouve dans la présence immédiate de la nature et des forces élémentaires.

Elle le trouve aussi dans l'amour que lui porte l'auteur, et dans cette sorte de chant dont il accompagne son histoire. Car dès les premières lignes, c'est Bernanos. Admirons cette attaque, dont peu de romanciers seraient capables sans qu'ils en fussent ensuite écrasés : « Mais déjà le grand vent noir qui vient de l'ouest — le vent des mers, comme dit Antoine — éparpille les voix dans la nuit... » C'est un beau spectacle, que celui de Bernanos quand il suit, pousse, traque ses héros, les presse de répondre à leur destin, les gourmande, élève leurs débats, mêle sa voix à la leur, l'y substitue même s'ils sont au bout de leurs forces ou de leur conscience. Du commencement à la fin de ce livre, l'ombre de Bernanos pèse sur l'enfant; elle l'accompagne à la maison, quand Mouchette déchirée, mais silencieuse, revient laver, bercer son frère, soigner une mère qui va mourir, et qui tremble, et qui tente vainement un geste de douceur; plus tard, quand Mouchette déambule à travers le village et que tout ce qui soutenait encore sa faute se dérobe (le meurtrier n'était qu'un voleur, la tempête : une pauvre pluie, et sa faute : la plus lamentable); un peu plus tard encore, quand une vieille femme l'entraîne chez elle et, veilleuse des morts, semble déjà flairer une morte dans cette fillette tendue; près de l'étang enfin, où Mouchette se laisse glisser. Si secrète, si malhabile, si profondément meurtrie, il fallait bien que cette gamine empruntât pour s'exprimer une voix étrangère. Mais il ne s'agit pas d'une voix étrangère. Est-ce Bernanos, est-ce Mouchette qui parle? Bourrue et tendre, parfois amère, soudain éclatante et concise à la fois, la voix qui s'élève, celle de Bernanos et de Mouchette, n'est tout à fait ni une explication ni un commentaire. Elle participe au drame, elle est elle-même action. Et si elle apporte sur l'héroïne une lumière que l'humble fille n'aurait pu fournir, on ne l'admet pas moins que l'on n'admet, chez les héroïnes de Racine, cette étonnante lucidité qui vient de l'auteur sans doute, mais qui est si profondément du personnage.

Des sept romans de Bernanos, celui-ci, par suite peut-être de ses dimensions réduites, est le plus soutenu, de langue, d'accent et de composition. Rien de plus sûr, ni de plus essentiel que cette composition. A la dramatique violence du début (la campagne, la tempête, le viol), elle juxtapose une scène d'atroce intimité (la chambre misérable et empuantie, la mère mourante, l'enfant qui hurle). A ces deux scènes nocturnes, elle oppose celles du jour; à l'égarement de Mouchette, sa lucidité naissante; à la frénésie des événements, la marche endolorie de Mouchette à travers le village, son arrêt chez l'épicière, son arrêt chez le garde, son arrêt chez la veilleuse des morts, son arrêt au bord de l'étang. Bref, à l'action, elle oppose, elle semble opposer la pensée, le tableau ou le chant. C'est là sa plus belle audace. Je ne dis point que l'on n'en soit pas d'abord alarmé. A l'heure la plus grave du récit, Mouchette entre chez la veilleuse des morts et, pendant trente pages, nous ne voyons plus que cette femme, nous n'entendons plus que ses histoires et sa complainte. Pourtant il n'est rien là de gratuit; cette figure de vieille, cette couleur sinistre, ce ton de mélopée maléfique viennent à leur place exacte et nécessaire. C'est l'un des plus beaux dons du romancier que ce sens d'une « composition interne ».

Voilà donc un livre de Bernanos où n'apparaît aucun prêtre. D'où vient qu'il ne nous en offre pas moins, dans son ardeur et sa gravité tout ensemble, un caractère religieux ?

On a dit maintes fois que les prêtres de Bernanos ne se rencontraient point dans la vie. Je n'en suis pas sûr. Mais à supposer qu'ils ne fussent pas des prêtres réels, ils sont du moins des prêtres dont nous avons souvent rêvé. Chaque écrivain choisit ses héros selon son cœur et sa figure secrète : l'un, des enfants; celui-ci, des subtils; un autre, des aventuriers. Bernanos a mis, dans ses personnages de prêtre, ses plus hautes aspirations; mais elles ne sont point si particulières que chacun de nous, en ses meilleurs instants, ne les ait au moins caressées. C'est qu'il est allé droit à l'essentiel, et que ses romans conservent leur sens et leur valeur hors des cadres d'une religion.

Dieu merci, on ne trouve pas chez Bernanos ces charmes de sacristie ou de confessionnal dont s'alimentent tant d'œuvres délicatement torturées. On n'y trouve pas ces effarouchements, ces plaintes voluptueuses et, tout compte fait, cette connivence qu'inspire à d'excellents romanciers la peinture du péché et surtout des pécheurs. On peut même douter qu'il ait, du péché, un sens très orthodoxe. Mais il a le sens de la vie et de la mort. Le sens, le tourment, et jusqu'à l'obsession. Il ne s'agit pas avec lui du péché, mais de l'authenticité des êtres. C'est assez dire que le problème fondamental de son œuvre est celui de la Grâce. Reconnaissons ce débat au cœur de l'*Histoire de Mouchette*; c'est par là qu'un tel livre, si particulier qu'il soit d'ailleurs, s'incorpore à l'œuvre entier.

« Tout est grâce », murmure en mourant le « Curé de campagne ». Tout peut servir à la Grâce, même le crime. Criminelle, la première Mouchette revenait à Dieu; la seconde, simplement misérable, meurt désespérée. Mais enfin, parmi tous les personnages de ces romans, il n'en est aucun, fût-ce le plus noble, dont Bernanos se permette d'affirmer qu'il a reçu la Grâce et qu'il est sauvé. Du moins savons-nous de toute évidence ce qui émeut l'auteur et ce qu'il aime : c'est l'amour, ce sont les sacrifices, les luttes et la violence de dépassement; là se trouve pour lui la seule vie vivante. Et ce qu'il méprise, ce qu'il poursuit de sa haine, nous ne le savons pas moins : c'est la médiocrité, la froideur et la complaisance. Cela suffit à donner à son œuvre une telle vertu d'exaltation. De toutes les voix que nous avons entendues en ce demi-siècle, celle de Bernanos était la plus généreuse : une voix rude et brûlante — parfois excessive, sans doute, mais il était bien qu'elle le fût.

LETTRES DE FRANCE.

CONSTANCE AU CHAPELET

La première dizaine, je la dirai pour le repos de l'âme de mes parents. *Je vous salue, Marie...* Le soir tombe vite en octobre. Plus personne dans la rue. Et le froid passe sous la porte. C'est drôle : me voici plus vieille que mes parents à leur mort. S'ils revenaient, je crois qu'ils seraient aussi gênés que moi. Leur Constance, leur Grande. Si loin que je remonte, j'étais déjà la Grande. On leur disait : « Elle est bien sage, votre Grande. » Ils répondaient : « Pour ça, c'est une fille tranquille. » On leur disait : « Vous avez de la chance avec votre Grande : elle dit toujours oui, elle est toujours de bonne humeur, elle ne songe jamais à s'amuser. » Oh ! j'y songeais bien ; mais je n'aurais pas osé : ce n'était pas pour moi, une fille si tranquille ! Je gardais ma petite sœur, je faisais le ménage, j'aidais maman à la cuisine. Mon seul *amusement*, c'était de m'asseoir sur le seuil et de regarder en cousant s'amuser les autres. Quand le père rentrait pour le dîner, qu'il appelait ma sœur (« Oui, je viens, j'arrive. » Mais il lui fallait un quart d'heure pour venir), et qu'elle venait enfin, toute rouge, tout ébouriffée, les yeux mouillés d'avoir trop ri : « Quelle petite folle ! Quelle tête de linotte ! » Il la soulevait, il faisait mine de la jeter dans la cave. A moi, il me disait, s'il me disait quelque chose : « Tu as bien travaillé, la Grande ? » Pourtant je crois qu'il m'aimait aussi. Mais c'était comme ça.

Je dirai la seconde dizaine pour que ma sœur soit heureuse. Mon Dieu, faites que je la dise de tout mon cœur, sans mauvaise pensée. Je ne t'en veux pas, Hélène. Mais pourquoi ne viens-tu jamais ? Pourquoi restes-tu fâchée ? J'ai accepté qu'on vende les terres, les bêtes, les chariots. Tu as emporté de la maison tout ce que tu as voulu, jusqu'à la Sainte Vierge que l'oncle chanoine m'avait donnée quand j'étais petite, et ç'a été ma plus grosse peine. Vendre la maison ? Mais je ne pouvais pas. Les parents nous avaient répété si souvent : « Ne la vendez pas ; elle a toujours été dans la famille. » Et puis où irais-je habiter à mon âge, moi qui n'ai plus d'argent et qui ne sais comment vivre ! Tu m'as dit que je ne comprenais rien, que tu étais mariée, que ton mari n'avait pas de travail, que la vie coûte cher à Paris. Tu m'as dit, Hélène, la dernière fois que tu es venue, voilà cinq ans, quand tu m'as craché à la figure : « Une vieille fille, voilà ce que tu es, et qui crève de jalousie. »

La troisième, pour les âmes du purgatoire... Une vieille fille, oui, je le sais. L'autre jour, quand je montais à l'église, j'ai bien deviné que les gamins, derrière moi, me tiraient la langue, même le petit Richard, à qui j'ai posé des ventouses. Une vieille fille à toutes les heures du jour et de la nuit, qui commence à être sourde, qui tricote des mitaines, qui dit son chapelet, qui retarde le plus possible l'heure d'allumer la lampe. Mais pas jalouse, Hélène, pas jalouse. Oh ! je sais bien que parfois je me laisse aller ; je me dis qu'il serait bon d'avoir un mari et des enfants, et que je n'aurai rien connu de ce qui fait vraiment la vie. Rien connu, et pourtant... Si elle savait... Elle a su qu'il m'avait demandée et que le père avait refusé : un domestique, une demoiselle Desgranges ! Mais si elle savait ce soir-là, dans les champs, quand il me pressait : « Ne t'occupe donc pas de tes parents. Laisse-toi être heureuse. Tu verras... » Et plus de forces, les bras qui pendent, les jambes qui se dérobent. Et cette soirée, mon Dieu, cette soirée chaude ; dans les champs une odeur que je n'ai plus jamais retrouvée. Et les yeux tristes qu'il a eus tout à coup : « Non, tu ne veux pas ? Tu ne veux même rien dire ? » C'était peut-être ma vie que je perdais, mais je ne pouvais rien dire. L'habitude. Une fille si sage ! La Grande... Mon Dieu ! après trente ans, qu'est-ce que je vais reprendre là, à la nuit tombée, quand le feu n'est pas allumé et que je devrais être au lit !...

La quatrième sera pour la gloire de Dieu...

IL FAUT DE TOUT POUR FAIRE UN MONDE.

VAN GOGH

J'ai vu peu de foules aussi ferventes que celle qui se pressait à l'Orangerie pour y saluer Van Gogh. A vrai dire, elle se montrait si fervente, si résolument pâmée, que l'on ne pouvait se défendre d'une ombre d'inquiétude. Était-ce bien une peinture, n'était-ce pas d'abord une légende, qui suscitait une si pieuse admiration ? Une légende, et, si l'on veut, la plus véridique : l'artiste maudit, le malade, Vincent à l'oreille coupée, le fou d'Arles, de Saint-Rémy et d'Auvers. Mais il semble que l'on ait besoin d'une telle donnée pour s'attendrir sur l'œuvre et l'admirer. On l'accepte parce qu'elle est l'œuvre de cet homme singulier; on l'exalte comme un cas monstrueux. Certes, l'on peut tenir l'œuvre de Van Gogh pour le phénomène le plus insolite, l'orage le plus éclatant de la peinture. Mais qu'elle soit l'œuvre d'un peintre, qu'elle ne soit tout entière que peinture, c'est ce qu'il faut reconnaître d'abord, qui est nécessaire et qui pourrait suffire.

Il n'est point de création puissante qui ne se nourrisse de quelque monstruosité, même si elle prend l'apparence de l'équilibre et de l'harmonie. Poussin a sa folie, Racine a la sienne, par où il diffère essentiellement d'un Pradon. Le mal de Vincent est plus grave; mais c'est un mal qui ne cesse de s'exprimer par les purs moyens de la peinture. Il n'est que de le suivre depuis les toiles de Hollande jusqu'à celles de 1890 : plus Van Gogh est atteint, plus il se conquiert et fidèlement s'exprime. A la violence de ses crises répond l'éclat de ses victoires. L'homme peut délirer : mais, dès qu'il prend son pinceau, l'homme n'est plus qu'un peintre; c'est la peinture au service d'un homme. Il est menacé, il pressent et compte le peu d'années, le peu de mois qui lui restent pour s'accomplir. Mais enfin il s'accomplit. On l'a, à juste titre, appelé un héros et un saint de la peinture; c'en est aussi un triomphateur.

Précisément, qui ne connaîtrait de Van Gogh que sa vie et soudain découvrirait son œuvre, je crois bien qu'il se trouverait un peu déçu. Sinon déçu, désorienté par sa puissance, par son aplomb, par le contrôle et la domination qu'elle atteste jusqu'en son extrême violence. C'est le miracle de Van Gogh d'avoir su, brûlé, haletant, délirant, fixer sa flamme par des moyens stricts et efficaces. Il ne se force pas ; il ne se travestit pas; il n'y a chez lui aucune littérature (à la différence de Gauguin). Certaines de ses toiles, c'est par leur délicatesse, leur raffinement et presque leur préciosité qu'elles nous touchent. D'autres, parmi les plus hardies et les plus fortes, comme *la Route aux Cyprès*, c'est par un équilibre quasi classique malgré leur étrange nouveauté. Mais dans celles même où il s'affirme comme le plus étonnant coloriste de la peinture (sa *Maison d'Arles*, par exemple, ou sa *Chambre à coucher*), on ne sait ce qu'il faut admirer davantage : l'audace des couleurs dans leur intensité, leurs oppositions et leurs correspondances — ou la parfaite architecture de l'œuvre. Ici se rejoignent et se confondent l'instinct et la conscience. Aussi bien montre-t-il une égale maîtrise dans les œuvres aux couleurs sourdes et aux formes sinueuses, où la violence se fait presque douceur, mais développe ainsi une plus longue résonance.

Un visionnaire? Sans doute. Encore faudrait-il préciser la qualité de cette vision et montrer que, si intense qu'elle soit, les dons d'expression ne lui sont jamais inégaux. Ce que cherche, découvre et ressuscite Van Gogh, ce n'est point l'apparence du monde; c'est son essence, sa pureté fondamentale et sa force éternelle. Il n'est pas d'aventure plus émouvante ni plus héroïque que celle de cet homme du Nord, quaker anxieux, fils de pasteur, d'abord peintre des mines et des sombres intérieurs, cet homme de l'ombre et de la détresse, qui, de Nuenen à Anvers, d'Anvers à Paris, de Paris à Arles, marche à la conquête du soleil. Il se dépouille de tout ce qui ne lui est pas essentiel; il se ferme aux hommes, au succès, même à cette mythologie complaisante où la solitude peut trouver ses délices. Il est nu dans la brûlure et le contact immédiat des forces naturelles. Il ne se soucie plus des jeux de l'ombre et de la lumière, mais de la flamme et du mouvement; une couleur le fait pleurer d'extase. Un visionnaire? Mais celui de la plus implacable réalité. Pour l'atteindre, pour la fixer, il se hâte, simplifie, use d'une écriture que l'on pourrait appeler sténographique, si elle n'était point, en elle-même déjà, si expressive, si matérielle et riche de valeurs tactiles. Il va plus loin; ce qu'il lui faut rendre, et ce qu'il rend, c'est le rythme, le moutonnement des formes, les lignes de force, une sorte de tourbillon cosmique ou de danse sacrée. Ainsi parvient-il aux deux chefs-d'œuvre d'Auvers : *Champ sous un ciel orageux* et *Champs de blé aux corbeaux*, comme à l'admirable dessin du *Cyprès sous la lune*. (Au reste, que, chez Van Gogh, le dessinateur ait été au moins l'égal du peintre, et que le peintre ne fût jamais allé si loin s'il n'eût été un tel dessinateur, l'exposition de la Bibliothèque Nationale le montrait de façon irrécusable.)

S'il n'était qu'un seul caractère que l'on ne pût contester à cette œuvre, ce serait la foi dont elle témoigne, la foi du peintre dans son art, la rigueur et la constance de cette foi, à laquelle il sacrifie tout, où, tout ensemble, il se perd et tente de se sauver. Or, à l'instant où Van Gogh semble atteindre sa parfaite réalisation, il se tue. Il est toujours téméraire de vouloir expliquer un suicide, celui de Van Gogh plus que tout autre. On a dit : la folie. Mais cette folie, jusqu'alors, ne s'opposait pas à son art, ni à sa foi. Peut-être est-il permis de penser que, si elle en triomphe, c'est que la foi en cet art vient de chanceler, à l'heure même où l'artiste atteint à son but, et précisément peut-être parce qu'il y atteint, parce qu'il mesure enfin ce qui lui est donné et ce qui lui échappe. L'enfer du peintre a duré plus d'une saison, et Vincent est trop pur et trop constant pour gagner une Abyssinie. Son œuvre, si brûlante qu'elle soit, semble presque inhumaine. Elle semble, à ses pointes extrêmes, la figuration d'une autre planète, dont le souffle torride, la violence et la pureté cynique se prêtent mal aux habitudes humaines. On ne trouve point dans cette grande œuvre les retraites fraternelles, la tendre communion, les délectations sentimentales ou spirituelles que nous ménage celle de Rembrandt, par exemple, que ne nous refusent ni celle de Soutine, ni celle de Rouault — pour citer, parmi nos peintres, les plus proches de Van Gogh — ni même l'œuvre hautaine de Piero della Francesca. Chacune des toiles maîtresses de Van Gogh semble déjà porter le signe de son suicide. Mais telle est sa grandeur propre, et c'est pourquoi nous l'aimons, lui qui ne s'aimait pas.

CHRONIQUE DE LA PEINTURE MODERNE.

« SIX PIEDS DE TERRE »

Au seuil de la maison, cette femme qui regarde, la main au-dessus des yeux, approcher une voiture, puis me regarde en descendre et venir à elle, c'est une mère qui ne reconnaît pas encore son fils. La mère a soixante-quinze ans, son fils bientôt cinquante; elle y voit peu et j'ai dû changer. Et puis c'est ma mère, c'est moi : n'en demandons pas trop.

« Bonsoir.

— C'est donc toi? Je ne t'attendais pas. »

Sans doute, après deux ans.

Le dîner. J'ai apporté des gâteaux. Elle me dit qu'ils sont bons, mais qu'ils doivent coûter cher; que d'ailleurs tout coûte cher aujourd'hui, que l'on ne sait pas comment l'on parvient à vivre, que le monde n'est pas étouffé de scrupules...

J'ai posé les deux coudes sur la table, et la tête entre les mains. J'entends la voix de ma mère, tantôt plaintive, tantôt grosse de revendications, soudain hésitante et d'une étrange jeunesse. Elle parle des récoltes, des parents, des morts. J'entends : j'écoute à peine. C'est un rite; je m'y suis prêté, à cette même place, depuis mon adolescence. D'autres voix se sont longtemps mêlées à celle-là; je les retrouve à travers elle. Ma mère sait bien ce qu'elle représente; elle est la dernière à parler et parle au nom de tous, devant cet homme dont elle ne voit que les mains et le front. Quelque chose pourtant me semble manquer; je cherche; oui, le battement de l'horloge.

« L'horloge ne marche plus?

— L'horloge? Mais mon pauvre enfant, la corde est cassée, la corde du poids. »

Un peu plus tard, je me prends à demander s'il y a encore un chat; non, il n'y en a plus; d'ailleurs il n'y a plus de souris.

Au dehors, une nuit de septembre, l'une des plus belles de cet été pluvieux. Fixée au cœur du ciel, une lune petite, précise, éclatante; et les maisons se ratatinaient sous la lumière. Il faisait doux; je me suis promené jusqu'à minuit à travers le village, montant et descendant la longue rue,

m'arrêtant parfois près d'une fontaine ou d'un bouquet
de sureaux. Je ne puis dire comme je me sentais heureux.
Pas seulement heureux, mais enfin moi-même, en équilibre
dans ma vie, à ma place sur ce coin de terre.

Je n'y connais plus grand monde : quelques cousins
et quelques amis d'école. J'irai les voir un autre jour; ce
soir, je les retrouve à mon aise dans la rue déserte. Beaucoup
de maisons ont changé. Voici celle où je suis né et
où j'ai passé ma première enfance; la lucarne de l'évier
est devenue une vraie fenêtre; c'est drôle : on doit voir
clair à présent dans la cuisine; il me semble que rien ne
peut remplacer l'ombre que j'y ai connue, les murs et le
sol humides, l'oppression, l'angoisse, le bon silence aussi
et les ravissements. On a élevé d'un étage l'ancienne maison
de M. Laurent; si basse qu'elle fût, elle suffisait pourtant
à abriter jadis, avec le petit homme solennel entre sa haute
casquette et ses énormes sabots, toute la science du monde
(il avait été commis de pharmacie), l'étendard de la libre
pensée, ainsi qu'une bonté éperdue. Ici, la maison de la
vieille Rose, morte depuis trente ans; ici, celle de Pachaume
le maquignon; le jardin de Mlle Aimée, d'où nous croyions
découvrir, certains soirs d'été, l'étoile Antarès; un puits,
une mare comblée, des ruines; je ne sais où, le ruissellement
d'un lavoir; par instant, venue d'un verger, une lourde
odeur de prunes.

Tout cela est en moi depuis si longtemps, que, de le
retrouver ce soir, c'est un peu comme si j'apercevais, sans
m'y attendre, mon visage. Et parmi ces maisons, parmi
leurs hôtes morts ou vivants, il n'en est guère dont je n'aie
tiré le sujet d'une histoire. Certes, je n'en ai point fait la
chronique, mais la légende, donnant à Pierre, pour son
tourment, la femme d'Octave, à Jean celle qui lui avait
été refusée, et dans un foyer paisible introduisant un drame.
Pourtant je ne sais plus aujourd'hui où commence la fiction.
Et ce vieux quartier silencieux, avec ses trous d'ombre
et ses toits éblouis, ne semble pas le savoir davantage. Nous
sommes en accord. Si je tends l'oreille, de très loin m'arrive
un nasillement d'accordéon. C'est dimanche : la jeunesse
dans la grande salle de la mairie. Et voilà un instant, bras
dessus, bras dessous, deux filles et deux garçons marchaient
derrière moi, avec des chuchotements et des fous rires.

Ils se turent en me dépassant; puis ils se sont retournés, mais n'ont pas reconnu ce promeneur. Un peu plus loin, leurs voix ont repris, claires, impérieuses, à la mesure de leur jeunesse et de la belle nuit. Je n'ai pas éprouvé la moindre gêne; je me disais que depuis toujours je songeais à eux, à eux aussi.

Devant la dernière maison, se dresse un petit calvaire; des fils de soie luisaient aux angles du piédestal : c'est là que les vaches qui rentrent des champs viennent frotter leur fanon. Puis une côte ravinée descend entre des buissons et des murs de terre; je m'y suis engagé : un sol glissant et semé de flaques boueuses, une odeur de bouse et d'herbe humide. Sous un marronnier, près d'un dernier lavoir, coulait une fontaine, celle que j'entendais depuis quelques instants, celle que nous appelions, enfants, la fontaine du Mal. Par le trou d'une haie, j'atteignis un champ, qui surplombe une profonde vallée. Mais la vallée n'était qu'un fleuve de brouillard entre deux chaînes de collines, un fleuve immense, immobile et frappé par la lune. L'étrange paysage! on l'eût dit tout frais issu d'une convulsion de la terre, mais déjà paisible et sûr de ses lois. Je ne sais pourquoi je me suis mis à rire. Je songeais à des livres, à des théories, à des amis, à cette agitation qui me trouve souvent sans résistance, à des cafés, à des entretiens où l'on règle en dix jours le sort de l'esprit et des arts, même à de grands paysages qui m'ont fait gémir d'aise et de gratitude. Paroles, fièvre et spectacles, tout prenait ici son exacte figure et son vrai poids, ici, sur ce petit champ où je suis venu maintes fois m'allonger après l'école, tandis que, près de moi, mon grand-père cueillait des prunes et que des feux s'allumaient dans la prairie. « Voilà six pieds de terre, s'écriait M. de Saint-Cyran, où l'on ne craint ni le chancelier ni personne. » J'en réclame un peu plus, étant moins austère. Pas tellement plus; après tout, ce que j'ai reçu, je ne l'ai pas encore épuisé. Loin de vous ce soir, je songe à ce que j'ai reçu, et il m'est doux d'y songer.

LA CONSOLATION DU VOYAGEUR.

« LE CIMETIÈRE »

J'ai poussé le vantail de fer, toujours grinçant : ma mère était là, penchée sur une tombe qu'elle garnissait de fleurs. Elle s'est à demi redressée, regardant, de ses yeux rouges, approcher ce promeneur, qu'elle n'attendait pas, qu'elle reconnaissait mal. « C'est toi, m'a-t-elle dit enfin; tu es venu voir nos morts? » Elle m'a fait place entre les quatre ou cinq tombes qui lui sont une patrie chaque jour plus familière. Mari, frère, parents et beaux-parents : presque tous les siens sont autour d'elle. De l'un à l'autre, elle va, enlève une pierre, redresse un bouquet. Près de les rejoindre à son tour, elle leur prodigue ses derniers soins; elle tâte, elle éprouve cette terre où elle se sent entraînée. L'autre soir, elle me semblait prise de peur à l'approche de la mort; aujourd'hui, parmi les morts, on dirait qu'elle accepte. Elle parle d'une voix contenue, mais douce, innocente et presque tendre. Elle parle des chrysanthèmes qu'elle cultive pour la Toussaint; de la grille qu'il faudrait repeindre autour de la tombe de mon père; de cette croix... « Tiens, tu vois, ça s'effrite. Qu'est-ce qu'il faut donc faire? » Elle revient à la grille, une simple grille, et les gens s'en étonnent. « Mais je leur réponds : « Bah : après moi, les « enfants verront s'ils doivent mettre autre chose. » Voit-elle déjà le monument solennel que ses fils, dès qu'elle aura rejoint leur père, feront poser sur la double tombe? Mais elle ajoute : « Oh! tu sais, les monuments les plus coûteux ne sont pas toujours les plus beaux. » Là-dessus, elle me désigne le bloc de marbre qui, non loin de nous, surmonte un caveau — le caveau de la Grande, de la châtelaine. Elle le regardait jadis avec colère : c'était l'insolent triomphe des riches; à présent, elle n'a plus que dérision : le fastueux tombeau est abandonné.

Elle reprend :

« L'essentiel, mon enfant, c'est que toute notre famille soit là, bien groupée. Ce n'était pas facile, mais j'y ai tenu. Même ton arrière-grand'mère, tu vois : elle déborde un peu, j'admets, mais elle n'est pas restée à l'écart. J'ai fait mettre sur elle une vieille pierre, qu'on a soigneusement grattée. Ça fait bien, n'est-ce pas? »

Mais oui, c'est charmant. Et toute cette famille rassemblée (non, pas encore tout entière : un peu de patience), c'est une pure idylle. On doit se tenir chaud, l'un contre l'autre pressé, sous la terre. Ah! cette fois, on est à sa place; on est entre soi, on est enfin chez soi. On peut attendre en paix le jugement dernier.

« Tu t'en vas déjà?
— Non.
— Je ne voudrais pas te retenir. »

Qu'elle se taise! C'est moi qui voudrais la retenir. Si je n'ai pas l'esprit de famille, elle y est bien pour quelque chose. Ceux que j'aime, je ne les aime pas pour m'installer avec eux à l'abri du monde, dans la chaude puanteur de la tribu. Je voudrais que chacun d'eux trouvât dans cet amour un appui pour se dépasser. Ce que je n'ai pu faire, ce que je n'ai pu être, je voudrais que chacun le menât à bien... Bon! voilà mes rêveries d'enfant qui me reprennent. Par delà quarante ans, je retrouve le gamin maussade et brûlé d'angoisse qu'une mère menait sur les tombes. Voilà quelques-unes de ces tombes; d'autres ont disparu; beaucoup d'autres se sont creusées. Déchiffrant sous le lichen les inscriptions d'une pierre, j'essayais alors d'imaginer quel avait pu être cet homme, ce qu'il avait aimé, ce qui avait fait de lui, au moins une année, au moins une heure, un vivant. C'est aussi bien ce que plus tard, devant chaque homme, j'ai toujours cherché. Il me semble que je ne m'en lasserai jamais; il me semble aussi que je n'ai rien fait d'autre au cours de ces pages.

Enfant, devant la tombe de mon père, je me tenais engourdi dans un vague chagrin; on surveillait ma tenue, et je ne pouvais me recueillir sur commande. Mais à peine m'étais-je échappé pour gagner un autre coin du cimetière, je ne me sentais plus seul. Ce mort silencieux que je venais de quitter m'accompagnait enfin. Il me parlait, il me disait qu'il était mort jeune et que j'avais à vivre pour lui. Vivre pour un autre quand on est soi-même si peu sûr de sa vie, ah! c'est une charge assez lourde. Toutefois je ne la repoussais point. Elle me donnait le sentiment d'une étrange richesse. J'allais souvent m'appuyer au mur de l'enceinte et, devant cet humble paysage de landes et de prés, j'essayais de voir, de sentir pour deux, de vivre pour deux. D'autres fois, je restais assis au pied du calvaire, entre les pins; fermant les yeux, je percevais encore sur mes paupières la tiédeur et l'or de l'après-midi. Pas un bruit, sinon, à la nuit tombante, le pas lourd des vaches, le frottement d'une échine contre l'angle du cimetière; un peu plus tard, venu du ciel, un ruissellement : quand une bande d'oiseaux allait s'abattre pour le sommeil dans les marécages de la vallée; parfois aussi, comme d'un autre monde, si le vent de la pluie s'était levé, le sifflement d'un train. Et tout cela était d'une douceur que je ne puis dire. A peine distinguais-je la forme des croix et des pierres tombales. Mais, entre ce peuple secret et moi, s'ébauchait une alliance. Chacun des morts, comme mon père, me déléguait la part de vie qu'il s'était vu refuser. Ce que ma vie pourrait être, je l'imaginais mal; mais je savais bien ce qu'était la mort, et commençais à pressentir toutes les formes qu'elle peut prendre.

Je les pressentais alors, je les connais mieux à présent, ce qui ne veut pas dire que j'aie toujours su m'en préserver. J'y songeais ce soir tandis que j'allais d'une tombe à l'autre, et du calvaire au mur d'enceinte. A l'approche de la nuit, j'ai rejoint ma mère; elle était assise au coin d'une tombe.

« Tu viens? Il est tard.

— C'est que, dit-elle, faisant un effort pour se lever, j'ai eu un éblouissement, et puis une douleur, là, dans les reins. Attends un peu, ça va passer. »

Je suis allé m'asseoir à quelques pas d'elle. Il ne faisait pas froid, mais l'air était humide. Avec le soir, une buée blanchâtre semblait monter du sol, et déjà, entre les pins, le calvaire s'effaçait.

« Tu n'aurais pas dû rester si longtemps courbée.

— Je sais bien. Mais quand tu diras, mon enfant. Si je ne m'occupe pas de nos morts, qui s'en occupera? »

C'est vrai; j'écris sur eux, et je m'en tiens là. — De nouveau, elle voulut se lever, mais porta en gémissant la main sur sa hanche.

« Reste donc tranquille. Attends. Ça va passer.

— Mais oui, ça va passer, mais oui. »

Elle eut une sorte de sanglot d'enfant :

« Eh bien, eh bien!... » faisait-elle.

Nous sommes restés quelque temps ainsi. La nuit était

venue et le brouillard s'épaississait. Je distinguais à peine les traits de cette vieille femme; je ne l'entendais pas respirer. Voilà qu'il ne restait plus d'elle qu'une masse confuse, une ombre. Et qu'étais-je pour elle en cet instant? Il me semble toutefois que nous n'avons jamais été plus proches. Tout ce qui nous avait si longtemps séparés se fondait dans ces ténèbres blanchâtres. Nous étions enfin l'un pour l'autre ce que nos morts, sous nos pieds, étaient pour nous.

Il ne faut pas trop en demander. Un instant, c'est beaucoup. Et puis la partie touche à sa fin. J'ai aidé ma mère à se relever; elle a pu, soutenue par moi, quitter le cimetière. Elle se plaignait encore; mais, dès que nous eûmes atteint la route de sable, elle voulut marcher sans aide. Il est vrai qu'elle n'y voyait goutte; elle se pressait donc contre moi, qui n'y voyais guère mieux.

LA CONSOLATION DU VOYAGEUR.

« SUR LA CONDITION LITTÉRAIRE »

Il est une décence, un courage, osons dire une morale, dont une littérature ne peut se passer impunément. Tout écrivain le sait, ou le sent, qui ne fait pas de la littérature un simple métier. Mais tout écrivain rêve d'un accueil, proche ou lointain. Et voilà de nouveau posé le problème de l'œuvre, de l'édition, de la critique et de la vente.

On sait de reste qu'un débutant, qui offre un essai, un recueil de poèmes ou de nouvelles, ne rencontre — ou c'est miracle — qu'une aimable compassion. Romancier, ses chances sont plus nombreuses. On l'accepte, on l'édite? Encore faut-il qu'il se fasse entendre et qu'une suite d'insuccès ne découragent pas son éditeur. On reconnaît son mérite, on le salue dans la presse? Un éditeur me parlait l'autre jour d'un roman qu'il venait de lancer : « Une presse merveilleuse, une radio délirante; total de la vente sur trois mois : deux cents exemplaires. » Reconnaissons qu'il faut aux jeunes écrivains certaine force d'âme pour ne point tenter la fortune des prix.

S'ils la tentent sans lui rien accorder, je n'y vois nulle

déchéance. Mais dès lors, qu'ils le veuillent ou non, ils se trouvent jetés dans une atmosphère dérisoire. Ce serait peu; reste à savoir s'ils parviendront, longtemps encore, à éviter toute contamination. J'en connais, non des moindres, qui ne cessent de couver l'espoir d'un prix tandis qu'ils composent leur œuvre, et il n'est pas possible que cette œuvre n'en porte la trace. L'un d'eux me disait, non sans mélancolie : « Cette année, je me suis trompé; le goût est à l'aventure, et mon roman est statique. » Joignez à cela l'inquiétude d'un temps, où un jeune écrivain peut croire qu'il ne dispose que de quelques années pour produire son œuvre et réaliser sa figure. Joignez-y encore l'aveuglant exemple de quelques succès rapides.

Mais s'il s'agit d'exemples, nous n'épuiserons pas la matière. L'un des traits les plus frappants de notre époque, c'est, me semble-t-il, la figure, la vie publique, à quoi, le plus souvent, l'écrivain se résigne, s'il ne l'appelle. La presse, la publicité, la radio, le cinéma : tout l'y convie. L'œuvre ne suffit plus (et l'on voit bien comment elle pourrait nuire) : il doit lui-même, directement, l'offrir au public, la commenter, l'étiqueter, l'excuser, la faire enfin passer à la faveur de *son* personnage. Il devient ainsi une vedette; dès lors, il lui faut — sinon, c'est l'oubli — fournir à l'attente, renouveler ses prestiges, accuser sa figure, nourrir sa légende, selon le jeu qui s'impose à toute vedette, qu'elle vienne du sport, de l'écran ou du cirque. Jeu sévère; reconnaissons toutefois que l'écrivain, d'abord handicapé (il est des avantages plus flatteurs que la plume), ne s'y exerce pas sans bonheur.

Je veux évoquer un jeune homme, dont je ne ferai ni un saint ni un héros — un écrivain : j'entends un homme qui s'est donné pleinement à son œuvre, et peut espérer une attention, une sympathie. Comment, à tout instant, ne se sentirait-il pas perdu dans notre monde littéraire? S'il accepte ce monde, il renie sa première foi; s'il le repousse, il court le risque d'un vain effort. Mais ce sont précisément ces conditions misérables qui font la noblesse de son travail et de sa vie.

C'est en de telles conditions surtout qu'il lui appartient d'affirmer ce que tant d'écrivains, jeunes ou vieux, même s'ils y ont renoncé, même s'ils en sourient, sentent au fond du cœur comme une justification irremplaçable. Je veux dire l'absolu dévouement à l'œuvre, cet amoureux combat, cette fièvre patiente, où l'écrivain met le meilleur de soi, et dont il attend une sorte de salut, toujours décevant, toujours poursuivi. Je veux dire aussi, on le pense bien : le goût de l'indépendance, la volonté de ne rien écrire et de ne rien faire, qui, par calcul ou par faiblesse, soit accordé à la circonstance.

Tout cela, de nos jours, n'est point facile. J'imagine volontiers la littérature comme un ordre (dont ni les jeux, ni certes la grâce, ne se trouvent bannis!). Mais un ordre suppose une foi commune et une commune volonté; sinon, mieux vaut parler d'une corporation, d'une société, d'un syndicat : la Société des gens de lettres, par exemple, ou le Syndicat des écrivains, qui sont utiles et même nécessaires. C'est une telle communauté, de foi, de but et d'efforts, qui manque aujourd'hui. C'est une amitié rigoureuse, à l'opposé de la complaisance.

Quand la *N. R. F.* reparut, voilà trente-quatre ans, nous y avons trouvé, mes amis et moi, non pas seulement un organe qui publiât nos premiers écrits, mais une défense contre plus d'une menace et plus d'une tentation; non point une chapelle, un clan, une camaraderie débonnaire, mais l'exigeante amitié dont je parlais; c'est-à-dire enfin les conditions qui nous étaient nécessaires pour écrire librement. Tel est aussi bien le rôle que cette revue, aujourd'hui encore, se propose d'assumer.

Je ne prétends point que les deux époques soient identiques. Appellerons-nous la nôtre une après-guerre? La guerre ne s'y trouve pas moins présente par l'appréhension que par le souvenir. Voilà qui marque étrangement nos Lettres. Ce qui menaçait, vers 1923, la jeune génération littéraire, c'était surtout, me semble-t-il, ce qui venait de faire sa vertu : cette révolte qui, par un jeu sans contrôle, l'entraînait au refus de l'œuvre. Tout autre à présent le danger, du moins par son origine : il vient des acceptations, de la complaisance, du conformisme.

Il vient de la crainte : car l'on tremble de s'aliéner les puissances politiques, sociales et littéraires qui dispensent le succès; on ménage le public, on adopte l'esprit et l'habit du jour, on s'accommode, on rejoint, on s'incline. Bref, on veut être d'un temps, mais l'on se refuse aux suivants, l'on se dérobe à l'œuvre.

[...S'il me fallait enfin résumer toutes les menaces et les défaillances dont souffre la littérature, je dirais volontiers qu'elles procèdent d'une seule cause : le manque d'amour et de foi. La littérature justifie cette réserve dans la mesure où elle se réduit à un exercice, à un jeu, à une parade, à un métier ou à un simple moyen d'action. Mais comme l'amour et la foi nous viennent naturellement, dès que nous cherchons en elle ce qui est le propre de son génie : la plus pure expression de l'homme et sa création la plus haute!

LA GRACE D'ÉCRIRE.

LE ROI COURONNÉ

Ce n'était pas tellement le cimetière... On s'habitue à tout : aux morts comme au reste (comme aux cris, aux gifles, presque à l'absence). L'hiver, sans doute, quand on rentrait de l'école, la nuit tombée, laissant l'un après l'autre les camarades à leur porte, et qu'il fallait sortir du village, cheminer seul à travers les champs nus, contourner le cimetière et les massifs d'acacias, pour deviner enfin, à la fenêtre de l'évier, derrière le rideau rouge, une lumière : oui, la route semblait longue et il arrivait que la peur vous prît aux jambes. Peut-être aussi quand on ne pouvait s'endormir ou qu'on se réveillait brusquement dans les ténèbres, sentant, si près, tous ces morts dans leurs tombes, et souhaitant n'importe quoi, hurlements ou coups, plutôt que le silence... Mais le jour on n'y pensait plus guère, et, même, le voisinage avait du bon : d'abord la paix; parfois la visite d'une femme qui venait demander un peu d'eau pour les fleurs de ses morts; et les tombes elles-mêmes, si diverses, chacune si changeante, avec leur croix de marbre, de bois ou de fonte, leurs inscriptions, leurs couronnes, leur jardinet ou leur abandon. Cette odeur aussi qui montait du cimetière, la Toussaint venue, et qui savait trouver au fond du cœur une place naturelle... Décidément, ce voisinage, ce n'était pas là le pire.

Ce n'étaient pas non plus les scènes qui éclataient la nuit entre les parents, quand Paul dans sa mansarde s'ensevelissait entre les draps, se bouchait les oreilles, et, dents serrées, chantonnait obstinément pour ne rien entendre. Mais comment n'entendre pas ces vociférations, ces injures, ce fracas d'une assiette ou d'une chaise? « Tu t'en es donné, salope, pendant que je crevais de misère dans les camps d'Allemagne! Qu'est-ce qu'il te faisait, ton curé, vas-tu me le dire? — Mais laisse-moi, Auguste, laisse-moi. Puisque je t'ai tout dit! — Alors répète. Et ce n'est pas vrai que tu m'as tout dit. Est-ce qu'il gardait sa soutane, le curé? Vas-tu me répondre, ou je cogne. » Et parfois le père cognait; on entendait un cri, une plainte. Parfois aussi, plus tard, c'était lui qui se mettait à gémir. Quelquefois encore, il y avait un tel silence, que Paul, tremblant, se demandait s'ils étaient morts, et, au premier mot, à la première plainte, riait de bonheur. — Car c'était une scène, bien sûr, une scène parmi tant d'autres de nuit ou de jour; mais, Dieu merci, ce ne serait pas la Scène.

Même le dimanche soir, quand Lise et son fils attendaient le retour d'Auguste, si l'on se doutait bien qu'il traînait d'un café à l'autre, c'était pourtant une attente, presque un espoir. Mais l'angoisse montait avec la nuit. Paul n'osait bouger, n'osait rien dire; les lettres de son livre s'effaçaient; il regardait à la dérobée sa mère, assise, immobile, les mains au creux du ventre. Comme elle avait changé! Ce visage cendreux, ces traits mous, ce souffle lourd, sous l'éternel peignoir à présent décoloré ce gros corps dolent : une femme qui se néglige parce qu'elle n'attend plus rien. Mais on peut ne plus attendre, et avoir peur... — Un traînement de pas sur la route : c'est lui, neuf heures passées, il pousse la porte, il est ivre.

Auguste semblait d'abord d'autant plus calme qu'il avait bu. La porte refermée, il s'adossait au mur et restait longtemps ainsi, à regarder la femme et l'enfant, hochant parfois la tête avec un mauvais sourire. Puis il s'ébranlait, et, d'une marche hésitante, allait s'asseoir sur le fauteuil d'osier, devant la cheminée. La Scène commençait.

« Femme, disait-il, non sans noblesse, tu vois devant toi le roi des cocus. »

Lise avait appris qu'aucune parole ne pouvait servir, sinon à déchaîner la fureur de l'homme. Et Paul savait bien que, même s'il s'enfonçait dans un coin de la pièce, même s'il gagnait la mansarde, son tour viendrait.

« Femme, reprenait Auguste, apporte la couronne. »

Lise, résignée, ouvrait l'armoire (ce grincement qui vous scie les nerfs, et l'on dirait que ce sont eux qui grincent). Si elle paraissait hésiter, un claquement de langue la rappelait au cérémonial. Elle prenait donc la chose, et, les yeux baissés, l'apportait à Auguste, qui l'examinait, la contemplait, pour déclarer enfin :

« C'est elle. »

Puis, avec une majestueuse bonhomie, il ajoutait :

« Va, ma belle. Couronne le roi. »

Et Lise posait la chose sur la petite tête chafouine de son mari; après quoi elle regagnait sa place dans l'ombre. C'est alors seulement qu'Auguste trônait, la face éclairée par la lampe à suspension, une main sur chaque bras du fauteuil, et sur son front chauve l'étrange couronne : un bandeau de fer blanc auquel se trouvaient fixées deux cornes de vache.

Auguste trônait. Quelquefois pourtant il arrivait que le roi prît une mine hébétée, vaguement douloureuse. Derrière lui, sur la hotte de la cheminée, l'ombre des cornes pointait vers le plafond une menace dérisoire. Les poings crispés, la gorge sèche, Paul se disait que l'on allait entendre battre son cœur. Lise... voilà longtemps qu'elle avait appris à se taire, en femme coupable, et en femme dont le jeune amant, le séminariste si peu sûr de sa vocation, le garçon gauche et fou qu'elle ne pouvait assouvir, était mort, loin d'elle, dans un bois d'Alsace, au temps de la Libération. — Au prix du silence qui s'élevait alors dans la pièce, celui des tombes n'était qu'un sommeil.

Il y avait pire. C'était quand Auguste, sortant d'une gloire et d'une infortune longuement remâchées, appelait l'enfant. Il fallait que Paul se levât, s'approchât — un pas encore — pour sentir sur lui ce regard de haine, pour entendre cette voix, tantôt basse, tantôt furieuse, qui répétait :

« Fils de curé! »

Le reste... Oh! le reste, les coups, la danse, les hurlements, ce n'était rien.

Mais un soir qu'Auguste, monté sur son trône et la couronne sur le front, venait de mander son fils, un soir de mars (on entendait gémir une hulotte), voilà — qu'est-ce qui le prend? A-t-il trop bu, trop peu? — voilà qu'il se dresse, arrache la couronne et l'envoie rouler sous l'armoire; voilà qu'il se tient debout, immobile, devant Paul, sous les yeux stupides de la mère; et qu'il dit, prenant la main de l'enfant :

« Viens. Viens avec moi. Viens-t'en dehors. »

Au-dehors c'était la nuit, et ce fut l'épouvante. Où le conduisait-il, pourquoi? Paul sentait ses doigts se rétracter dans la main calleuse de l'homme. De temps en temps Auguste répétait :

« Viens. »

D'une voix qui peut-être ne semblait pas menaçante, mais bizarre, étranglée, d'une voix que Paul n'avait pas encore entendue. Contournant le bouquet d'acacias, ils prirent la petite allée du cimetière. « Qu'il me cogne, se disait l'enfant, qu'il me tue et que ce soit fini. » Ils parvinrent à la grille de fonte qui restait toujours entrouverte. Là, sur l'une des deux bornes de l'entrée, Auguste s'assit; puis, regardant le gosse, il le fit approcher : « Viens », plus près encore, debout entre ses jambes. Sur les petites épaules, les deux mains de l'homme s'étaient posées; mais elles ne pesaient pas. Et le regard que Paul sentait sur lui ne paraissait même pas l'interroger. Cela dura longtemps; on entendit de nouveau le cri de l'oiseau nocturne, puis, du village, un autre lui répondre.

« Petit curé », murmura enfin Auguste.

Et cette fois, non, l'on ne pouvait dire qu'il y eût dans la voix de l'homme la moindre haine. Tout, de la honte, du remords, du désarroi, on ne savait quelle plainte aussi, mais pas de haine. Comment douter encore quand le père vous attire sur ses genoux, avance vers la tête enfantine une main qu'il retire aussitôt, comme s'il n'y eût rien au monde de plus précieux, et soudain, serrant Paul contre lui, chuchote éperdument :

« Mon petit curé. »

Paul a pu croire que ces gestes et ces mots n'étaient qu'un bizarre détour de l'ivresse. Mais Auguste, ce soir, n'est pas un ivrogne; c'est, on le sent bien, un homme devant un enfant; un homme qui voudrait être père : s'il ne l'est pas, l'enfant n'y peut rien; un homme et un enfant qui ne sont pas heureux, qui voudraient bien l'être.

La nuit n'est pas si noire qu'on l'avait cru, plutôt bleuâtre, et vers les Landières une lueur laiteuse annonce la lune. Derrière nous, le peuple des tombes ne semble point hostile. Un peu de fraîcheur, n'importe : l'un contre l'autre pressés, on se réchauffe comme jamais. Et si une fois encore, mais tout près, le hululement se fait entendre, on ne peut s'empêcher de rire.

Tout cela était bon, si bon que, beaucoup plus tard, devenu homme, Paul songeait à cet instant — non peut-être comme au plus bel instant de sa vie (car enfin depuis lors il avait connu l'amour, et toute une année avant que sa femme rejoignît le trottoir) — mais comme à son instant le plus précieux sans doute, en tout cas comme au plus sûr.

L'EAU ET LE FEU.

« DU BOUT DU MONDE »

Je vous écris du bout du monde (vous le pensez bien). Le bout du monde, cette fois, c'est au bout nord-ouest de la Bretagne, au bout d'un aber et d'une pointe, passé le dernier village, dans une petite maison qui servirait d'annexe à l'hôtel du golfe, si les touristes ne la trouvaient trop perdue et trop exposée aux vents. Je la trouve à mon gré, le vent compris et devant ma fenêtre les pins où s'encadre le golfe avec sa floraison d'îlots, puis, à perte de vue, la haute mer.

Le soir de mon arrivée, tandis que la patronne de l'hôtel grimpait devant moi le sentier qui conduit à mon refuge, se retournant sous la bourrasque, elle m'a dit : « C'est le vent qui vous accueille. » Je n'en attendais pas moins. L'accueil s'est prolongé toute la nuit, avec une ferveur et une complicité dont je m'efforçais de mon mieux d'être digne. Le lendemain, le vent est tombé; ce fut la pluie,

Le surlendemain, la brume, si épaisse qu'elle me dérobait les îlots. Après quoi un rythme s'est établi : des éclaircies très pures qui annoncent un beau temps éternel, des averses orageuses ou glacées, et le vent qui rôde, qui se déchaîne, qui tombe, qui va reprendre.

J'aime ce temps fantasque, et m'accommode de la pluie comme du soleil. Je ne me serais pas cru d'une humeur si conciliante. C'est que d'abord j'aime ce pays, parce que sa grâce n'est certes point facile — plus délicate, plus émouvante de se développer dans ces rudes conditions. Il n'est rien ici qui s'étale ou se complaise; mais, l'heure venue, c'est bien la grâce, don du ciel à qui le mérite, non pas une parure — un rayonnement, une respiration, et l'on se sent plus libre que jamais.

Donc, je ne travaille pas plus que les lis des champs. Je marche des heures le long de la côte; dunes ou rochers, à chaque heure tout change; je pénètre avec délices dans ce petit monde de flaques, de galets, d'algues visqueuses ou desséchées. Je me penche, je regarde. Un pêcheur m'a demandé : « Alors, on fait des expériences? » J'ai répondu par fausse honte : « Oh! on fait l'enfant. » Je détournais les yeux, mais, sur moi, je sentais les siens, et ne devinais que trop le spectacle : passe encore pour la chemise ouverte jusqu'au nombril, puisque j'avais en revanche un gros pantalon de velours; passe pour les lunettes et le béret, qui étaient noirs; mais les cheveux l'étaient un peu moins, qui flottaient au vent sous le béret. Je n'ai pas prolongé mes expériences. Par bonheur, ma voiture était assez proche : en route.

Oui, tout compte fait (et vous savez que vingt kilomètres à pied me laissent dispos), c'est en voiture que je marche le mieux. Car il s'agit bien là d'une marche, à petits pas, et je m'arrête, regarde un champ, une ferme, un bouquet d'arbres, ce grand ciel en tourment sur lequel les arbres, à peine feuillés, s'agitent comme de frêles végétations sous-marines. Je repars; c'est un arrachement : où trouver un coin mieux fait pour moi? Eh bien, je le trouve toujours, qui m'attendait, et il faut bien répondre à son attente, vivre au moins une vie avec cette vallée perdue, ce bon petit Dieu crucifié sur son calvaire noirâtre, ces chevaux à la robe de cendre, crinière au vent, en plein ciel, sur un éperon de la côte, ou, plus simplement encore, avec cette odeur de goémon, cette plainte d'oiseau, cette ombre ou cette lueur qui coule le long d'un mur ou d'un pin, cet instant et ce lieu, quels qu'ils soient, parce qu'ils sont.

Et quand de tout cela j'ai mon saoul, plus loin! Cette fois, c'est presque du trot. Nul besoin de cartes routières ou de plaques indicatrices; je me laisse conduire par la voiture, qui flaire le vent et le paysage. Nous sommes faits pour parcourir le monde; en reviendrons-nous jamais? Le monde, je ne puis dire que je le regarde vraiment; mais je sens sa présence et je m'y trouve accordé. Il me suffit de surprendre un petit signe : une vieille et ses deux vaches, un gamin qui chantonne à la porte d'un cimetière. Ou plutôt il suffit qu'ils se glissent en moi à mon insu (je ne les découvre que plus tard) : et je commence à me raconter quelque chose. Je dis « quelque chose » faute de mieux; ce ne sont pas précisément des histoires; mettons des bouts, des bribes; et souvent cela ne va pas plus loin; d'autres fois, une image amène un fait, qui à son tour... ah! mieux qu'une histoire, c'est aigu et frais comme l'instant; l'heure d'après il n'en restera plus rien, mais n'importe. Ces constructions par menus éclairs, ces petits assemblages de figures, de cris ou de silences, et de paysages : me voilà sur le point de trouver la clé du monde; non pas seulement de ce monde autour de moi : terres plates ou tordues sous le ciel, mais de celui qui est de l'autre côté. Je vais entendre un bruit de serrure; je guette, par un entrebâillement qui s'annonce, une lueur surnaturelle (mais je la crois la plus simple) qui, tout à coup... Nous y reviendrons.

Au demeurant, je connais des heures plus calmes, et non moins pleines. C'est surtout quand la pluie se met à tomber et fait de ma voiture un Nautilus tout au long d'un couloir aquatique. Enfant, j'ai plus d'une fois accompagné le capitaine Nemo dans ses voyages; mais il me semblait que, passé les premières surprises du monde sous-marin, la solitude et le silence où l'on glissait, et la pénombre, suffisaient à un enchantement inépuisable. Ainsi dans cette voiture, sous le ruissellement d'une pluie sans fin; et comme je n'ai plus rien à attendre des choses, je suis ma pente. Je songe à vous, bien sûr, à mes amis, à mon travail (le reste, j'essaie de l'écarter, comme nous en sommes convenus pour quelques jours : ce n'est pas facile). Il m'arrive encore d'envisager les moyens de sauver le monde; je le fais moins qu'autrefois, je le fais dans les limites de mon rôle, qui ne sont pas très larges. Mais je me dis que j'appartiens à un Collège qui de tous est le plus haut; que je le sers encore, et de plus en plus en homme libre, par goût et choix obstiné. De fait, je ne crois pas avoir beaucoup d'autres ambitions; tout ce que j'ai pu écrire depuis trois ou quatre ans (et cela m'était nécessaire), toutes ces pages qui dorment çà et là, il me semble que je n'ai pas la moindre envie de les voir publiées. Mais je ne m'en trouve que mieux porté à servir l'ordre que j'évoquais; et, dans ma voiture, j'appelle à le servir aussi, mieux que moi, avec de jeunes armes, tous mes jeunes amis. C'est fait : nous partons en croisade contre les infidèles et les marchands; nous... — Dieu! sur le Temple et la Terre sainte, quel souffle pur!

Je parle de collège et d'ordre : ces mots ont une inflexion religieuse, qui ne me laisse pas insensible. Mais pourquoi s'arrêter à mi-chemin? Un collège, mais comme on disait le collège des Flamines; un ordre, comme celui des Dominicains, dont j'aime beaucoup la robe blanche et la culture. Mais il n'y a plus de Flamines, et les Dominicains vivent trop dans le siècle. Voilà longtemps que je rêve d'un ordre nouveau. L'heure est venue : je ne peux différer davantage. Ce sera dans une vieille et noble abbaye romane, au fond d'une vallée ceinte de grands bois; rien que d'austère, sinon le climat, dont la douceur favorise nos exercices spirituels. Nous ne serons là qu'une douzaine d'esprits en robe de bure; pas de livres; pas de tableaux : le Musée intime nous suffira; pas de jeux de boules; du silence; un chat; un Frère médecin; un Père supérieur à qui je me remettrai de tout et qui aura une profonde connaissance de la pauvre âme des écrivains. C'est fait; plus de passions, plus de troubles, plus d'autre désir que celui d'entrer dignement dans la mort; enfin délivré de ce monde où chaque pas m'était une brûlure.

Ce monde qui pourtant ne fut pas sans charme. Et connaissant la brûlure prochaine, je ne m'en livrais pas moins, toujours neuf malgré l'âge, au bel instant. Comment appelait-on ces créatures qui nous semblaient si précieuses — âmes délicates et tendres corps — que, même absentes, elles donnaient à nos jours une saveur?

Il y avait aussi de grands spectacles entre deux misères, et quand j'y songe, ce n'est plus la misère qui me revient. Tenez : des spectacles comme celui qui soudain m'apparaît, à présent que la pluie a cessé (mais depuis quand?) et que la voiture, après tant de détours par les chemins du Léon, débouche miraculeusement au-dessus de ma baie. Halte! c'est trop beau.

Un beau soir du monde. Et je ne sais de quoi il est fait. La paix sur le golfe comme au ciel qui l'épouse exactement. Non pas le sommeil : une respiration contenue, une attente; nulle langueur, nulle profusion; il n'est rien là que de strict : formes ou teintes; exquis, sans doute, d'une exquise sévérité. Dans une première anse, quelques barques immobiles; derrière, au bout d'une jetée, un gros bâtiment sombre s'érige, aux formes rudes, plus étrange de se profiler sur un golfe quasi immatériel. Très loin, à la confuse limite des éléments, tout danse et fume. Tour à tour, chacun des îlots se fond dans cette vapeur ou bien, comme aspiré, monte au ciel, qui, l'instant d'après, en dépose un autre un peu plus loin. Quant aux maisons éparses sur les côtes, ces maisons assez laides qui tout le jour collaient aux rives comme d'énormes poux de sable, le soir venu, elles ont pris des allures de mouettes ou de nuages, et connaissent, elles aussi, leur petite ascension.

J'attends la mienne, une fois encore, mains croisées sur le volant. Je vois les mains; avec un effort, je devine à peu près la figure que je fais là, pour un passant; mais celui qui est derrière ces lunettes et ce visage, vais-je le connaître enfin, le surprendre, au moins m'habituer à lui? Tout de même, il est temps, j'étouffe un peu.

Le beau golfe. Nous l'appelions, dans notre vie séculière, la baie des Anges. Les Anges sont là, je les vois bien, qui jouent à la lisière du large. J'attends un signe. Rien. Ces jeux d'enfants ne sont plus pour nous.

Ainsi jusqu'à la tombée de la nuit, et je m'aperçus que le ciel s'était plombé. Tout restait encore calme pourtant; quelques rides sur l'eau sombre de la première anse, mais, au large, les îles avaient disparu. Au milieu du golfe, sur la jetée, la masse trapue, toute noire à présent, prit une apparence de monstrueux dolmen ou de tombeau.

J'entendis sonner, très loin, des cornes de brume. Elles venaient d'Ouessant. Vous rappelez-vous : la longue marche, le brouillard qui s'abattit sur la lande, la brusque peur qui nous figea, puis, la brume dissipée, cette faille à nos pieds qui coupait en deux la pointe de l'île — « la pointe d'Arland », nous dit-on, quand nous eûmes conté l'aventure. Dix ans de cela, et j'entends de nouveau les cornes d'Ouessant. Est-ce le même homme qui les entend ? J'essaie de savoir ce qui a changé; c'est que le passé ne compte plus pour moi (à peine si de loin en loin un souvenir me serre le cœur), et le bref avenir, pas davantage. Ce soir, me voici cloué devant cet étrange et solennel cénotaphe; peu à peu, je ne vois plus que lui; il règne seul sur la baie des Anges et donne à mon petit bout du monde un sens qui, après tout, devrait être familier à une grande âme.

JE VOUS ÉCRIS (lettre VIII).

« DEO IGNOTO »

Le lendemain, nous sommes entrés dans notre troisième église : la basilique de Saint-Benoît-sur-Loire.

Je l'ai visitée une ou deux fois avant la guerre, sans en être ému (c'est plutôt à Max Jacob que je rendais visite). De l'extérieur, elle paraît lourde et sans grâce, ainsi tronquée, et malgré la puissance de son porche. Mais s'il ne manque pas d'églises romanes dont les dehors eux-mêmes m'enchantent, je m'accommode fort bien d'une apparence rudimentaire : tout se passe à l'intérieur.

Je ne demandais pas à Saint-Benoît la dramatique austérité de Fontevrault ni le pur équilibre de l'autre abbatiale [1]. La basilique de Saint-Benoît, c'est avant tout le palais que constituent son chœur et son sanctuaire. Palais d'un Dieu-Roi, à lui seul un temple, longuement introduit et bordé par une colonnade que surmonte une

---

1. Celle de Cunault

arcature plus serrée, jusqu'à l'arc surélevé de l'ancien transept, et c'est le sanctuaire, dont les sept arcades se font de plus en plus larges et hautes à mesure qu'elles se rapprochent du centre. Dans cette profondeur, le parvis s'élève progressivement, de l'un à l'autre de ses quatre paliers de mosaïque, et de très loin laisse deviner l'autel. Il n'est point de décor plus majestueux [1]; tout ici nous prépare et nous convie à un office grandiose, hors de quoi la basilique n'aurait plus de sens. Voici la messe.

C'était la grand-messe dominicale. Nous nous sommes assis au premier rang des chaises, parmi des gamins et des religieuses qui se disposaient à communier. Dans les deux galeries de stalles qui bordent l'entrée du chœur, une trentaine de moines en robe sombre à capuchon. A l'autel, deux prêtres; derrière eux, deux acolytes, et derrière ceux-ci, quatre enfants de chœur — tous vêtus de blanc. Quelquefois, dans une parfaite ordonnance, ils descendaient lentement d'un palier à l'autre jusqu'aux moines, et jusqu'à nous, puis regagnaient l'autel, traçant ainsi de leurs pas et de leurs gestes une figure dont l'harmonie, sinon le sens, me ravissait. D'autres fois, c'étaient deux groupes de moines qui, laissant leurs compagnons dans les stalles, se disposaient en demi-cercle à l'entrée du chœur; ils modulaient un chant où semblaient se reproduire, dans un même esprit, les figures que venaient de tracer les prêtres et leurs suivants — celles aussi d'ailleurs, faites de vides et de relief, de lumière et d'ombre, que proposait l'édifice.

Je ne dis rien là sans doute qui ne prêterait à sourire à des initiés. C'est que j'en suis resté aux messes de mon enfance dans une médiocre église de village; et ces messes, il me semblait que pour un peu j'aurais pu moi-même les célébrer. Ah! ce n'est point la Basilique et les nobles fils de Saint-Benoît qui m'eussent inspiré une telle outrecuidance. Non que je pusse me sentir rejeté de ce qui se déroulait à mes yeux : si beau, le spectacle, si plein et si sûrement accordé au lieu, jusque dans cette savante et solennelle lenteur qui me serrait la gorge — que je

---

[1]. Les Bénédictins viennent de le détruire, au nom de la pureté des premiers temps.

rendais grâce aux célébrants de me laisser voir et entendre la Fête. Davantage : dans la mesure où il m'était donné de sentir cette beauté de la forme et cette grandeur spirituelle, je réclamais ma place, un peu en retrait, dans le noble chœur. Mêlant le profane au sacré, je songeais que de ma vie, à travers toutes mes défaillances, je n'avais aspiré à rien d'autre; que tout homme, selon ses moyens, dans le domaine où il sert, avec l'instrument et l'art dont il use, participe à une célébration commune : fête, offrande et prière à la fois; et que, dans cet esprit, il n'est point d'œuvre, fût-elle dérisoire, qui reste vaine. L'heure précédente, j'avais suivi un jeune moine qui faisait visiter les lieux : « Nous ne sommes, disait-il fièrement, ni des laïcs ni des séculiers; notre rôle essentiel et, selon le mot de saint Benoît, notre *tâche*, c'est la prière. » — Chacun prie comme il peut, avec les mots qu'il peut dire, ou le silence, avec sa peine ou sa joie, les ombres qu'il porte, et l'offrande qu'il en voudrait faire.

Cependant la cérémonie développait son cours sans défaut, comme si le monde n'avait de raison et de fin que dans la parfaite observance d'une liturgie. O perfection! c'était pour nous d'une suavité déchirante : car si je savais quelle part de notre cœur se tendait avidement vers la Scène, l'autre se faisait sentir aussi, qui était lourde et restait prisonnière. J'avais vu s'éclairer les yeux et le front de ma compagne; mais je reconnaissais ce pli de la bouche, qui ne parvenait pas à se détendre. Je m'avisai soudain que nous restions à genoux sur nos prie-Dieu tandis que les fidèles autour de nous s'étaient assis; je ne sus s'il fallait accuser la beauté du spectacle ou, plutôt, notre fatigue, qui venait d'assez loin. Je me relevai donc, et J., inconsciemment, fit de même : c'était l'instant où de nouveau les fidèles se mettaient à genoux. Je ne pouvais rien faire qu'à contresens. Pour un homme qui entrevoyait sa place parmi les élus du chœur...

Avant la messe, au cours de la visite, comme je m'étais imprudemment dirigé vers le déambulatoire, le jeune moine l'avait clos d'une corde, disant : « Ici, on n'entre pas. » Il était juste que le monde, avec ses troubles et ses misères, n'eût pas accès au parvis des purs. Nous étions et traînions ce misérable monde : ces peines précises qui ne cessaient de nous frapper, ces êtres trop proches que nous avions vus souffrir et dont nous déchirait la souffrance, et tous les autres, dont nous ignorions les visages et les maux particuliers, ceux qui n'étaient pas venus entre deux accablements faire leur petite méditation dans les églises romanes, mais dont nous étions solidaires et sans qui nous ne souhaitions pas d'être reçus.

Mais voici que l'officiant, tourné vers son compagnon, qui s'inclina, lui donnait un baiser. Celui qui le reçut le transmit à un autre, qui lui-même...; ainsi de chacun des moines à son voisin tout au long des galeries, et si le dernier moine ne descendit pas jusqu'à nous pour nous offrir ce baiser, c'est que sans doute nous l'aurions trop gauchement reçu et transmis. N'importe : c'était un signe, presque une bonne nouvelle. Que demander de plus ?

Car enfin tout se trouve rassemblé dans ce lieu des Béatitudes : la grandeur du temple, l'émouvante majesté du cérémonial et des chants, le zèle et la science des moines, le pieux respect d'un petit troupeau — jusqu'à ce couple, égaré dans le divin palais comme la nuit précédente parmi les étangs de Sologne. Rien ne manque, et le Seigneur lui-même se trouve appelé par tous ses noms. Au fond de l'église, une porte vient d'être poussée — mais c'est le vent. Attendons. Un Dieu inconnu viendra peut-être, une autre fois.

JE VOUS ÉCRIS (lettre IV).

« TANT DE FIGURES... »

... En attendant je fais d'autres rencontres, plus secrètes, au hasard de ce Paris où il y a tant de recoins et d'hommes, que l'on peut y passer inaperçu. J'aime Paris. Je ne pourrais y vivre longtemps, sans doute : j'ai trop besoin de silence, de bêtes et d'arbres en liberté. Mais, n'y plus vivre, je ne le pourrais davantage. Il est vrai que, même à Paris, de longues journées se traînent sans que je porte attention à ce qui m'entoure : fermé, aveugle, absent dans les rues, au point qu'il me faut parfois faire un effort pour savoir en quel lieu je suis, et en quel temps. Mais je sens bien que quelque chose me manque, qui m'appelle et me travaille. Soudain c'est déclenché, me voilà parti ; quelque occupation, plaisir ou rendez-vous qui me réclame, je n'y songe plus ; je marche, un pas amène l'autre, cela n'a point de raison de cesser. Quai du Louvre ou de Bercy, faubourg du Temple, rives et passerelles du canal Saint-Martin, rue Mouffetard ou porte des Lilas, je ne me sens pas moins libre que sur les monts d'Auvergne ou dans les landes du pays de Léon. Je songe que je n'ai pas d'autres attaches que celles du cœur, librement acceptées ; pas d'intérêts à soutenir, de poste ou d'honneurs à briguer, de démarches à faire, de complaisances où me contraindre. Ce que je suis, je n'ai pas à le cacher. Je suis un homme qui ce jour-là se promène, regarde, écoute, se sent tout proche des vies les plus étrangères, y participe déjà, devinant au coin d'une rue sous un vieux porche l'attente et les retrouvailles des amoureux ; dans une église, les prières ou la fatigue de cette femme ; le plaisir d'un enfant devant la vitrine de ce marchand de couleurs ; ou, la nuit venue, quand on rentre dans cette maison lépreuse, le bruit des pas, l'odeur humide, le lit où l'on presse un corps, et celui où l'on est seul jusqu'au matin.

Ainsi d'une rue à l'autre à travers ces quartiers. Puis vient l'instant où, si libre que je me sois reconnu d'abord, je ne suis plus très sûr d'en faire à ma guise. Je vais, je ne vois plus grand-chose, je marche encore et ne suis pas mécontent que la fatigue commence à me faire chanter le cerveau. Cela se passe un peu comme dans certains rêves, de plus en plus fréquents pour moi, et qui me sont devenus si familiers que je ne les sépare guère de ma vie. Ils s'annoncent par une sorte d'angoisse. Et voici : je me trouve seul ; quelqu'un n'est pas là, dont l'absence me paraît lourde ; c'est presque toujours une femme, parfois un ami, quelqu'un que j'ai négligé et perdu, mais qui m'est nécessaire. Je tente en vain de me rappeler son nom et son visage. De nos rapports, je ne sais pas beaucoup plus, sinon qu'il y avait là quelque chose de tendre, mais d'inachevé. Je ne sais pas davantage en quel temps cela se passait, pourquoi nous nous sommes séparés, ni comment je n'ai pas essayé de le revoir. Mais il faut, à présent, il me faut à tout prix le rejoindre. Je cherche donc ; j'approche du quartier où, me semble-t-il, je l'ai connu. Dans cette

Dominique Arland.

Majorque, 1950. *(Photo M. A. prise par sa [fil]le Dominique.)*

[E]ntre le travail et la [pr]omenade, j'y mène une [vi]e si plaisante! Non, [je] ne travaille pas : il [me] semble que je me [pr]omène encore lorsque [j'é]cris... »

La Consolation du voyageur.

Sur la terrasse de la *N.R.F.*, vers 1939.
(De droite à gauche : Arland, Paulhan, Malraux, Rolland de Renéville, Fernandez, Schlœzer, Audiberti, Crémieux.)

1952. Dans le bureau de la *N.R.F.*, avec Jean Paulhan et Dominique Aury.

maison peut-être ? J'y entre. Mais à quel étage, derrière quelle porte ? J'appelle ; j'interroge un voisin : on ne me donne jamais une réponse précise. Je passe d'une maison à la suivante, par de longs couloirs secrets, des jardins, des chantiers, des ruines. Je sais qu'il m'attend comme de mon côté je le réclame ; à moins qu'il ne se soit lassé d'attendre et qu'une autre vie l'ait pris, ou qu'il soit mort, ou que je le sois. — Rien d'autre, et je n'ai jamais rencontré le visage que je cherchais. Mais je recommence.

Je recommence dans mes promenades éveillées à travers Paris, où j'ai pourtant certains repères :

Ce coin de berge par exemple, près du Pont-Neuf, d'où, un soir (j'avais vingt ans, beaucoup de lectures, quelque misère, et de grands doutes sur la saveur de la vie), j'ai voulu me laisser couler. Près de moi, une jeune fille — ce qu'on appelle une petite liaison — essayait de me rappeler au bon sens ; mais comme elle était sans humour ni culture : « Eh bien, dit-elle enfin, je saute la première. » Comme ça, oui, et ce fut moi qui la retins — mais tout à coup (comment dire ? Je le dirais mieux en russe, Remizov), tout à coup si étrangement comblé, elle aussi je pense, que nous sommes revenus tous les deux, riant et pleurant, sauvés, vers ce monde que j'avais cru vide, et qui ne m'a plus jamais paru l'être...

Cette médiocre terrasse de restaurant, derrière les Invalides, où nous avons un jour déjeuné, mon grand-père et moi, avec une aisance et des sourires que nous ne nous étions jamais connus. C'était la première fois qu'il venait à Paris, et ce fut la dernière que je pus le voir...

Un autre restaurant, quai d'Auteuil, où l'un de mes amis vint me rejoindre un soir de 1923 ou 24, au sortir d'une aventure qui l'avait ruiné et dont on pouvait le croire abattu pour toujours. Mais il n'acceptait pas l'échec, et d'abord tentait de recomposer, de me faire sentir ce qu'il avait connu : le voyage, la découverte, le vent jaune, le risque, les pièges, le combat... Il se tut, épuisé, grelottant soudain. Quel silence ! jusqu'à la fin du repas, où, redressant la tête, et d'une voix fiévreuse : « Il y avait encore autre chose », dit-il...

Tant de figures, lointaines ou durement présentes, bizarres, ou tendres, ou douloureuses, mais chacune, inapaisée. Et tout se passe enfin, au fond de moi, comme si elles ne formaient qu'une même figure, dont je ne sais plus, ou pas encore, le nom, mais que je cherche et me raconte quand je me sens un peu seul.

JE VOUS ÉCRIS (lettre VII).

« UNE ÉCOLE »

C'est fait : il m'a suffi d'un seau d'eau gagné à la pompe communale (la manivelle est dure), d'un vieux drap dont j'ai tiré des chiffons et d'un balai où reste encore un peu de paille — tout est propre. J'ai un verre, une fourchette, un canif et presque deux plats, dont le moins complet peut faire usage d'assiette. J'ai même retrouvé dans un placard le bol de mes déjeuners d'enfance, tout orné de feuilles et de roses entre lesquelles est inscrit, en caractère d'or : *Amitié*. Bref, comme j'ai pris soin d'apporter une cargaison de fruits, de Nescafé et de boîtes de conserves, je peux vivre. J'ai fait ma maison.

Il m'est revenu que l'un de mes amis m'accusait de ruiner les miens par folie des grandes demeures. Le cher homme : comme si un palais pouvait me suffire, à moi qui ai reçu dès mon enfance des lieues de terre et de nuages ! Je n'aime les grandes maisons, quand elles s'offrent, que pour m'y perdre et choisir la solitude d'un grenier; donnez-moi une bicoque pareille à celle-ci dont une seule pièce est habitable : je ne m'y trouve pas moins à l'aise.

Il est temps que je me résigne à mes « vertus ». J'ai usé de l'argent comme des maisons; je l'ai accueilli quand il venait; tardait-il, j'y restais indifférent, sinon quand d'autres que moi en souffraient. Ainsi de ce que l'on appelle les honneurs ou la réputation : je ne les ai point cherchés; si peu qu'ils me fussent donnés d'aventure, ils ne m'ont pas abusé. Je n'ai jamais eu le souci d'une carrière, ni fait de ma vie une démarche, écrit ou prononcé un mot, qui dussent me servir. — Je parlais de vertus : Belle vertu que de ne pas faire ce que l'on est incapable de faire ! Et qu'ai-je fait ? Mais voici :

Ce village était pauvre dans mon enfance, et de tous

mes camarades, je doute qu'il y en ait eu de plus pauvres que moi. Mon père, sans fortune et malade depuis le collège, était mort à vingt-sept ans (j'en avais trois, mon frère six); ma mère ne pouvait travailler; ce sont ses parents, déjà vieux, paysans purs, qui nous ont fait vivre, à force de se priver eux-mêmes. Or je n'ai jamais su que j'étais pauvre; ou du moins cette pauvreté me laissait indifférent; elle n'importait pas, elle ne comptait pas au regard de ce que je dirai, et ne comptait pas davantage pour les enfants que je voyais chaque jour. Je me souviens que l'un de mes jeunes amis vivait alors dans l'aisance; mais jamais l'idée ne nous effleura — quelle sottise! — que je pusse l'envier ou lui-même me plaindre, et d'ailleurs sa fortune le rendait plus humble. C'est que nous étions à une autre école et que nous avions d'autres mesures.

Je ne voudrais pas forcer le ton; mais je dirai que cette école, où nous n'avions certes point à nous appliquer, était celle de l'indépendance. Tout la nourrissait; la solitude et les travaux, les bêtes, les plantes, les bois, les vagabondages, les livres et l'église, les peurs, le jeu des saisons où l'homme ne se sent pas moins parent du ciel que de sa terre, le silence, un tel silence qu'une fois perçu, il ne peut nous quitter, jusqu'à la mort — et, portée sur deux bâtons entre les champs, la mort disait ici son vrai nom.

Nous étions libres, si profondément que nous ne pouvions même pas y penser. Ce n'est que plus tard, en d'autres milieux, devant des façons de juger et d'agir qui m'étaient étrangères, qu'il m'a bien fallu me rendre compte de mes goûts et de ma loi. Au village, quelles que fussent nos querelles de gamins (je me souviens d'une bouteille sur mon crâne) et la particularité de nos humeurs, nous avions respect l'un de l'autre, dans la mesure où l'autre se révélait indépendant. Telle était la source de nos amitiés, qui avaient de la force, mais nulle complaisance. Après cela, bien sûr, toutes les sottises et les faiblesses de l'âge.

Je vois comment cette école naturelle ne m'en a pas permis d'autres. Elle a dicté mes actes et mes rapports. Je n'ai pas eu d'ami à qui je ne pusse parler librement et qui ne me parlât de même. Je ne me suis jamais senti à l'aise qu'avec des hommes, de quelque milieu qu'ils fussent, que je savais libres. — Je n'en connais pas moins qu'autrefois.

Ce n'est pas encore le silence, cette nuit. J'ai entendu d'abord une sorte de chuintement de fontaine : puis cela s'est mis à siffler sous les combles; un volet a claqué; c'est à présent une haute et constante rumeur sur le village. Je reconnais le vent d'Est, et me souviens que jadis, hommes et enfants, nous l'accueillions comme un dieu. Qu'il s'installât aux mois d'hiver, nous savions qu'il allait exterminer toute la vermine des champs et des arbres; s'il venait avec la grande saison, c'était garantie de moissons sans eau et de fruits sains. Nous nous disions le matin, en montant à l'école : « Tu le sens ? Tu le vois ? » J'aimais qu'il naquît de ce coin du ciel où le jour aussi prenait naissance, et qu'avant de nous rejoindre il passât, derrière le village, sur les deux sapins du cimetière, dont il nous apportat le souvenir. J'aime encore ce long vent qui peut être dur, mais non point captieux. *Varennes.*

JE VOUS ÉCRIS (lettre x).

CARNETS D'UN PERSONNAGE [1]

TRÉTEAUX

Je suis allé à l'amour comme on allait à la guerre sainte. J'y mettais tant d'ardeur, si peu de politique, une telle foi non point en moi-même, mais en ma cause, que mon agression se trouvait parfois heureuse, comme on dit.

Et voilà, c'était fait : la chambre, le lit, la femme qui venait de se prêter, le plaisir que j'avais eu, celui que j'avais pu donner. Alors commençait l'histoire — car ce n'en était jusqu'alors que les prémices, presque les servitudes, mettons les conditions. Ravi, le corps apaisé, mais le cœur enfin à son affaire, et tandis que de loin en loin, sur cet autre corps nu mais compagnon, ma main retrouvait un aimable souvenir : je célébrais la beauté, la grandeur et les merveilleuses exigences qui allaient faire accéder notre aventure au seul Royaume

---

1. Ces carnets sont le prolongement des *Carnets de Gilbert* (1930).

qui lui convînt. Je délirais pendant des heures ; je montrais la Vie. On m'écoutait parfois.

D'autres, allez comprendre ! Cette même femme qui avait partagé mes minutes charnelles, qui, davantage, m'en avait déjà témoigné une touchante gratitude : voilà que le monde que lui ouvrait mon discours semblait l'effrayer. Une ou deux ont eu l'impudeur de me le dire. O petites âmes, absolument bornées à leur ventre. « Allons ! soupirais-je en moi, elles ont le goût de la mort. »

Au demeurant, ce genre d'aventures m'a presque toujours porté à écrire, ce qui revenait à sauver le monde en lui peignant l'immensité de son infortune, mais aussi les quelques chances qui lui restent, que je maintiens encore.

D'autres fois, ce n'était pas si simple.

★

Jadis, je ne m'interrogeais pas sur ton âme ; elle avait la joue duvetée, les lèvres humides, les seins durs, de longues et gracieuses jambes sur un secret dont je pouvais à loisir éprouver la forme et la chaleur.

Qui est là, près de moi, immobile et parallèle, bouche close, depuis tant d'années ? Qui regarde par l'entrebâillement de ta carapace, qui regarde et vers où, avec cette petite lueur fixe au fond de tes yeux ?

Le temps presse : éveille-toi, parle enfin — que je sache, avant de partir, avec qui j'ai vécu.

★

Pourtant, ce qui est au fond de l'amour, c'est aussi, je le sais bien, une sorte d'aspiration vers le salut. Qu'elle prenne la voie de la chair et du plaisir, où presque toujours elle s'égare ; que l'âme, éparse au long du corps, en accepte le rite, le tourment, les contorsions, les sueurs et les mécaniques extases : c'est grandeur dans la misère, c'est pitié.

J'ai maintes fois suivi des yeux, ou plutôt du cœur, dans la rue ou dans un coin de campagne, deux âmes à forme corporelle, qui s'entretenaient de métamorphose, d'éternité — plus radieuses à mesure qu'approchaient l'heure et le lieu de l'accouplement. Je leur faisais un grand sourire. « A votre tour, leur disais-je. Ayez confiance. C'est peut-être vous qui... »

★

La plus tenace de mes passions et la plus anxieuse, la seule peut-être, ce fut de chercher partout : en moi, au fond des autres, dans la moindre parcelle du monde — une vie véritable.

Tout ce qui m'a paru l'émousser ou l'avilir, j'en ai eu peur ou dégoût : les déguisements ou parades, la répétition, les routines et les mille formes du sommeil, les morales convenues, bienséances, ronronnements et comédies sociales, les yeux qui se détournent, le cœur en hibernation, la statue qui remplace le Dieu, bref, l'existence — c'est-à-dire afin de se protéger de la mort, le refus de vivre.

★

Si je m'interroge sérieusement sur mes rapports avec les hommes, je vois bien qu'il n'y a qu'une chose que je ne puisse supporter : c'est le mensonge. D'un homme qui n'aurait pour soi que la franchise, il me semble que je pourrais tout admettre. Un jour que dans un milieu d'éducateurs je m'exprimais ainsi, ce fut un scandale, des mines de réprobation, de colère, presque de haine, comme si, prenant soudain une figure monstrueuse, j'eusse voulu détruire les bases de la société.

★

Rêvé, cette nuit, que j'allais mourir. Plus de force, plus de souffle, sinon une toute petite parcelle d'âme qui se tendait vers Dieu, humble, craintive, repentante, et disait : « Est-il trop tard ? »

Je me réveille, et sens la vie me revenir — mais disparaître ce reste d'âme qui rêve au salut, et que je tremble de ne plus retrouver au dernier jour.

★

Tout se passe comme si la vieillesse et l'approche de la mort exigeaient une tenue de circonstance. Ce grand cœur qui jetait feu et flamme, jadis, et que rien ne pouvait apaiser, bat enfin, avant le trou, en métronome. C'est le temps des présidences et des souvenirs, des conseils, bénédictions et discours sur l'effort humain — le temps de la décence.

Je n'ai pas besoin d'une tenue. J'ai vécu en homme libre, et vaudrais bien mourir tel. Ce qui me brûle, je n'en ai pas plus de honte que d'orgueil. Si ces choses, où je me déchire, vont disparaître, de toute ma force je les loue : elles sont irremplaçables. Si ma bouche habituée à d'autres lèvres, à l'air des bois, à la parole ou la plainte qui délivrent, va se fermer dans la seule confrontation souterraine : j'en maintiens obstinément l'usage. Si je ne puis m'en tirer avec Dieu ou le néant par un signe de croix ou un haussement d'épaules ; si chaque matin, qui va passer, me trouve plus anxieux et plus avide : je m'y reconnais — c'est moi.

★

Les fameux délires, le culte et la culture des égarements, l'encre du Styx, les trompettes de la malédiction : je me sens aussi loin de cette parade que du benedicite sous la lampe. C'est que j'ai dû faire, sans que le choix me fût donné, quelques pas assez lourds dans ces pays qu'ils célèbrent du bord. J'essaie de prendre une figure et une voix d'autant plus calmes que l'horreur s'annonce, et que la plainte ou le cri sont déjà dans ma bouche.

★

Plus tendu chaque jour, à mesure que les forces baissent et qu'approche le néant. Tendu vers le dernier mot, le seul qui vaille, que je contiens et qui me fuit, que j'ignore et qui va tout éclairer. Ah ! qu'il éclate enfin, même s'il me brise. C'est pour ce dernier mot que je suis né.

JE VOUS ÉCRIS (lettre IX).

« C'EST L'AUBE »

C'est l'aube. J'entends un cheval trottiner dans la rue, et, de très loin, un appel de bateau ou d'usine.

Je relis ces pages, qui sont pages de la nuit — et, ce que le jour peut être, je le sais autant que tout autre. Je me souviens de mes confessions d'enfant, qui ne furent pas nombreuses : quatre ou cinq, mais d'autant plus solennelles. C'était dans l'église une fraîcheur de tombe, derrière le croisillon du guichet une présence que je ne reconnaissais plus, qui n'était pas celle d'un homme ; j'entendais mon chuchotement gronder sous les voûtes. Si longuement, si avidement que je fusse préparé à l'aveu, j'avais toujours l'angoisse de mentir, et surtout de me tromper moi-même. Mais voilà : le guichet s'est refermé, et sans doute a-t-on compris ce qui était en deçà de mes paroles; on m'a dit : « Plus rien ne compte à présent que demain. Allez en paix. » De nouveau, je faisais mes premiers pas dans la vie; je n'avais plus d'angoisse que de cette paix surnaturelle, de cette pureté retrouvée par l'aveu, et des Noces du lendemain : Dieu sur la terre avec moi, en attendant notre patrie commune.

Il me semble que, de ma vie, je n'ai pas cherché d'autre paix, d'autre exultation, par quelque moyen que ce fût, et, faute de mieux, par les paroles. Voilà pas mal d'années que les fictions que je peux écrire sont devenues assez sombres; c'est que j'en connais bien la matière; mais c'est aussi que je tente, plus ou moins obscurément, de la porter vers le jour, qui reste ma seule aspiration. — Le personnage que je faisais parler tout à l'heure, je n'ignore donc point ses limites : il est une part de moi; mais l'autre dit, ou voudrait dire : « Tout est bien. »

Je sors, tu le sais, d'une curieuse expérience. Des semaines dans l'ombre, à deviner, plutôt qu'à voir, les visages et les choses. Ce n'était pas que le monde me fût tout à fait retiré; je me souviens comme le son d'une voix me paraissait étrange, et précieux. Parfois même, ce visiteur dont m'échappait la figure, qu'il parlât ou non, par sa seule présence j'ai cru le sentir, le comprendre comme jamais, le voir enfin. On s'ingéniait d'ailleurs à ménager un malade. « Comme les hommes sont bons! » me répétais-je (de fait, ils le sont aussi).

Vint le jour où, les yeux encore blessés, mais rendus à leur usage, je pus sortir. C'était un jour de mai; je suis entré dans un petit bois derrière ma maison de convalescence. Ce que j'ai vu, était-ce possible? Voici le premier homme dans l'Eden — toute l'innocence du cœur et du monde. Le monde autour de moi, au-dessus de moi, m'apparaissait comme une immense cathédrale, qui n'eût été faite que de vitraux. Ou plutôt des fragments mal assemblés d'un vitrail; mais chacun, d'une couleur si intense et si profonde, qu'elle en devenait presque intolérable. Qu'importait d'ailleurs que ces fragments fussent désassemblés! C'était bien une cathédrale qu'ils formaient, et je n'ai perçu qu'un seul chant, auquel j'ai mêlé le mien. Cependant je me sentais parvenu jusqu'aux sources de la lumière, la tête baignée déjà dans une clarté d'origine. Une seule crainte (je l'ai toujours eue, mais jamais si violente) : que le scintillement de ces voûtes ne vînt à éclater — et par-delà ce ne pouvait être que Dieu. Était-ce une crainte ?

Puis, jour après jour, j'ai connu ce monde. Il était plus beau que je ne peux dire. Je disais simplement : « Ah... ah... » — et c'était un arbre, la peau vivante et pensive d'un arbre ; c'était une fleur (je me souviens d'un delphinium, dont je répétais le nom comme un cantique) ; c'étaient aussi les admirables teintes que les hommes ont données à leurs vêtements, à leurs maisons, à leurs yeux, même à leur peau, bien que celles des arbres soient plus rares. Et ce chat de gouttière dont j'avais eu un peu honte, quels célestes accords sur sa robe galeuse : jaunes de sable, de boue, de ficelle, de gravier, de tabac, de moisson, de parchemin sacré. Un soir, ce champ de coquelicots sous le vent : les tendres flammes du paradis. Encore toutes ces couleurs pouvaient-elles se concevoir ; mais le bleu (le connais-tu ?), ces bleus qu'auparavant je ne découvrais nulle part, mais que je sentais en moi, si bien que je n'osais les dire, et que je vous plaignais, vous autres, d'en être privés. — Et tout, enfin. Oh ! je n'aurais pas assez d'yeux pour le monde, pas assez de paroles pour le bénir.

Mais je crois bien que ce qui m'émerveilla le plus, ce fut l'herbe. N'importe quel brin d'herbe, sur une pelouse, au bord d'un sentier. A lui seul, c'était un monde : je ne pouvais en détacher les yeux ; j'ai passé des heures à le découvrir : je ne pouvais y croire. L'une de ces heures-là, j'entendis, par l'entrebâillement d'une fenêtre, un discours que transmettait la radio. Je reconnus la voix de l'un de mes amis ; il parlait sur l'Acropole, devant l'Histoire et pour l'Histoire. Beau discours, dont les références ne m'étaient pas inconnues. Je l'ai écouté un instant, puis, penché sur ma touffe d'herbe, j'ai continué mon propre discours, le seul qui me fût possible : « Ah... ah... »

Ainsi ai-je vécu des jours, dans l'absolue conviction que nous sommes faits pour vivre comme des anges. Tout ce qui dans ma vie, me disais-je, n'a pas été balbutiement et gratitude, ce ne fut rien, ce ne fut pas moi. — Cependant il me fallut me rendre compte que les gens, fût-ce mes proches, partageaient peu mon avis. On avait eu d'abord quelque indulgence pour mes extases ; vinrent la gêne, l'agacement, les rappels à la raison. Vint pour moi l'heure de la complainte : « Hélas ! Cette femme qui naguère nous baisait les mains dans l'ombre, parce que nous étions encore vivant, voici qu'elle soupire et s'irrite et s'aigrit, parce que la cuisinière fume ou qu'il y a beaucoup de marches dans l'escalier — et pourtant nous sommes encore vivant... » Vint aussi le funeste jeu de l'habitude : fût-on un ange, on oublie.

Au demeurant, j'avais de nouveau quelques vrais sujets de plainte ; j'en eus de colère, de révolte, de fatigue, d'amertume, dont certains eussent accablé un homme plus fort que je ne suis. — Mais je n'ai pas oublié le Jour dans l'Eden, ni le souci du dernier mot, qui reste à trouver, hors de tout personnage.

Est-ce encore un « personnage » qui griffonne ces lignes dans le petit matin pluvieux de Saint-Malo :

Toutes ces notes, tracées au hasard de l'heure et de ma complaisance, je n'y découvre qu'un besoin : me dépouiller de toutes mes pelures l'une après l'autre, à mesure que chacune d'elles, arrachée, laisse une autre surgir — jusqu'à l'heure où il ne restera de moi ni caractères ni apparence, pas le moindre passeport en ce monde, mais peut-être le nom que Dieu m'a donné.

JE VOUS ÉCRIS (lettre IX).

LA CAPTIVE

Hier encore, à la tombée de la nuit, tandis que j'interrogeais en vain le fond de la vallée, l'Image m'est revenue, si précise que, par-delà trente-cinq ans, ce fut comme au premier jour...

Ce jour de septembre où les chars, traînés par des bœufs, montaient au son des cloches jusqu'à la place de l'église. Nous les voyions déboucher un à un du quartier bas, au coin du couvent de Sainte-Radegonde ; ils s'avançaient lentement entre le Monument aux Morts et la Croix de la Mission, pour défiler devant l'estrade où trônait, parmi les notabilités de la province, Marc-Antoine Lampéduze.

J'avais dix ans; j'étais debout au pied des draperies tricolores, et maman se tenait un peu à l'écart, dans sa robe bleu sombre à collerette blanche, qui témoignait à la fois que mon père était mort et que le père de mon père, le grand Lampéduze, n'aimait pas le deuil.

Des premiers chars qui passèrent ainsi, j'ai tout oublié, sinon les guirlandes, les fleurs, les binious auvergnats, les habits du vieux temps et, je crois bien, un petit ours en maillot rose, que l'on ne parvenait pas à faire danser. Mais à l'instant que le défilé touchait à sa fin — déjà les cloches s'étaient tues — : ce fut l'Image. Sur le dernier char, derrière les bœufs, se dressaient trois hommes dont je ne voyais que le dos : un moine, un soldat romain et une sorte de barbare ou d'habitant des cavernes. Ils se tenaient immobiles, tournés vers le fond de la plate-forme : et là, sous leurs yeux, sous les miens, une jeune fille était attachée à un poteau. Les bras et les pieds nus, les mains liées par derrière, elle ne portait qu'une tunique blanche, qui se gonflait, au-dessus de la corde, sur les seins. Elle avait un visage délicat, très pur, entre de beaux cheveux blonds qui coulaient jusqu'à sa gorge. Était-ce une martyre, une coupable ? Elle paraissait résignée, presque indifférente. Parfois, d'un faible mouvement du front, elle repoussait une boucle que le vent avait déplacée; puis sa tête s'inclinait un peu sur l'épaule; ses yeux, d'un gris verdâtre, ne semblaient remarquer ni les gardiens ni la foule. Ainsi s'avança-t-elle dans le silence — on n'entendait que le pas des bœufs et la plainte du chariot — jusqu'à l'estrade où Marc-Antoine Lampéduze, se penchant, et les lourdes mains sur le velours de la rampe, attendait la captive.

Et moi, la honte, la peur, la détresse, je ne sais quel étrange plaisir aussi, me déchiraient. J'étais là, pantelant, souffle coupé, malade, oui, malade d'un monde dont je croyais surprendre l'aveu. Quel aveu ? Regardant ma mère, je la vis gênée de ma présence, et toute confuse à l'approche de la captive. Soudain j'ai entendu ricaner derrière nous. Ce fut comme si les éléments d'une histoire se trouvaient réunis; je n'en comprenais pas le sens, ni quel rôle j'avais reçu; mais cela me serrait le cœur.

Je ne connaissais point la prisonnière : si gracieuse (sa meurtrissure sous la corde, je la sentais en moi), elle n'était pas, sans doute, une fille de notre province. Je ne l'ai jamais revue ; mais, l'hiver suivant, quand on découvrit dans un bois de la montagne, sous la neige, un corps nu, au ventre lacéré, ce fut pour moi la captive que j'avais vu charrier dans le silence du bourg vers l'estrade où l'attendait, mi-soulevé, Marc-Antoine Lampéduze, maire, médecin, conseiller général et bienfaiteur de Sainte-Radegonde-en-Velay, beau-père d'une petite veuve dont il faisait sa servante et qui, deux ans plus tard, devait mourir, grand-père d'un orphelin qui n'osait lever les yeux sur une parenté si redoutable.

J'avais dix ans, j'en ai quarante-cinq : et je me rends compte que d'une femme à l'autre (il est vrai que j'en ai peu connu) j'ai toujours cherché la Captive. Ce n'était pas seulement une ressemblance de visage que je retrouvais en elles, mais une blessure, une condamnation. Et cet injuste destin, je faisais tout pour le secourir ; je l'ai partagé de mon mieux, dans la souffrance. J'ai dû reconnaître que mon dévouement éperdu pour ces malheureuses restait aussi vain que jadis, devant le char, ma honte et ma stupeur. Ainsi déjà de cette fille, une dactylo, qu'étudiant je voulais arracher à un milieu néfaste, et qui m'a quitté pour la rue. Puis Simone que j'avais épousée, à qui je consacrais ma vie, et qui est morte en refusant mes soins, ma compassion, mon amour, fût-ce ma présence. — Et voici qu'Hélène, mon Dieu !... Voici que ce dernier soir, tandis qu'au fond du jardin je guettais son retour, les yeux fixés dans l'ombre sur la route qui vient du Puy — quand l'Image m'est apparue : la fille au poteau, la coulée des cheveux blonds, le sein gonflé, sous la corde la tendre chair meurtrie, la Captive sur le char qui s'approche, qui va passer, qui passe, et que je regarde impuissant...

« Hélène ! »

Avais-je crié ? Souvent la parole ou la plainte viennent de si profond en moi, que je ne sais plus si elles se font jour. Je me penchais sur le petit mur qui surplombe la vallée ; mais je distinguais à peine la route, tout en bas, à l'issue des pins, près des anciens ateliers de passementerie. Chaque soir m'apporte un peu de fièvre : c'est que je ne me sens vivre que la nuit ; mais il me semble que je n'avais pas encore connu une telle angoisse. J'ai appuyé le front sur la pierre entre mes mains, et je me suis dit qu'Hélène était perdue. Si inquiet que je fusse depuis quelque temps, je ne me l'étais jamais dit, pas même, voilà bientôt un mois, quand, partie du matin, elle n'était rentrée qu'à la nuit venue — avec ce visage défait, ce corps sans force : « O Hélène, tu n'aurais pas dû, dans ton état... » Et ces pauvres mines qui cherchaient à me rassurer, cette voix d'enfant : « Ce n'est rien. La fatigue. Rien. » Il est vrai qu'en quelques jours elle s'était rétablie, et que dès lors elle avait pu reprendre ses randonnées en voiture. Je la taquinais : « Mais qu'est-ce que tu peux faire, des heures durant, dans la Ville noire ? » Elle me répondait que Le Puy valait bien Sainte-Radegonde et la maison des Lampéduze. Certes. Une ou deux fois : « Veux-tu venir ? » m'a-t-elle demandé. J'en fus heureux. Elle n'a pas insisté. Ce jour-là encore, hier, à l'instant qu'elle se disposait à partir, elle s'est tournée vers moi, elle a dit : « Julien ? » et j'allais... Mais j'ai senti la mauvaise Ombre qui nous épiait de sa chambre, derrière les rideaux. J'ai simplement murmuré : « Bon voyage, ma chérie. A ce soir. » J'y mettais tout mon cœur. Elle n'a pas répondu.

— Et la voilà encore, la maudite Ombre, qui surgit comme une grenouille entre les massifs de pélargonium ! Mais, bon Dieu ! comment s'y prend-elle pour qu'on ne l'entende jamais venir ! Elle m'a guetté dans l'ombre ; ma plainte, elle l'a perçue ; et, toute réjouie, fiel et sourire mêlés sur sa face de sorcière, entre les bras une gerbe de fleurs blanches — pour quel cercueil ? — elle chuchote :

« Tu l'attends ?

— Vous le voyez bien ! »

Il ne lui suffit pas du spectacle, savoureux, d'un homme qui attend, la nuit tombée, au fond d'un jardin, le retour de la fille qu'il aime. Il faut que cet homme de quarante-cinq ans — son neveu — lui avoue qu'il a peur. Garce ! J'ai fait deux pas dans l'allée. Je suis revenu.

« Et quand tu l'attendras, Julien ! Tu devrais rentrer, mon garçon. La fraîcheur, tu sais, ce n'est pas bon pour toi. »

Sa fausse pitié, cette dérision dont elle m'accable depuis mon enfance, comme elle en accablait la petite veuve, aux pieds du grand Lampéduze...

« C'est bon pour vous, tante Jézabel, la fraîcheur ? »

Mais elle a fait la sourde, ou plutôt — je la connais bien — elle est devenue sourde, par grâce du ciel, comme chaque fois qu'un mot pourrait la gêner. Dressée sur ses courtes jambes, et s'agrippant de ses pattes antérieures au faîte du mur, la Grenouille est parvenue à y jucher sa poitrine, et s'est penchée dans l'ombre. Je la regardais malgré moi, sachant que ses gros yeux enfoncés sont, la nuit, à leur affaire. Un instant, j'ai cru, j'ai espéré... Mais non, elle retombe, se retourne, soupire et conclut d'une voix légère :

« Notre petite Hélène n'est jamais rentrée si tard. »

Notre petite Hélène! Mon Hélène qu'elle voulait chasser dès le premier jour, comme si elle avait eu tous les droits sur la maison. Une « maîtresse », une « gourgandine de la capitale » dans la sainte demeure des Lampéduze! Et quand, sous la menace d'un procès, il lui a fallu s'incliner : son génie dans les vexations quotidiennes, ses ricanements à notre vue, les pas furtifs dans les couloirs, le grincement des serrures comme devant des voleurs, ce long hiver où nous la sentions à l'affût de nos paroles ou de nos silences, ou de notre lit. Et le jour où je suis venu lui apprendre, voilà trois mois, que nous aurions un enfant et qu'Hélène serait ma femme : l'horreur qui l'a saisie, la convulsion — à croire que l'on perçait le chaste ventre de la nabote! Elle peut à présent faire des sourires, s'enfermer des heures avec « notre petite Hélène » : je ne suis pas dupe, son cœur n'a point désarmé; elle cherche à la monter contre moi, et c'est pour nous perdre tous deux. Elle n'y est que trop parvenue, peut-être; elle sait quelque chose que j'ignore, que j'essaie d'ignorer — mais je n'en peux plus :

« J'ai peur, tante. »

Qu'elle triomphe! Je n'en pouvais plus. Mais elle ne semble pas surprise; elle chuchote :

« Et de quoi as-tu peur, Julien?

— Je ne sais pas.

— Voyons, Julien, à ton âge, un homme mûr! »

Je crois que je lui ai répondu qu'il n'y avait pas d'âge pour souffrir. Elle a paru goûter cette remarque; elle m'a dit d'un ton rêveur :

« C'est vrai. Dans un sens, c'est bien parce que tu es un homme mûr que tu peux avoir peur... Hélène a vingt-six ans, n'est-ce pas? »

Enfin que savait-elle ? Qu'avait-elle à me dire ? — Mais rien. Oh! elle ne sollicitait pas les confidences. Tout bonnement, elle songeait qu'une jeune fille, une Parisienne, seule, dans une campagne perdue...

« Mais je suis là, tante! Je l'aime, elle le sait. »

Bien sûr qu'Hélène ne l'ignorait pas. Mais à chacun sa façon d'aimer, que l'autre n'apprécie pas toujours, et même peut trouver pesante, surtout si l'autre a connu des façons... comment dire ? les façons de la jeunesse...

« Mais si elle en a souffert, de ces façons ? si c'est pour les fuir que... ? »

Et tout ce que je portais sur le cœur, je le lui ai dit, là, dans les ténèbres, et devinant que je regretterais mes paroles, mais pour me délivrer. Tout : comment, dès le premier regard, un matin, dans mon bureau d'architecte, cette jeune fille en quête d'un emploi : j'ai senti en elle une blessure, et entre nous une connivence; comment, devenue ma secrétaire, et peu à peu gagnée par mes soins, elle me l'a enfin avouée, la blessure : le bel amour, trois ans de liaison, l'amant qui se marie avec une autre, le vide; et comment je l'ai aimée pour tout cela, lui répétant qu'elle ne devait en avoir aucun remords, que sa peine et son destin, je les prenais à ma charge. Elle avait d'abord une mine gênée, où je devinais autant de crainte que d'espoir, puis un peu plus d'espoir. Elle m'a dit un jour que j'étais bon, mais que... J'ai répondu qu'il n'y avait pas de « mais que ». Un autre jour — c'était dans ma chambre — elle se tenait assise au bord du lit, les épaules nues, et moi, agenouillé devant elle, je lui pressais les mains; je l'ai longtemps regardée; tout à coup je l'ai vue sourire, mais d'un sourire si calme, si confiant, que j'ai crié : « Hélène! Mais alors... Hélène ? » Elle a répondu « oui », souriant toujours. C'était fait : nous quitterions Paris afin de la mieux préserver, et non pas elle seule — tout ce que nous avions reçu; Sainte-Radegonde nous offrirait un abri, et une épreuve à la mesure de notre amour.

« Comprenez-vous, tante ? Un refuge, une épreuve.

— J'avais compris, mon garçon. »

Mais ce que l'épreuve nous avait donné, pouvait-elle le comprendre ? Dure, longue épreuve : l'hiver sans fin dans ce pays de montagnes, dans cette maison où maman était morte, où je m'étais toujours senti malheureux, et où (je le disais sans rancune) nous avions trouvé peu d'accueil. Mais tout à coup l'enfant! l'enfant que nous allons avoir, tante, et du même coup Hélène, mon Hélène qui disait « Attendons » quand je lui demandais de m'épouser, Hélène qui va devenir ma femme...

« M'est avis, Julien, que « ta » femme tarde beaucoup. »

Sorcière! Je la vois, je la devine plutôt, avec sa brassée de fleurs blanches sur sa lourde gorge virginale, et sa face de grenouille qui renifle l'ombre et le malheur.

« Vous croyez donc...?

— Je ne crois rien, mon garçon. Je crois en Dieu et cela me suffit. Pour le reste, les femmes, « ta » femme, tu devrais pourtant savoir, toi qui as déjà été marié, qu'on peut s'attendre à tout. »

Soudain, elle a tourné la tête vers le mur, tandis qu'elle écrasait les fleurs sur son ventre. Dans la nuit de la vallée : une lumière, un bruit d'auto qui monte.

« Tante! Tante Jézabel!

— Quand je te disais, Julien! qu'on peut s'attendre à tout. »

★

Elle était là, chez nous, vivante, et si elle restait silencieuse, les yeux vagues dans son cher petit visage fermé, mangeant à peine et semblant à peine m'entendre : n'importe, elle m'était rendue. A moi de l'apaiser par mes soins, de ramener sur ses lèvres ce pli mi-tendre mi-grave qui me fait bénir le monde. Je me gardais aussi bien de lui poser des questions, et n'avais dit mot de ma longue attente ni de ma crainte. Toutefois, pour l'amuser, je lui avais dépeint la Grenouille près du mur, avec ses gros yeux guetteurs et sa gorge pavoisée de fleurs blanches. Puis je lui ai parlé de la nouvelle école de Sainte-Radegonde, dont je viens de tracer les plans, et cette fois elle me parut attentive. J'ai donc évoqué d'autres projets : le lavoir, la halle des forains, peu de choses, mais un commencement, et qui allait nous permettre d'abord de changer de voiture. Je parlais à mi-voix et songeais qu'il était bon de préparer ensemble notre vie. Cependant, pour qu'elle fût plus à l'aise, j'évitais de la regarder; ce sont ses yeux, que j'ai sentis sur moi,

La maison de Brinville.

Avec Janine Arland et Roland Purnal.

Avec Jean Bazaine.

Avec Jean Grosjean.

Bretagne : Devant une église du Léon, Pâques 1960.
« C'était avril en Bretagne, sur la côte des Abers; de la brume, du vent, du froid, des pluies rageuses, et si je me recroquevillais parfois sous la bourrasque ou cherchais un refuge, je ne m'en ouvrais pas moins du fond du cœur à ce monde, qui, à son tour, finirait bien par s'ouvrir. »

Lettre à Supervielle (inédit).

indécis, songeurs, mais qui se fixaient peu à peu, et ne m'ont plus quitté. J'ai attendu; un pli se dessina sur sa bouche; mais ce n'était pas celui que j'espérais, et j'aurais voulu dire : « Non, Hélène, pas tout de suite, ne parle pas. » Trop tard.

« Tu as pensé que je ne reviendrais plus, hein ?
— Mais non... C'est-à-dire... Enfin, tu es revenue, Hélène.
— Et si je n'étais pas revenue ? »
Que répondre ? J'ai dit :
« Tu es là. »
C'est alors qu'elle a déclaré, durement :
« Je ne voulais pas revenir. »
Et comme je baissais la tête :
« Mais regarde-moi donc. Ne cherche pas toujours à te dérober. Je ne voulais pas revenir, m'entends-tu ? Et tu le savais, réponds ?
— J'avais peur.
— Il était temps d'avoir peur ! »
Hélas ! Comme si, depuis le premier jour, je n'avais eu peur, peur de la décevoir, de la contraindre, de la laisser fuir, de ne pouvoir la préserver, peur de tout...
« Et tu savais, réponds, qui je suis allée rejoindre aujourd'hui ? Tu le savais, n'est-ce pas ? »
Je le savais à présent, mais tout le jour, non : ce n'était qu'une crainte, une vague idée, à cause des lettres que ma tante, puis Hélène, avaient reçues ce dernier mois, de la même écriture sur les enveloppes, de la même, ce matin, sur celle qui venait du Puy.

« Tu savais : et tu ne m'as rien dit, tu m'as laissée partir !
— J'avais confiance, Hélène. »
Je l'ai vue saisie; elle me dévisageait avidement; on eût dit qu'elle ne pouvait croire à mes paroles, qu'elle y soupçonnait un piège.
« Tu vois bien que j'avais raison, ai-je repris, puisque tu es revenue. »
Elle s'est alors détournée; puis, avec un peu d'étonnement et peut-être d'amertume, elle a dit :
« C'est vrai. Je suis revenue.
— C'est tout ce qui compte, Hélène. Tu es là : il n'y a rien d'autre.

— Rien d'autre! Ah! non, non, ce serait trop facile. Il y a eu ce garçon, cet homme, Gérard, qui fut mon amant, que j'ai laissé appeler, que j'ai laissé venir, que je viens de retrouver dans un hôtel, tu m'entends, dans un hôtel... »

Elle s'était dressée pour me jeter cet aveu. Et ses paroles (elles sonnaient en moi comme dans le vide) me déchiraient moins que sa voix rauque, ses mains tremblantes. Soudain :

« Tu ne me demandes pas ce qui s'est passé ?

— Non, je ne le demande pas. »

Il me sembla que ma réponse, pourtant si simple, la laissait interdite. Puis, lentement, elle a contourné la table, s'est approchée :

« Sais-tu, Julien, que moi aussi, parfois, j'ai peur ? Peur de toi, de ce qui te pousse, de ce que tu cherches...

— Oh, Hélène, ton bonheur, rien que ton bonheur.

— ...Déjà, les premiers temps, à Paris, quand je ne demandais qu'à oublier Gérard : non, chaque jour, il fallait que je te parle de lui, de notre liaison, de tout ce qui s'était passé entre nous.

— C'est parce que je te voyais encore souffrir.

— Mais tu n'as pas cessé. Tu me répétais : « Parle, et ce sera fini. » Ce n'était jamais fini. Si j'ai accepté de te suivre dans cette maudite maison perdue, c'est que je me disais : « Nous serons seuls. » Seuls! Chaque fois que je commençais à le penser, chaque fois que je me sentais un peu plus proche, plus sûre, presque heureuse, voilà que tu te mettais à me plaindre : « Ma pauvre Hélène, qui as tant souffert... » Jusque dans notre lit! Et après toi, la tante, la Sorcière, comme tu l'appelles — mais tu m'as poussée vers la Sorcière : pourquoi, Julien ?... Et ce soir, quand je te dis que j'ai revu mon amant, dans un hôtel : ce qui s'est passé, tu ne me le demandes pas, tu ne veux pas le savoir ? Mais quel homme peux-tu être, Julien ? »

Je n'étais qu'un homme accablé, qui songeais : « Tout est perdu », et ne souhaitais rien d'autre que de mourir. Debout devant moi, elle attendait. Haussant enfin l'épaule :

« Eh bien, a-t-elle dit, rien ne s'est passé. Tu vas en être déçu ?... Rien. »

J'ai entendu cette voix où la fatigue se mêlait à la dérision. Quelques mots, coupés de silences que je n'entendais

pas moins. Ils me suivront jusqu'à ma dernière heure.
Rien ne s'était passé. Retrouvant Gérard, Hélène avait compris qu'elle ne l'aimait plus (elle le savait déjà). N'importe, elle était résolue, moins pour le suivre que pour me quitter. Mais l'hôtel, la chambre, le lit, sur le lit cet homme qui, avant de rejoindre sa femme, vient terminer ses vacances dans les bras d'une ancienne maîtresse; qui plaisante, raconte, écoute un peu (si mal) et, l'heure d'après, réclame son dû; qui s'étonne de l'hésitation, se fâche, discute, en appelle aux souvenirs, voyons! et de nouveau la presse; soudain, à l'instant où peut-être elle va lui céder, par lassitude, la longue plainte qui monte derrière la cloison, la plainte obscène, toute proche, présente, comme si Hélène venait de la pousser — et cette fois, assez, assez, non... Elle est partie.

« Rien. Tu attendais autre chose, n'est-ce pas? »

Je pleurais. Dès les premiers mots, j'avais senti mes yeux se gonfler; mais j'étais d'abord parvenu à retenir mes larmes. Puis, ce ne furent plus des mots que je percevais, ni des silences : c'était une sorte de chant, le plus douloureux qui m'eût frappé, le plus beau, et j'en étais éperdu. Courbé sur ma chaise, la tête entre les mains, je pleurais comme l'enfant misérable que j'avais longtemps été, que j'étais toujours. Plus de pudeur, sinon de cacher mon visage. Mais j'ai senti un doigt, deux doigts effleurer ma tempe, et s'y poser.

« Julien... Cela te fait donc plaisir? »

J'ai sangloté :

« Ah!... ah! »

Vraiment, je ne pouvais rien dire d'autre.

Elle a repris, d'un ton qui peu à peu devenait moins incrédule :

« C'est vrai?... Mais alors c'est vrai que tu tiens à moi? »

Puis, dans un chuchotement :

« Tu m'aimes donc, c'est vrai? »

Je me suis jeté à ses genoux, je les ai pressés, retenus, et j'y collais le visage. C'était ma place : je l'ai toujours chérie, c'est la seule qui me convienne, le seul refuge dont je ne voudrais pas être chassé. Mais comme s'il n'eût point suffi de ces deux genoux qui se prêtaient, la main, sa main, est passée lentement sur mes cheveux, jusqu'à la nuque, et là, elle s'est mise à peser, comme pour la bien reconnaître, cette nuque d'un homme. Je songeais : « d'un pauvre homme »; Hélène a soupiré :

« Mon pauvre Julien! »

Aussitôt la parole m'a été rendue. J'ai levé la tête : tant pis pour les larmes et le nez rouge! La main qui m'avait caressé, je l'ai saisie :

« Je ne suis pas un « pauvre Julien »! Ah, non, Hélène. Plus maintenant. Je suis... je suis...! »

Je la regardais, je l'appelais des yeux, et j'ai vu... Je ne sais comment font les hommes pour répondre à un sourire en souriant aussi. Le moindre sourire me trouble, sur le visage que j'aime. Il est vrai que j'en ai peu reçu : c'est que l'on a craint sans doute de m'en accabler. Et sur le visage d'Hélène, c'était plutôt une ébauche de sourire.

« Je ne sais pas ce que je suis, ai-je conclu d'un air piteux.

— Je commence à le savoir.

— Et tu es déçue, naturellement?

— Pas tout à fait. »

Cependant, elle m'a paru de nouveau soucieuse, comme si, de me mieux connaître, il lui fût venu un remords.

« Relève-toi, Julien. »

Elle m'a tendu l'autre main pour m'aider; mais, debout, je les ai gardées toutes deux dans les miennes, et nous sommes restés quelque temps ainsi. Elle détournait les yeux, peut-être pour ne point voir ma pauvre figure; moi, je baissais les miens, mais j'apercevais son épaule dans l'entrebâillement de la robe, et je songeais que cette place aussi était douce.

« Et si je n'étais pas revenue? a-t-elle repris.

— Tu sais bien que tu étais ma dernière chance. Non, tais-toi : tout est dit. Plus rien qu'un mot, Hélène : si tu es revenue, est-ce que ce n'est pas aussi... est-ce que ce n'est pas un peu à cause de moi?

— Oh! tu ne te laisses pas oublier. »

C'était beaucoup. Cependant, j'ai eu la force d'ajouter :

« Et dis, Hélène, est-ce que ce n'était pas aussi à cause de notre enfant? »

Elle s'est brusquement écartée (je n'ai pu retenir ses mains), si pâle, si lasse, toute meurtrie de ce long jour, si malheureuse, mon Hélène, que j'ai eu honte de mes questions.

« Pardonne-moi, ma chérie. Ne dis rien. Taisons-nous. Il faut aller te reposer maintenant. Tu viens ? »

Elle restait immobile, comme si elle eût encore à parler, à m'apprendre quelque chose, mais que la force lui manquât. Je n'en avais pas beaucoup plus ; j'ai répété :

« Tu viens, mon amour ? »

Je lui ai pris le bras ; elle s'est laissé conduire à l'étage jusqu'au seuil de sa chambre, où je l'ai tenue quelques instants enlacée. Je sentais sa gorge contre moi, et si le beau corps ne me semblait pas tout à fait détendu, il ne se retirait point. C'était le corps de mon Hélène, que j'avais retrouvé. Rien au monde n'était meilleur que de se tenir ainsi l'un contre l'autre, le soir, au seuil d'une chambre. Et dans mon trouble j'ai pu demander :

« Hélène ? Veux-tu, veux-tu que... ? »

Mais sa réponse, c'était la mienne, je me la faisais déjà, il ne pouvait y en avoir d'autre :

« Non, Julien, pas ce soir.

— Ah ! non, me suis-je écrié, pas ce soir ! Surtout pas ce soir ! »

De nouveau, ce semblant de sourire. Et que disait-elle ?

« C'est que...

— Mais oui, c'est que, c'est que. Bien sûr, mon amour. »

Puis, quoi ? La main que je lui tendais, elle la prend, la porte à sa bouche...

« O Hélène !

— Bonne nuit, Julien. »

Et, me désignant, de l'autre côté du palier, un filet de lumière :

« Chut ! Elle nous écoute. »

Je ne sais comment la porte s'est refermée ; il était temps : j'avais grand besoin d'ombre.

★

Qui m'appelait ? D'où venait cette voix que j'avais perçue dans mon premier sommeil ? Une voix d'enfant, et les mots, si je ne les comprenais pas, je les entendais encore : « *C'est éclairé.* » Je m'étais jeté tout vêtu sur mon lit ; je me suis levé, le cœur lourd, et, dans les ténèbres, j'ai gagné le couloir. Personne. Mais j'ai vu là-haut, sur le palier de l'étage, j'ai revu le filet de lumière sous la porte de ma tante. Je suis monté, et je ne savais pourquoi; il me semble à présent que j'allais comme un somnambule. Je n'ai pas frappé. Je me souviens que la poignée sous ma paume m'a paru tourner d'elle-même. Et d'abord, les yeux brûlés, je n'ai aperçu que le grand lit de milieu, au fond de la chambre, avec sa couverture écarlate.

« Qu'est-ce que tu veux? Qu'est-ce que tu viens faire? Va-t'en! »

C'était un glapissement furieux et pourtant apeuré. Je me suis avancé jusqu'au pied du lit de chêne, regardant ce fantôme à demi accroupi contre l'oreiller, les mains sur la gorge, la face jaune et crispée sous la ruche de dentelle. Je n'étais jamais entré à pareille heure dans ce lieu saint; mais je ne pouvais douter que ce ne fût là ma bonne tante Jézabel, ni qu'elle eût reconnu son neveu.

« Va-t'en! Mais va-t'en, maudit! »

Elle m'appelait autrefois : « maudit garnement », à ses bonnes heures. Ce soir, la malédiction paraissait absolue; je ne l'ai pas repoussée. Je me suis assis.

« Mais qu'est-ce que tu fais, qu'est-ce que tu veux?
— Rien, tante Jézabel. Je vous regarde. »

Il est vrai que je la regardais, non pas précisément avec de nouveaux yeux, mais comme une femme que l'on n'a jamais fini de découvrir, fût-ce après quarante-cinq ans de rapports familiaux. Soudain... Il est étrange que devant cette forme convulsée de haine et de peur, j'aie revu l'image de la Captive, la même image qu'au jardin, si nette, si présente : le char dans la rue pavoisée, Marc-Antoine Lampéduze sur l'estrade, et près de moi la petite veuve. Mais brusquement j'ai senti qu'il y manquait quelque chose.

« Vous rappelez-vous, tante, un jour de fête, autrefois, ici, à Sainte-Radegonde...? »

Et je me suis mis à retracer tous les détails de cette fête.

« Es-tu fou? C'est pour me parler de cela que tu es à minuit dans ma chambre! »

Mais elle paraissait soulagée. Je devinais aussi qu'elle n'avait pas oublié.

« Et alors? Où veux-tu en venir?

— Bon. Voilà donc le char, et mon grand-père qui se penche, et près de moi maman qui détourne les yeux. Et tout le monde s'était tu. Mais, tout de même, il y a eu un ricanement. Vous rappelez-vous?

— Est-ce que je sais?

— Je le sais, moi. Cela venait de l'estrade; non pas du grand Lampéduze; lui, on aurait pu simplement l'entendre souffler; mais d'un peu plus bas, à gauche — et maintenant je revois tout : vous étiez là, c'était vous.

— Et quand ce serait! Cette mascarade!

— Je vous revois, tante Jézabel. Vous aussi, vous étiez à demi dressée. Et ce n'est pas seulement la fille au poteau qui vous a fait ricaner; vous regardiez la petite veuve, près de moi, toute pâle.

— Mon pauvre garçon, je m'en souciais bien, de ta mère!

— Vous en étiez jalouse, tante.

— Jalouse! Une femme que l'on avait recueillie par charité, qui ne savait rien faire que de soupirer et de traîner dans la cuisine!

— Vous en étiez jalouse, tante Jézabel. Et pourquoi, me le direz-vous? Elle tenait pourtant peu de place, vous venez de le dire. Elle n'avait eu qu'un mari malade, elle n'avait plus que moi. On la traitait comme une servante.

— Une servante à tout faire! »

Elle avait crié ces mots d'une voix atroce, comme si, par-delà tant d'années, elle eût reconnu sa haine, toujours vive. Elle se tut, non pas honteuse, mais effrayée de ses paroles et de ce qu'elles pouvaient éveiller en moi. Quel silence! Je retrouvais les mines traquées de maman, ses caresses craintives, ses rougeurs, et le matin où, montant la rejoindre dans notre chambre, j'en avais vu sortir le grand Lampéduze, qui sifflotait... Tout commençait à s'éclairer dans mon cœur — presque tout. Je me suis levé, approché du lit où se recroquevillait la Sorcière.

« Laisse-moi! Va-t'en! J'appelle. Es-tu fou? Va-t-il falloir encore t'enfermer? »

Oh! je n'avais pas de projets criminels. Ce n'est pas à quarante-cinq ans que l'on peut venger les misères d'une enfance; et je crois bien que si elle avait eu un mot d'affection, un simple geste, je serais tombé là, au pied du lit, pour la supplier de ne plus me faire de mal. — Elle a eu un geste, sans doute : mais c'est que nous venions d'entendre, derrière la porte, un craquement du plancher. Je l'ai entendu avec désespoir, songeant que je n'étais pas au bout de mon malheur et que je ne pouvais plus me dérober. J'ai dit à voix basse :

« Écoutez-moi, tante. Je voudrais vous parler.

— Ce n'est pas une heure pour parler, et de ces choses !

— Je ne vous en parlerai plus. Mais écoutez... »

Je ne savais comment l'interroger; je craignais d'apprendre. J'ai fait quelques pas dans la pièce, puis, lentement, je suis revenu m'asseoir près du lit. Ma tante me suivait du regard, et, comme elle avait repris quelque assurance, ce gros visage jaune sous la ruche de dentelle, ces yeux ronds, enfoncés, à l'affût, ces longues et minces lèvres plissées, tout m'accablait de nouveau d'une compassion dérisoire.

« Tante, vous lui avez dit...?

— Qu'est-ce que j'ai encore dit, mon garçon. A qui ?

— Hélène. Vous lui avez dit que j'avais été... enfermé, autrefois ?

— Il a bien fallu. La pauvre fille ! Toujours à me demander : « Mais qu'est-ce qu'il a donc ? Mais pourquoi ? » Il faut dire, Julien, que tu ne te rends pas compte des choses, ni de la vie que tu lui as fait mener.

— Mais, tante, vous savez bien que c'est mon grand-père, parce qu'il me détestait, qui m'a mis dans cette... maison. Je n'étais pas malade, je n'avais rien, moi : j'étais malheureux, c'est tout.

— Et le pensionnat du Puy, d'où tu t'es sauvé en plein hiver, dans la montagne, comme un fou ?

— Mais je n'en pouvais plus, tante ! Maman venait de mourir; jamais je n'avais été en pension, et tout un hiver à traîner des galoches, des galoches de bois qui me blessaient les pieds !

— Tu n'avais pas de galoches au pensionnat de Clermont, ni à celui de Saint-Flour, et tu n'en es pas moins parti... »

J'en étais parti. Comment lui expliquer que cette maison des Lampéduze, où pourtant j'étais malheureux, je ne pouvais m'en passer ? Je ne le comprenais pas moi-même.

« Remarque, mon garçon : je ne dis pas que tu étais fou, ce qu'on appelle fou. Que non! Tu n'avais pas même des crises du Mal, comme ton pauvre père autrefois. Mais drôle, avec des humeurs, des journées sans dire mot, ou bien des colères, des plaintes de fin du monde, et puis aussi, sais-tu, mon garçon, de temps en temps, de vilaines petites méchancetés. Et quand tu viens dire que mon père t'en voulait : tout de même, Julien, mon père était docteur, il me semble... »

Elle avait pris une voix presque douce : je la vis même se pencher vers moi comme si elle n'eût rien cherché d'autre que de convaincre ce pauvre homme, ce vieil enfant de neveu. Et la voix faisait passer les mots; si je n'en étais pas moins abattu, cette présence attentive peu à peu m'apaisait. J'ai soupiré :

« J'étais malheureux.

— Chacun a sa part de malheur. J'ai eu la mienne. Mais toi, mon pauvre garçon, on dirait qu'il t'attire, le malheur, que tu le flaires, que tu le cherches, que tu le couves. Tiens, ta femme, la vraie, celle qui est morte : te rappelles-tu toutes les nuits que tu passais à la plaindre, elle qui ne demandait que d'être heureuse avec toi? A lui parler du mari qu'elle avait perdu, elle qui ne demandait que d'oublier un ivrogne?

— Mais j'ai tout fait, tante, tout! Je l'ai soignée, j'ai recueilli son fils, que j'ai traité comme mon propre enfant, rappelez-vous!

— Rappelle-toi la nuit où le fils est monté dans votre chambre (celle d'Hélène à présent), parce qu'il avait entendu pleurer sa mère; et il t'a giflé, mon pauvre Julien... »

La scène atroce, injuste, dont j'ai toujours porté la honte. Mais il ne s'agissait plus de honte, ce soir : c'était la peur, et je me suis entendu implorer :

« Vous ne lui avez pas dit...? Tante, ce n'est pas vrai? Vous lui avez dit cela?

— Tu étais bien venu me le dire, à moi, et dès le lendemain. Je te vois, je t'entends encore : tu tremblais, tu me montrais ta joue.

— Vous avez pu lui dire...!

— Si je le lui ai dit, crois-moi, c'est pour votre bien à tous les deux... »

Grenouille! Hideuse Grenouille accroupie sous la couverture écarlate, contre la blancheur de l'oreiller, genoux hauts, pattes sur le ventre, pesant sur moi des yeux comme jadis le grand Lampéduze sur la fille au poteau ou la petite veuve, face béate coupée par le long rictus de la bouche, triomphante, presque assouvie...

Avais-je besoin d'être éclairé davantage? Peut-être que, depuis quelque temps, au fond de moi, il ne me restait plus rien à apprendre. Depuis le soir où la jeune fille était rentrée, les yeux perdus, dans une telle misère du corps et de l'âme que, pendant trois jours, elle n'avait pu quitter sa chambre, dont elle me refusait l'accès.

J'ai murmuré :

« L'enfant... »

Ce n'était plus une question. Mais l'autre :

« Quoi? Quel enfant?

— Notre enfant. Celui que nous devions avoir.

— Voyons, Julien, m'a-t-elle dit d'une voix posée, un peu grondeuse : Tu n'es pas fait pour avoir des enfants, tu le sais bien. »

A cet instant, j'ai de nouveau entendu un craquement sur le palier, puis le bruit d'une porte que l'on refermait. J'ai pensé qu'Hélène, attirée par nos voix, avait tout entendu, et que c'était fini. Mais je n'ai pas bougé. Je ne pouvais bouger. Et à quoi bon? L'irrémédiable.

« Que veux-tu! soupira ma tante. Ce qui doit être, on n'y peut rien. Il faut te faire une raison, mon enfant. »

Elle a dit : « mon enfant », pour la première fois de sa vie sans doute; puis elle s'est installée plus librement, les jambes détendues, assise, le buste haut, contre l'oreiller, mais la tête tournée vers moi, tandis que l'une de ses mains, à demi ouverte, reposait sur le bord du lit. — Ce fut alors qu'une sorte de veillée commença, que je ne parviens pas à comprendre et que je ne puis évoquer sans malaise. Tête basse, les mains aux genoux, j'écoutais ce chuchotement où je ne percevais plus d'hostilité, ni le moindre accent de triomphe. Une compassion, mais qui n'était plus méprisante. Un appui; davantage, le sentiment d'une destinée commune : je n'étais pas seul à souffrir.

Elle me disait que depuis toujours elle m'avait su malheureux, que c'était ma nature, et la loi des cœurs trop sensibles, désarmés; que de cette nature, mon père déjà, et dès l'enfance, avait été victime; qu'elle n'avait pas connu un sort plus heureux, elle qui n'était qu'une fille, et de mine ingrate : quelle humiliation pour le grand Lampéduze! — que personne n'avait su la comprendre ni l'aimer, qu'elle s'était donc résignée à la solitude, mais qu'elle n'avait point cessé d'en souffrir... C'était la famille des Lampéduze, me disait-elle; nous n'avions eu qu'un homme fort : le Sang et le Génie (et même à présent, si l'on prononçait à Sainte-Radegonde le nom de Lampéduze, chacun pensait à Marc-Antoine); nous n'étions rien que sa descendance. Mais cet Homme, nous l'avions eu; nous pouvions être fiers de le savoir à la source de nos jours; si malheureux que nous fussions de nature, nous avions reçu notre part, qui devait nous suffire : nous étions des Lampéduze...

Ainsi parlait-elle, et je ne me lassais pas de l'entendre. — Ce n'était plus le chant que j'avais entendu dans un autre monde, quand Hélène me racontait sa pauvre aventure, et que paroles ou silences m'exaltaient jusqu'aux larmes. C'était à présent une mélopée à mi-voix. Elle aurait pu se prolonger vers l'aube : je n'y trouvais pas moins de douceur que de désolation; elle me faisait accéder à un monde qui sans doute n'était plus celui de mon amour, mais qui ne m'était pas inconnu, que j'avais toujours jugé odieux et voulu fuir, mais qui m'expliquait mon destin — le destin d'un homme seul.

« Je suis seul », ai-je dit.

Seul! Mais ne l'avais-je pas, ma tante Jézabel, dont j'étais l'unique parent, et qui souffrait aussi de la solitude? Elle ne souhaitait qu'une affection, une confiance réciproques. Si je tombais malade, elle prendrait soin de moi, qu'elle savait à la merci d'un rhume de cerveau. Il n'était pas jusqu'à mon travail où elle ne pût m'aider, elle qui connaissait tout le canton et pour qui chacun avait des égards; elle m'apporterait des commandes (l'aile des Sœurs, tiens! l'aile que les Sœurs de Saint-Vincent voulaient ajouter à leur pensionnat — à condition bien sûr, que je me fasse voir plus souvent à l'église : mais je n'avais rien contre). Elle ne me gênerait point : chacun chez soi dans la maison commune, la maison de famille. Je prendrais mes repas seul, si c'était mon goût. Mais le soir, pour peu que la solitude vînt à me peser, elle serait là, comme à présent, qui ne demanderait qu'à m'accueillir...

Voilà quelques instants que j'ai entendu une porte s'ouvrir, puis des pas étouffés descendre, une autre porte : celle qui donne sur le jardin. C'est l'angoisse dans la stupeur, le sang qui se retire, le cœur qui cogne, et j'étouffe, je regarde désespérément, sur le lit, cette forme qui redevient fantôme...

« Tante!
— Eh bien? »

Elle aussi a tout entendu. Elle veut rester calme. Elle reprend, d'une voix affectueuse :

« Eh bien, mon enfant? »

Elle fait plus : elle sourit à cet homme qui s'est levé, qui la regarde, se détourne, la regarde encore et crie :

« Tante! Tante! Je ne peux pas. Il faut. »

Du seuil je l'ai regardée une dernière fois. Elle restait immobile, sous sa couronne de tulle, vieille face soudain plus jaune, presque terreuse, si profondément travaillée qu'elle se figeait sur une convulsion où je ne savais que lire : amertume, fureur, dégoût, peut-être aussi détresse — c'était ma tante.

Et puis? Je me souviens à peine de ce qui s'est passé. J'ai couru; j'ai appelé, crié dans l'ombre, et quand j'eus rejoint mon Hélène, à l'instant où elle entrouvrait la grille, je ne savais encore que l'appeler, comme si elle n'eût pas été là. Je pleurais, je tremblais, trépignais, je me suis jeté à ses genoux et lui ai demandé d'avoir pitié de moi, qui allais mourir si elle m'abandonnait, qui allais me pendre, ou me précipiter avec la voiture dans un ravin, qui étais fou... Cependant la pluie s'était mise à tomber; combien de temps sommes-nous restés au seuil de la rue? Hélène ne répondait pas et je ne pouvais distinguer son visage. Faisait-elle un mouvement (elle tremblait parfois, elle aussi), j'avais peur, je me reprenais à crier... De tout cela, je garde un peu conscience. Mais quand, à genoux, je fus parvenu à repousser de l'épaule la porte de fonte, que, m'étant relevé, j'ai pu m'emparer de la valise, faire un pas, deux pas vers la maison, et que j'ai senti qu'Hélène me suivait enfin : l'égarement. Je crois que j'ai flanqué la valise dans les géraniums : « On n'en a plus besoin! » Je riais par sanglots, je pressais mon amie, ma femme, et, la ramenant chez nous, je lui répétais : « Tais-toi. » Sur le perron, c'est moi qui l'ai retenue. Je lui disais de regarder, de sentir la nuit, qui était à nous; et que nous allions enfin vivre, que nous abandonnerions l'odieuse maison des Lampéduze, que je ne quitterais plus mon Hélène, qu'elle me mît une dernière fois à l'épreuve, que je l'accompagnerais dans toutes ses promenades, que, dès l'aube, nous irions n'importe où, mais ensemble, à travers une campagne dont chaque chose nous serait nouvelle. — Et cette terrible nuit, nous l'avons enfin partagée comme des amants.

*

Nous étions de vrais amants au sortir de leur nuit. Nous l'avions été dans la voiture à travers les monts et les bois du Velay, vitres baissées, tout à l'air vif et à l'odeur des pins, sans but, charmés d'un étang ou d'une ferme, d'un chien qui rôde, d'un bruit de feuilles ou de source, ou du silence — ensemble. Et nous étions encore ensemble dans cette ville où mon Hélène avait passé des heures si dures. Je sais bien que d'abord elle avait eu peur de la revoir; je dus insister : il n'était aucun souvenir que nous pussions craindre à présent; mieux valait les purifier par notre amour.

Nous sommes donc allés vers la Ville noire; mais le ciel était de la partie, bleu, jeune, et le soleil, qui devant nous pavoisait les rues pour notre procession. Nous avons déjeuné, en bas, dans le quartier élégant, à la terrasse d'un café; nous apercevions au-dessus des toits, très loin, très haut, la Vierge couronnée qui domine la cathédrale. Hélène m'a dit qu'elle en avait fait un jour l'ascension, jusqu'à la couronne, et que cela lui avait paru drôle, mais que, dans la basilique, elle se sentait perdue. Je lui ai promis de tout lui expliquer : le cloître, le clocher roman avec le bas-relief de l'Adoration (dont je garde toujours une photographie dans mon bureau), la Pierre noire, qui donne le repos aux fiévreux, les coupoles byzantines, les fresques, et surtout la prodigieuse audace de la substruction — « parce qu'enfin, n'oublie pas que je suis architecte! ». Là-dessus, je suis allé lui acheter un petit écusson d'émail, aux armes du Puy : un aigle écartelé sur fond d'azur. Mais, à mon retour, elle m'a paru songeuse. Elle m'a remercié : « C'est gentil »; mais le ton n'y était pas. « A quoi penses-tu, Hélène? — Moi? A rien. Je suis contente. » J'ai repris : « Je sais à quoi tu penses, mon amour. » Nous nous trouvions dans le quartier des hôtels, et, lui désignant du regard, non pas le plus grand (celui où descendait Marc-Antoine Lampéduze), mais l'hôtel modernisé du *Cygne* : « C'était là? » ai-je demandé. Elle a rougi, la pauvre enfant, détourné le visage, comme si elle dût avoir honte et que, de l'épreuve qu'elle avait surmontée, ne fût pas sorti notre bonheur présent. Une telle gratitude m'a saisi que je me suis dressé, heurtant un verre qui dégringole, se casse, et moi, que ce genre d'incident met à la torture, j'éclate de rire : « Tu viens, Hélène? Il fait beau. »

C'est alors que nous sommes entrés dans la Ville noire : le labyrinthe des ruelles en pente, les escaliers glissants, les couvents aux mines de forteresse, les taudis et les masures, les vieux hôtels ou palais délabrés, tout ce qui m'accablait dans mon enfance et où je promenais aujourd'hui mon amour. Nous allions lentement; je lui prenais la main quand la montée était rude; je lui montrais une porte seigneuriale, une fenêtre à meneaux, un vieux balcon, une statuette dans sa niche. Je lui ai montré le bâtiment lugubre où j'avais passé tout un hiver, les pieds meurtris par les galoches, le cœur aussi gercé que la bouche. Elle m'écoutait avec beaucoup d'attention; elle disait : « Je comprends », ou parfois : « Mon pauvre Julien », et même, une fois, oui : « Mon Julien. »

Cependant je me suis aperçu qu'elle était fatiguée; et, comme nous passions près d'une borne, à l'entrée d'un couvent : « Assieds-toi, lui ai-je dit. Ce n'est pas encore la Pierre miraculeuse; c'est une halte à mi-chemin. — Mais toi? — Oh! moi! » Moi, debout, je la regardais, me disant que c'était merveille que cette fille voulût bien se prêter à mon regard, patiente, avec son gracieux visage sous les cheveux blonds, ses yeux verts un peu lointains, que j'avais vus se durcir, mais dont je ne goûtais que mieux la douceur, le cou et l'épaule qui étaient ma joie, les genoux : mon refuge, et tout ce tendre corps blessé que je parviendrais à guérir.

« Hélène, me suis-je écrié, tu dois me trouver un peu fou, hein ? »

J'avais appuyé sur le mot *fou*. Elle m'a répondu :

« Pas plus que de raison. »

Et moi :

« Beaucoup plus. Mais pas trop. Il faut comprendre; écoute. Elle t'a dit, la Sorcière, qu'à dix-sept ans, j'avais été enfermé dans un hospice. Eh bien, c'est vrai. Mais je n'étais pas plus fou qu'à présent. C'était le manque d'affection, ma mère qui venait de mourir, mon grand-père et ma tante qui me méprisaient, l'abandon, la solitude, tu me comprends, Hélène ?

— Mais oui.

— Et c'est un peu la même chose, bien que le contraire, quand tout à coup, comme à présent, voilà que le bonheur me tombe dessus. Je ne parviens pas à me contenir; ça danse, ça chante. Pas fou, non; mais pas trop sage, bien sûr, Hélène. Est-ce que tu m'en veux ? Pourras-tu m'accepter ? »

De nouveau, elle m'a répondu :

« Oui, Julien. »

Mais il m'a bien semblé qu'une inquiétude la travaillait encore. Et je l'ai pressée de tout me dire, afin qu'il ne restât plus d'ombre entre nous. Elle hésitait d'abord.

« Hélène, je t'en prie, au nom de notre amour. »

Elle m'a regardé :

« Tu m'aimes, Julien ?

— Oh ! comment, comment peux-tu... ?

— Oui, tu m'aimes. Attends... Il y a une chose que je ne peux pas oublier, que je ne peux pas comprendre. Tout le reste, mais pas cela. Julien, te rappelles-tu le soir, un soir que tu me parlais de... l'enfant, et tu paraissais tout heureux, mais tout à coup, oh ! tu me demandes : « Si c'est un garçon, veux-tu qu'on l'appelle Gérard ? » Gérard, comme l'autre ! Mais qu'est-ce qui t'a donc pris, Julien ? Pourquoi ? Cela, non, je ne peux pas l'oublier. »

L'ai-je pu ? Ce soir-là, pourtant, j'avais parlé dans toute l'innocence de mon cœur; davantage : avec un dévouement éperdu. Il me l'avait semblé, du moins.

« Réponds, Julien, pourquoi ?

— Je ne sais pas. »

Elle s'était levée, la colère aux yeux :

« Réponds. Tu le sais, Julien, réponds. »

Toute la vie que nous avions menée ensemble m'est revenue. J'aurais voulu disparaître — devant ce corps où, je l'ai compris soudain, je n'avais cessé de suivre, et de réveiller, la trace de l'*autre*. Je l'appelais dans notre misère, l'autre; je lui faisais reprendre cette fille amoureuse dont il avait connu l'usage, et qu'il avait rejetée. Il donnait à nos nuits une déchirante saveur. Pourtant rien au monde ne m'est plus précieux que l'amour. Que s'est-il passé? Je ne suis jamais parvenu à connaître mon visage; j'habite en moi comme un aveugle. Mais à présent il ne me restait plus rien à apprendre sur mon compte, sans doute.

« Je ne suis pas digne de ton pardon », ai-je murmuré.

Elle ne m'a rien demandé d'autre. Elle me regardait encore de ses yeux fixes, mais peu à peu avec moins de colère; et, ce que je craignais tant, je n'ai pas eu à le voir : je n'ai pas vu en elle de dégoût. Elle me connaissait maintenant : j'étais nu. Pas assez, oh! pas assez; il fallait lui dire le plus lourd : elle pouvait tout comprendre. Et si je ne me suis pas jeté à ses pieds, dans la rue, ce ne fut point à cause de cette religieuse qui sortait du couvent, mais parce que je voulais être un homme dans mon malheur. Je me doute bien que j'avais une voix et des gestes d'égaré, puisque j'ai vu se retourner la religieuse. Mais précisément, c'est de folie que je parlais : j'ai dit que, si je n'étais pas fou, j'avais toujours eu peur de le devenir, depuis mon enfance, qu'à force de sauter de l'accablement à la joie, c'en devenait une torture, que depuis quarante-cinq ans je n'avais cessé de me déchirer à toute chose, à tout être, que parfois j'étais pris d'une telle angoisse, les yeux aveugles, la tête bourdonnante, plus de forces, plus de souffle, comme en cet instant, comme ça vient...

« Oh! Hélène, Hélène, aie pitié, aide-moi, empêche-moi de devenir fou. »

Je ne pouvais être plus sincère; je ne disais rien, hélas! que je n'eusse maintes fois senti jusqu'à l'horreur. Mais en parlant je guettais des yeux la jeune fille, je la voyais atteinte et, malgré moi, je me voyais, je m'écoutais en elle comme si j'eusse été un autre. Cela aussi je l'ai avoué, dans la crainte d'un nouveau mensonge :

« Oh! Je ne sais comment faire : je parle, je parle, et j'ai l'impression de jouer un rôle. Mais tout ce que je dis, c'est vrai, je te le jure, crois-moi!

— Je le sais », m'a-t-elle répondu.

Puis, après un soupir :

« Viens. Je ne te quitterai jamais. »

Nous avons continué notre marche. De ma vie, je ne m'étais senti plus faible, mais à la fois si jeune, si transporté par ma délivrance. Nous nous sommes égarés : c'est que je n'étais plus guère de ce monde; c'est aussi qu'il faisait bon marcher à l'aventure le long de ces ruelles humides, aux murs noirâtres, mais tendues vers le beau ciel de septembre. Nous avons rencontré deux amoureux, fille et garçon dans l'insolence de leurs jeunes amours; je les ai plaints. Notre couple s'était reformé, plus sûr, après s'être connu. Que ne pouvions-nous attendre?

Soudain, tandis que nous approchions d'une maison plus sordide encore que les autres, j'ai vu sur le visage d'Hélène une crispation, une ombre douloureuse. C'est là, ai-je pensé, c'est de cette sinistre maison qu'elle sortait, le soir qu'elle est revenue livide, la pauvre enfant, qui tenait à peine debout. J'en étais sûr. De tels avertissements me viennent parfois; « la lumière des aveugles », ricanait ma tante : peut-être, mais c'est au point qu'il m'arrive d'en avoir peur. Je me suis tu; j'ai pressé la main de la jeune fille, qui a dû comprendre : elle a paru un instant interdite, presque effrayée — et nous avons dépassé la maison.

Fini, la maison; avait-elle existé? Plus rien devant nous que la vie nouvelle où nous montions, comme montaient ces rues pour s'ouvrir sur la cathédrale. Et déjà je retrouvais mon chemin : ce palais devenu entrepôt, cette tour aveugle, ces têtes ricanantes et cornues, ce couvent désaffecté, cet éventaire de « souvenirs », ne fût-ce que le bruit plus sourd, quasi religieux, de nos pas dans les ruelles plus hautes et plus sombres.

« Tu vas voir, Hélène, tu vas voir comme c'est beau! »

Et je lui ai dit que, toujours, même dans mon enfance

et quelle que fut ma révolte, j'avais été attiré par les églises, par cette église surtout, avec ses hauts porches noirs et béants sur la misère des rues. C'est qu'aussi, toujours, j'avais éprouvé le besoin, le tourment d'un salut. Pas exactement du mien : j'étais trop pauvre pour y parvenir seul; — du salut d'un autre être, d'une femme (« C'est curieux, tu vas rire : je n'ai jamais songé à un homme » — mais elle ne s'est pas moquée, mon Hélène : elle m'a compris) — d'une femme que je conduirais jusque-là, et qui, sauvée, me sauverait peut-être à mon tour. Voilà pourquoi, dans ma solitude, je ne m'étais jamais approché sans crainte de cette église. Mais nous allions y pénétrer ensemble, comme des pèlerins venus du bout du monde pour offrir leur amour.

Cependant la marche devenait plus difficile, pour mon Hélène du moins, qui butait quelquefois à un pavé. Nous nous arrêtions un instant.

« C'est loin, soupirait-elle.

— Nous approchons, ma chérie; nous y sommes! »

De fait, il n'y avait plus qu'à suivre cette rue, tourner à gauche, prendre le raidillon, puis encore à gauche : soudain nous avons débouché dans le soleil, et là-haut, au-dessus des cent marches éclatantes, voici le triple porche noir.

Nous nous sommes regardés en riant.

« Eh bien, a dit Hélène. Ce n'est pas trop tôt.

— Souffle un peu, mon amour, repose-toi. Tes pauvres pieds. Mais es-tu contente?

— Bien sûr.

— Ah! si je pouvais te porter! Veux-tu que je te porte? »

Et pourquoi ne l'aurais-je pas fait? Oui, pourquoi ne serais-je pas monté en la tenant entre mes bras jusqu'au cœur de l'église?

« Tu veux, Hélène?

— Tu es fou. »

Mais aussitôt :

« Tu sais bien ce que je veux dire. »

Si je le savais! Donc, je l'ai tout bonnement prise par la main et nous avons commencé l'ascension. C'était le plus dur, mais parfois, nous retournant vers la ville, nous regardions la rue en pente, et, d'être déjà si haut, cela nous donnait du courage. « On y va? » De sorte que nous étions parvenus presque au milieu de la montée, quand j'ai senti les doigts de la jeune fille se crisper sur les miens.

« Qu'est-ce qu'il y a, mon amour ?

— Regarde. Là-haut, sous le porche ! »

Mais là-haut, sous le portail du milieu, assise contre le pilier, il n'y avait qu'une vieille à robe sombre et coiffe blanche, une vendeuse de cierges ou de souvenirs, sans doute.

« Eh bien ?

— Tu ne trouves pas... tu ne trouves pas qu'elle ressemble... ? »

Tante Jézabel ! Oui, la Grenouille vautrée, là, face jaune (moins revêche pourtant), une statue, et qui nous regardait venir.

« Tu as raison : elle lui ressemble. C'est drôle, hein ? Ça, c'est drôle ! La Sorcière à l'entrée de notre cathédrale ! »

Et ma foi, passé la première stupeur (qui, je l'avoue, n'avait pas été si drôle) : le bon rire, à perdre souffle ! Je riais, je riais :

« Mais regarde-la ! Et qui ne bouge pas, comme une vieille pierre tombée de sa niche ! Sainte-Grenouille du Velay ! Viens, on va lui acheter chacun une bougie. Appuie-toi. »

Non, elle n'avait pas besoin de mon aide. Si fatiguée qu'elle fût : le dernier effort, elle tenait à le faire seule, ma petite vaillante. Nous sommes montés côte à côte, ou presque. Et c'était encore long ; je souffrais à chacun de ses pas : mais qu'aurais-je pu dire ? A mesure que nous approchions du but, il me venait un peu d'angoisse. Oh ! je gardais ma confiance, mais sans doute étais-je encore novice dans le bonheur. Ainsi avons-nous atteint la dernière marche. Il était midi. Nous n'avons pas acheté de cierges ; Hélène, sans regarder la vendeuse, a franchi le seuil du porche ; je l'ai suivie, toute menue sous les voûtes, et nous nous sommes enfoncés dans les profondeurs de l'édifice, montant d'un palier à l'autre, tournant, passant devant la Pierre miraculeuse dont nous refusions le repos, suivant un couloir, poussant une porte, une seconde, la dernière enfin — et ce fut encore l'ombre, mais, au fond du sanctuaire, un Cœur rougeâtre qui attendait ses élus.

A PERDRE HALEINE.

Phrases

LA ROUTE OBSCURE

Peu de sentiments sont aussi violents que celui de la déchéance humaine, de sa propre déchéance surtout.

Le mensonge n'est pas haïssable en lui-même, mais parce qu'on finit par y croire.

Je ne conçois pas de littérature sans éthique. Aucune doctrine ne peut me satisfaire; mais l'absence de doctrine m'est un tourment. Le premier fondement d'une morale, c'est que nous sommes portés à chercher une morale.

ÉTAPES

Le grand drame de l'homme, le seul drame : l'homme en proie à sa double fatalité : d'homme et d'individu.

Morales, doctrines, raisonnements — ah! que tout cela me fatigue et me semble naïf! Qu'est-ce que tout cela à côté d'une souffrance, d'un bonheur, d'un cri, d'un visage...

Ma sympathie tend toujours vers la révolte, de quelque parti qu'elle s'élève.

Le danger est dans le sommeil, non dans l'aspiration ni dans la révolte.

Je me refuse à me laisser duper par la comédie d'un inconscient : seul et intangible dieu.

Un homme m'intéresse moins en ce qu'il est, qu'en ce qu'il peut être. Aussi suis-je porté à considérer non pas ce qui, dans sa sensibilité, apparaît constant, mais ce qui, jailli d'elle, semble en contradiction avec elle. Devant une existence pure, je ne veux pas chercher comment elle se continuera, mais comment elle se rompra.

OU LE CŒUR SE PARTAGE

Un homme n'aime pas à se rappeler son adolescence, sinon pour raconter une anecdote, une blague, un cas d'indiscipline. N'est-ce point parce qu'il sent obscurément que l'enfant qu'il fut est mort et bien mort, et que l'homme qu'il est aujourd'hui n'est pas digne de cet enfant?

Ce qui attise et envenime l'amour humain, c'est l'éternel goût du péché et de la souillure.

Le corps est un des noms de l'âme, et non pas le plus indécent.

Plus l'homme se connaît, plus il se sent dépositaire des biens qu'il avait crus siens jusqu'alors; et quand il arrive à se connaître quelque peu, il est trop tard pour qu'il puisse se modifier.

CARNETS DE GILBERT

Il faut juger un homme à son enfer.

Je n'ai jamais aimé d'être dont je n'aie souhaité la mort, afin que pour moi il restât le même.

ANTARÈS

Nous portons deux ou trois chants, que notre vie se passe à exprimer. Plaisante histoire : un homme parle à des ombres; soudain sa propre voix semble sortir elle-

même du ténébreux royaume — c'est bien, j'accepte
de ne l'avoir jamais quitté.

LA VIGIE

Je ne savais pas... que la beauté pût être un don aussi
grave.

TERRE NATALE

Presque tous les miens sont morts; ils me rejoignent
parfois dans mon sommeil, mêlés à ma vie et à ceux que
je vois chaque jour. Ce ne sont point des rêves pénibles;
tout y est simple; nous nous parlons enfin librement;
il n'est pas même besoin de parler : notre présence suffit.

SUR UNE TERRE MENACÉE

Ce que l'on nomme solitude, c'est parfois une
certaine sauvagerie de l'instinct, un refus de se mêler,
écrivain, au marché littéraire.

Un art, une langue ne sont pas des constructions for-
tuites : ils sont à la fois l'aveu et le rêve de tout un peuple,
c'est-à-dire son chant.

On n'est point paysan sans avoir de la mort la même
obscure et familière conscience que des lois des saisons
et des récoltes.

LE PROMENEUR

Il en va des récits de voyage comme des romans, qui
déçoivent d'autant plus, s'ils déçoivent, qu'ils se proposent
un sujet plus étrange. Une promenade dans le Valois,
dans un jardin ou dans une chambre peut être plus féconde
et plus nouvelle qu'une expédition aux îles de la Sonde.

Le romancier n'est pas libre de conter ce qu'il lui plaît. Une histoire, sans doute, mais une histoire *vraie*, une histoire qui suppose une intime expérience. Il faut que nous puissions dire, répétons-le : « Il appartenait à cet auteur de nous la conter, et précisément de cette façon. »

Pour le romancier, la tentation d'intervenir est d'autant plus forte que l'on attend de lui une sorte de domination du monde.

Un roman n'est pas, ne peut être une copie exacte de la vie; il en est la transposition stylisée.

Je ne sais s'il est une forme plus exigeante. La nouvelle ne pardonne pas. Elle est excellente, ou bien elle n'est pas.

LES ÉCHANGES

Un homme ne peut guérir de soi; du moins peut-il donner à son mal une certaine dignité.

CHRONIQUE DE LA PEINTURE MODERNE

Le classicisme d'un artiste n'est pas un apaisement; on y reconnaîtra le point suprême où ses dons, dans un juste concours, trouvent leur parfaite efficacité.

L'engouement des écrivains n'est pas sans danger pour un peintre (on l'a vu de reste depuis une trentaine d'années) quand ils tendent à faire de la peinture un champ d'expérience poétique.

On ne parle bien d'une œuvre que s'il faut la défendre.

LA GRACE D'ÉCRIRE

J'aime avant tout dans l'œuvre d'art — sans négliger un plaisir plus candide — l'un des hauts modes où l'homme s'exprime, se délivre et trouve son harmonie, l'un des moyens, le plus pur peut-être, par où il tend à s'accomplir.

J'imagine volontiers la littérature comme un ordre...

LA CONSOLATION DU VOYAGEUR

Certains paysages, je les admire, et ne fais que les admirer ; je les cite, puis les oublie. Mais ceux que j'aime, c'est tout autre chose. Sans doute m'offrent-ils, à mon insu, une sorte de paysage intérieur ; car les regarder n'est rien, sinon un plaisir, un pressentiment, une attente ; je me dis : « Je vivrais là ; je prendrais ce chemin, je m'assoirais sous cet arbre ; la nuit, j'entendrais le vent sous ce hangar. » Mais ma rêverie même, je le sens, va me détourner de l'essentiel. Non, rien ne s'est vraiment passé jusqu'à l'instant où tout se tait en moi, où je m'oublie enfin pour me confondre exactement avec le paysage. Mais alors, et pour des jours, c'est une résurrection.

Que ferait un conteur s'il ne trouvait parfois un peu d'appui dans le silence ?

Si je parle de paysans, ce n'est point pour montrer des mœurs singulières, un exotisme, un pittoresque local. Je parle d'hommes, d'hommes que je connais depuis longtemps, depuis toujours, et dont certains, par leur nature sans doute, mais aussi grâce aux conditions de leur vie, me semblent de beaux exemples d'hommes.

Je n'ai certes pas un grand sens politique ; mais le monde qui m'a formé et dont je relève est un monde libre ; il ne peut accepter que des hommes soient asservis ou ramenés à l'office de pantins, et pas davantage il ne peut accepter côte à côte la jouissance pateline ou cynique, et la misère.

Je ne suis qu'un écrivain qui exprime quelques voix ; je ne peux rien souhaiter d'autre, sinon qu'elles soient pures, et humaines.

Je vous ai dit qu'une journée me semblait vide, si je ne sentais en moi, tombée du ciel, cette angoisse, brûlure et fraîcheur, qui m'assure de ma vie.

JE VOUS ÉCRIS

J'ai mené assez loin, que je l'aie voulu ou non, l'expérience de cette solitude où déjà nous trouvions une sorte de patrie.

L'important est d'affirmer et de maintenir jusqu'au bout ce que l'on tient pour la seule raison de vivre.

Lorsque nous croyons nous exprimer directement, que livrons-nous au juste, qui livrons-nous ? Toute confession est la confession d'un personnage.

Dialogues

SUR L'ORDRE

Pourquoi avez-vous écrit l'Ordre?

L'an dernier, l'un de mes amis, qui fait un cours de littérature contemporaine dans une école de jeunes filles, m'y attira, m'y livra à son auditoire. L'auditoire devint un tribunal, et le plus sourcilleux. On me pressait de questions : je ne m'en tirais pas toujours bien.

— Pourquoi avez-vous écrit *l'Ordre?*
— Mais c'était ce livre seul que je me sentais, à ce moment-là, le besoin d'écrire.
— Vous aimiez Gilbert?
— Oui.
— Alors pourquoi être si dur avec lui?
— Parce que je l'aimais.

(Ici, mes juges hochaient la tête, en personnes averties. Puis l'interrogatoire reprenait.)

— Donc, vous étiez *pour* Gilbert?
— Oui; c'est-à-dire...
— Comment! Étiez-vous pour Justin?
— Non, non... encore que...
— Ah! bon! vous étiez pour Renée?
— Dans une bonne mesure... Mais, écoutez-moi, mesdemoiselles, j'étais d'abord pour mon roman.

Je croyais ma réponse très habile (et même exacte). Ah! Quel rappel à la question!

— Enfin, étiez-vous pour la révolte, étiez-vous pour l'ordre?
— Mais il ne s'agit pas de cela...
— Comment! « il ne s'agit pas de cela »! Et le titre?
— Le titre est ironique, mesdemoiselles. C'est devant une tombe que l'un de mes personnages dit, à la fin du livre : « Tôt ou tard, tout rentre dans l'ordre. »

— Donc, vous vous moquiez à la fois de l'ordre et de la révolte!

Cela se gâtait. On suspendit la classe pendant quelques minutes. Après quoi je me lançai dans un beau discours. J'implorai d'abord l'indulgence pour mon titre; hélas, j'ai toujours eu une tendance fâcheuse à user de l'antiphrase dans mes titres; l'un de mes livres s'intitule *les Vivants* et l'on y rencontre surtout des morts; un autre : *les plus beaux de nos jours*, et presque tous ces jours sont atroces; un troisième : *la Grâce*, et l'on n'y voit guère que des hommes abandonnés. « Mais, mesdemoiselles, m'écriai-je, est-ce à dire que je me moque de ces morts, de ces malheureux, de ces disgraciés ? Tout au contraire; si j'ai recours à l'antiphrase en les présentant au public, c'est pour cacher mon émotion. »

Sur ce point, le tribunal, après s'être concerté, voulut bien m'absoudre. J'en pris une nouvelle assurance et poursuivis : « *l'Ordre :* il est vrai, mesdemoiselles, que ce titre est ambigu, et que le livre aussi peut le paraître à des yeux très candides. Mais voici l'histoire de ce roman. Quand j'ai commencé à l'écrire, je n'avais de sympathie que pour Gilbert, encore que je fusse résolu à la lui faire payer. A mesure que je l'écrivais, j'ai fait un effort de justice pour le frère. Cote mal taillée, j'entends bien, équilibre trop artificiel; mais le véritable équilibre de l'œuvre, c'est le personnage de Renée, qui me parut enfin l'assurer. Faut-il m'expliquer davantage? Je voyais les limites d'une révolte qui tendait à se satisfaire d'elle-même et ne savait pas s'ouvrir à une humanité plus large, plus généreuse. Je voyais beaucoup mieux encore l'étroitesse, l'égoïsme et le danger d'un ordre une fois pour toutes établi, sans inquiétude, ni recherches, ni passion. Et puisque je participe aujourd'hui à un cours de littérature (assez curieux), je rapprocherai cet ordre moral ou social de l'ordre littéraire. Il est une façon de paraître classique, où ne subsistent plus que les règles, les formes et l'apparence. Rien ne me semble plus opposé au vrai classicisme. Dans une œuvre classique, de quelque temps qu'elle relève, l'harmonie n'est point chose donnée et commune, mais conquise et particulière; elle n'est pas un masque, mais le plus pur d'un visage; l'œuvre ne cesse de frémir, et ne *découvre* sa loi que pour préserver et entretenir sa vie profonde. De même, c'est un ordre vivant, toujours renouvelé et toujours menacé, toujours nourri du meilleur d'une révolte, fruit d'un appel, non d'un décret : c'est un tel ordre que je cherchais, plus ou moins inconsciemment en écrivant mon livre. »

Il me semble que je n'avais pas tort d'annoncer un « beau discours ». Je crois bien qu'il fut apprécié. Pleinement compris et approuvé? C'est autre chose. Il était sans doute un peu trop sage. C'est ce que je crus sentir, quand l'une de mes auditrices, la plus jeune, non la moins jolie, s'écria d'un ton résolu : « Ça ne fait rien! Moi, je suis pour Gilbert. » Je ne lui en ai pas tenu rigueur.

Bulletin de la Guilde du livre,
de Lausanne.

« QUI ÊTES-VOUS? »

« Au moment de vous poser la question : *Qui êtes-vous ?* je suis un peu gêné, parce que dans un de vos ouvrages, *les Carnets de Gilbert*, il y a cette phrase : *Qui êtes-vous? Poussez cette question jusqu'au bout : vous allez voir le joli drame.* Je vous poserai quand même une première question : Quel est pour vous le comble de la misère?

M. A. — *Quand cette misère, morale ou physique, altère et abaisse un homme, le conduit à se renier, détruit l'homme qu'il se devait d'être.*

Pour quelles fautes avez-vous le plus d'indulgence?

— *Pour celles qui ne sont pas amenées par un calcul d'intérêt. Pour les « fautes » charnelles, par exemple.*

Quelle est votre qualité préférée chez l'homme?

— *La franchise, la loyauté.*

Et chez la femme?

— *La beauté d'abord. Si vous ne voyez pas là une qualité (mais pourquoi?), je dirai : la franchise aussi, et la simplicité.*

La forme d'expression qui est la vôtre vous suffit-elle, ou avez-vous le sentiment qu'elle vous limite?

— *Elle ne m'accuse pas moins qu'elle ne me limite. Et je crois qu'elle pourrait me suffire, si je parvenais à la pousser davan-*

tage dans le sens d'une stricte et pleine fidélité à moi-même.

Pourriez-vous tout quitter, famille, situation, habitudes, pour recommencer votre vie ?

— *Je n'ai pas grand sens de la possession ; mais je ne tiens pas à recommencer ma vie : je voudrais simplement l'avoir accomplie d'une façon meilleure.*

A quel âge avez-vous senti que vous quittiez l'enfance ?

— *Je ne suis pas sûr de l'avoir jamais tout à fait quittée. Même s'il m'est arrivé de me croire un homme, il me semblait que cette vie d'homme correspondait au meilleur de ma vie d'enfant, à certaines aspirations, certains désirs ou certains rêves d'autrefois, et toujours au même mode de sensibilité.*

Constatons que, bien que nous vous ayons demandé : « Qui êtes-vous ? », nous n'avons pas vu de drame.

— *Je n'aime pas les drames qui se font voir.*

Mais nous n'avons peut-être pas poussé jusqu'au bout la question ?

— *Je n'aurais pas répondu.*

Extrait d'un Entretien radiophonique
avec André Gillois (18 mars 1950)[1].

« QU'EST-CE QUI VOUS A POUSSÉ ? »

« Qu'est-ce qui vous a poussé à dévouer votre vie uniquement à l'œuvre littéraire ? »

— *Sans doute me sentais-je trop malhabile à m'exprimer d'une autre façon. Au reste l'œuvre, pour moi, ne se substitue pas à la vie ; elle la rejoint, la précise, la prolonge, essaie de la parfaire et de lui donner un sens.*

Envisagez-vous une forme à cette œuvre, une direction ?

— *Non ; je me disais : j'essaierai d'être le plus sincère possible.*

D'où venait ce désir de sincérité ?

— *Besoin de nature, je crois. Puis, besoin de réagir contre les mots d'ordre, les modes, les masques, les parades de mon temps.*

---

[1]. Certaines réponses se trouvent ici précisées, comme pour l'entretien suivant (avec Mme Madeleine Chapsal).

Je n'avais pas besoin d'excitants artificiels ; plutôt d'un apaisement (que je n'ai pas trouvé).

Vous employez les mots avec tant de précautions, parfois, qu'on se demande si vous croyez vraiment qu'ils peuvent servir à communiquer. Et même s'il peut y avoir communication entre les êtres.

— *Communiquer n'est pas toujours comprendre. Mais c'est éveiller ou rejoindre, être ensemble dans la peine ou la joie, dans les aspirations, et jusque dans les malentendus. Si je ne croyais pas à la communication par les mots, j'userais envers eux de moins de précautions. Ce qui est quelquefois donné, mais rarement, par le silence, les mots essaient de le conquérir.*

Dans vos nouvelles, il y a un sujet, me semble-t-il, qui prédomine : l'amour. La grande difficulté de l'amour.

— *Oui. Soit que cette difficulté de l'amour provienne du malentendu entre deux êtres ; soit du fait que l'un n'aime pas, tandis que l'autre aime ; soit surtout qu'ils s'aiment tous deux, et c'est à ce moment que le vrai drame commence.*

Vous parlez de l'amour comme d'une chose absolument grave qui contient et surpasse toutes les autres.

— *Il me semble que l'amour est un sentiment si complexe qu'on ne peut le nommer sans le trahir. Il met en jeu presque tous les ressorts et les possibilités d'un homme, comme aussi ses infirmités. Il est un combat entre l'ombre et la lumière — nous n'allons pas jouer les Pères de l'Église — entre une part charnelle et une part spirituelle. Et dans la part charnelle aussi, voyez l'ombre et la lumière.*

Ce combat entre l'ombre et la lumière, on a le sentiment que vous l'avez mené dans toutes vos œuvres.

— *Et dans ma vie (même un peu plus que je n'aurais souhaité).*

Extrait d'un Entretien avec Madeleine Chapsal.
L'Express (26 mai 1960).

Reflets

De toutes les études critiques, nombreuses, consacrées à l'œuvre de Marcel Arland, nous avons choisi celles-ci qui, avant tout, s'attachaient à examiner l'art de l'écrivain et les répercussions intimes de ses livres :

TERRES ÉTRANGÈRES

Minimum de matière première, distribution des jours et des ombres, équilibre des parties, combinaison et ménagement des effets et des contrastes, recherches de limpidité, de tons assourdis, de dépouillement : il y a quelque chose de plus et de mieux que cela dans *Terres étrangères*. Cette technique savante recouvre une sensibilité poétique d'une qualité particulièrement fine et rare.

Valery Larbaud,
La N. R. F., juillet 1924.

Avec *Terres étrangères*, roman charnel et pur, avec cette étude « sur le nouveau mal du siècle », c'est un tragique nouveau qui s'est installé parmi nous; à peine est-il là que nous le reconnaissons par un cri : il porte notre visage... Ce tragique, je le retrouve jusque dans le style de Marcel Arland : d'une pesanteur terrestre (mais rien d'oppressant; tant de pureté, de retenue s'y révèlent; et cette simplicité...). On ne peut imaginer ton plus pathétique et plus dramatique à la fois, ni plus émouvant. En Marcel Arland, malgré son âge, à cause de son âge peut-être, je salue un de nos nouveaux maîtres et l'un des plus dignes d'être aimés.

André Desson,
Les Cahiers du Mois, 1924.

Connaissez-vous *Terres étrangères*, ce bref récit que Marcel Arland vient de rééditer, qu'il a écrit en 1922, à vingt-trois ans, je crois ? A cette époque, la portée effrayante de ce petit ouvrage m'a échappé. Vous m'excuserez si j'emploie des termes vagues ; l'amitié me gêne. Marcel Arland contient en lui la guerre ; contenu dans tous les sens du mot, et voilà qui est admirable. A lire sa prose, la plus maîtrisée qui soit ; à voir en passant l'homme si courtois, toujours scrupuleux, vous ne soupçonnez rien. Dans *Terres étrangères* tout est dévoilé par avance, vision hallucinante de ce qui sera : le pathétique de l'ordre, le désordre intime, la beauté des flammes infernales dont on ignore ce qu'elles détruisent ou illuminent, une espèce de malédiction surmontée.

Jacques Chardonne,
Lettres à Roger Nimier.

Trente ans ont passé, galopé sur ce petit ouvrage. On le réédite, et voyez : il est frais comme à sa naissance, et tendre ; une sensitive ? J'en suis ravi. Étonné ? Non. Je sentais que l'art de Marcel Arland, comme son cœur, n'avaient rien à craindre du temps.

Robert Kemp,
Le Soir, de Bruxelles, 12 septembre 1953.

Dans ce drame d'un couple qu'un enfant découvre par lambeaux, par déchirures brusques, dans la cruauté ouatée de ce récit adroit et juste, tout ce qui sera Marcel Arland est déjà contenu : les graves paysages campagnards, l'amour si beau, si difficile, l'enfance, l'odeur du tilleul, les vieilles gens malhabiles et les jeunes gens tourmentés, la musique d'une langue savante et qui, si elle balbutie, ne fait qu'ajouter un peu de ruse à son grand art — oui, c'est tout cela qui n'a cessé de consoler le voyageur, et ses lecteurs.

Claude Roy,
Libération, 12 octobre 1953.

Sur un nouveau mal du siècle

Ainsi retrouvai-je en moi ce « nouveau mal du siècle », dénoncé par Marcel Arland dans un article de *la N. R. F.* qui avait fait grand bruit...

Simone de Beauvoir,
Mémoires d'une jeune fille rangée.

Et s'il existe, ce Dieu, cet « éternel tourment des hommes » comme l'avait appelé, il y a une trentaine d'années, un très jeune homme, Marcel Arland (et je me souviens que ce seul mot avait suffi pour que tous nos regards se tournent vers lui)...

François Mauriac,
Le Figaro, 17 novembre 1953.

La Route obscure

On doit maintenant comprendre que *la Route obscure* nous ait particulièrement intéressé par la description lucide de cette souffrance, de ce désarroi intérieur, par le regard sans indulgence jeté sur les petits camarades qui continuent leurs jeux charmants, cocasses, très spéciaux; et par un accent qui ne trompe pas. Marcel Arland est de ceux qui cherchent. Il le dit sans emphase, à chaque page...

Georges Friedmann,
Europe, 15 avril 1925.

Il n'y a pas de doute à avoir, Marcel Arland explorera sans fatigue ni trêve sa conscience. Il l'explorera avec une telle minutie que certains prendront cette attitude pour de la froideur. Peut-être cette froideur apparente, cette retenue, n'est-elle que le signe d'un désir exaspéré de pureté.

Philippe Soupault,
La Revue Européenne, mai 1925.

M. Marcel Arland est un tout jeune écrivain, à qui les plus grands espoirs sont permis. Depuis un an, il nous a donné trois livres : *Terres étrangères*, *Étienne* et *la Route obscure*, qui témoignent chez un adolescent d'une rare volonté de renouvellement, d'une distinction hautaine infiniment séduisante, enfin, ce qui est mieux et dont toutes ces qualités apparentes ne sont que la transposition esthétique, d'une âme profondément religieuse et difficile à satisfaire.

Frédéric Lefèvre,
Les Nouvelles littéraires, 1924.

Étienne

On ne saurait trop louer le ton de ce livre et l'anxieuse sincérité qui l'anime. Je ne veux pas dire qu'incapable d'imaginer, Marcel Arland en ait été réduit à se raconter lui-même : rien ne serait plus faux. Mais il fuit tout artifice : il n'a pas de plus grand soin que de surprendre les passions jusque dans leur pure essence, pour ainsi parler. Et que l'analyse en reçoive parfois quelque chose d'un peu décharné, il est possible. Au moins les paroles sont presque toujours de l'accent le plus juste et le plus pathétique, habiles à dévoiler d'un mot simple l'affreux secret des âmes.

Henri Rambaud,
La N. R. F., 1924.

Ayant effleuré du regard mes auteurs favoris, mon père les jugea prétentieux, alambiqués, baroques, décadents, immoraux ; il reprocha vivement à Jacques de m'avoir prêté, entre autres, *Étienne* de Marcel Arland.

Simone de Beauvoir,
Mémoires d'une jeune fille rangée.

Monique

Une nouvelle aussi difficile, aussi tragique et aussi imprévisiblement réussie que *Monique*, est comparable aux plus belles de Hardy et de Tourgueneff. Elle a ce ton ramassé et cette secrète amplitude qui forcent un court exposé à prendre l'allure d'un roman. Elle découvre lentement le chemin que nous pourrons suivre... Dans *Monique*, il y a les deux signes décisifs qui permettent *le Moulin sur la Floss* ou *Jude l'Obscur* : une absence complète de toute littérature, et un souci minutieux des différents rapports de l'expression.

Georges Poulet,
Sélection, 1926.

C'est *Monique* qui vint, en 1926, rompre l'enchantement de la littérature expressionniste du type Morand-Giraudoux, et représenter vivement aux admirateurs de Delteil, de Soupault, les prestiges de la divine simplicité.

Robert Poulet,
Cassandre, 25 juin 1938.

Les Ames en peine

Marcel Arland lutte contre les habitudes héréditaires de repliement et de contrainte. Il a le sens inné de la vie intérieure; il se meut sans peine dans cet univers secret où d'autres font des explorations à la lanterne. C'est de là qu'il ramènera à la lumière du soleil les êtres particuliers qui l'intéressent.

Jean Schlumberger,
La N. R. F., juillet 1927.

Où le cœur se partage

On peut dire qu'il n'a pas écrit une ligne qui ne tende à préparer une réponse à l'une de ces deux questions : « Qu'est-ce que la vie ? » et « Comment puis-je, comment dois-je diriger ma vie ? » De telles questions, lorsqu'elles s'imposent, peuvent conduire l'esprit soit à une attitude métaphysique, soit à une attitude religieuse. M. Arland est imprégné de christianisme, il n'en est pas pénétré; il s'accorde sans peine à ce qu'il a de négatif; mais il n'accepte pas ses affirmations. D'où le ton et la pensée de ces trois méditations, que domine tout naturellement le sentiment de la mort... Paysages de banlieue, employés ou ouvriers dans les trains, une femme, l'auteur, figure et dessins sans importance *particulière*, sont reliés les uns aux autres comme les morceaux d'une symphonie. L'accord est parfait : le ton grave et humain, quelquefois poignant, de la méditation ne faiblit pas, et chacune des parties entre dans le livre en augmentant sa force propre. Déjà dans *les Ames en peine*, le dessein de M. Arland n'avait pas été sans rapport avec celui-ci ; mais la nouvelle se prête moins que la méditation à une tentative de ce genre, et la vie individuelle des personnages le limitait nécessairement.

André Malraux,
La N. R. F., février 1928.

L'Ordre

L'Ordre est un récit nu, dépouillé et pourtant complet. Peu à peu, le sentiment de la fatalité de la destinée s'impose au lecteur, et le refus total de lyrisme auquel s'est astreint le romancier finit par susciter une poésie désespérée qui, par instants, atteint le tragique... On a rarement montré avec autant de lucidité impitoyable l'impuissance de l'homme à se maintenir dans l'absolu.

Benjamin Crémieux,
Les Annales, 1929.

Marcel Arland se distingue, il me semble, entre les écrivains de sa génération, par une puissance exceptionnelle de concentration et de méditation sur la vie. Il applique aux sentiments et aux actes quotidiens l'attention méfiante et passionnée que le philosophe reporte sur les principes de sa pensée. On est frappé de voir que la préoccupation de soi, qui ne laisse pas d'agacer un peu chez les jeunes gens de son âge, chez lui a su se purifier, se surmonter, devenir une sagesse, une méthode pour retracer la vie. Dans la moindre scène de *l'Ordre* la mise en forme correspond à une mise au point psychologique très précise. Il n'y a pas, à proprement parler, de « manière » dans ce roman. Il n'est pas réaliste, bien que l'auteur ait longuement réfléchi sur le réalisme. Il n'est pas non plus psychologique, si l'on entend par là la recherche des curiosités de l'âme. Je serais tenté de dire qu'il est juste, dans tous les sens du mot, et sa beauté vient de son dépouillement, de l'effacement des procédés, de la sobre opportunité des traits, de l'exquise retenue qui permet à Marcel Arland, tout en menant fortement son récit partout où il doit aller, de ne rien supporter que l'essentiel.

Ramon Fernandez,
La N. R. F., juillet 1929.

Le double choix de Marcel Arland et de Georges Bernanos consacre deux talents de grande classe... Ce sont les deux écrivains qui ont examiné avec le plus de puissance et de lucidité les problèmes auxquels on peut ramener tout ce qui nous agite depuis dix ans.

André Rousseaux,
Le Figaro, 1929.

Je n'hésite pas à affirmer que *l'Ordre* doit être regardé comme la contribution la plus remarquable, et de beaucoup, qu'ait apportée au roman la génération qui approche aujourd'hui de la trentaine.

Gabriel Marcel,
L'Europe nouvelle, 1929.

Les Carnets de Gilbert

Il est un autre Marcel Arland, celui des *Carnets de Gilbert*, cette œuvre qui passa complètement inaperçue, sauf des bons juges. Dans les *Carnets*, il a mis probablement l'essentiel de lui-même, et il s'exprime directement. L'art est peut-être inférieur à celui des nouvelles, mais la vérité humaine apparaît toute nue.

Jean-José Marchand,
Journal du Parlement, 26 juillet 1960.

Antarès

Il est des pages d'*Antarès* particulièrement heureuses qui se mettent à vivre; elles se colorent du reflet des arbres, elles deviennent fraîches et vertes sous la main, reflétant une lucide clarté venue on ne sait d'où. Monde d'enfants et de femmes si léger, posé sur terre avec une telle douceur, semblable à une bulle de verre, qu'à chaque instant il menace de disparaître. Ces femmes et ces enfants glissent sur le sol plus qu'ils ne marchent; leurs gestes troublent si peu le silence d'alentour quand ils avancent, les yeux grands ouverts sur le miracle du monde, qu'on s'attend à les voir perdre encore de leur peu de densité, devenir de plus en plus transparents, jusqu'à se résorber doucement dans cette forêt, ces rues désertes de village, ces tombes, s'anéantir sans violence, comme des nuages d'été.

Marc Bernard,
Europe, 15 décembre 1932.

Les Vivants

De même que dans le merveilleux *Antarès*, M. Marcel Arland s'est proposé ici d'atteindre au cœur même de la vie, d'en révéler les secrets fugitifs, et c'est le plus mince qui a parfois le plus d'importance, et c'est le feu de sabots qui est parfois la plus belle chose que puisse dire un écrivain. Avec un art à la fois tendre et sûr, il nous a raconté ses histoires, fait ses confidences, évoqué les figures de ses rêves ou de ses rencontres. Ce sont bien des « vivants », en effet, nous les reconnaissons : des vivants ils ont le silence, la tendre inquiétude, le frémissement. Avoir fait passer dans un livre toute cette douceur et tout ce mystère est le plus bel éloge que l'on puisse faire à un écrivain.

Robert Brasillach,
L'Action Française, 14 juin 1934.

Il ne s'agit pas, chez M. Arland, de vieille France à pousser, comme chez M. Roger Martin du Gard, dans le tombeau vers lequel elle penche, mais de l'éternelle humanité. Et, le livre de Jules Renard s'appelant *Nos Frères farouches*, celui de M. Arland pourrait s'appeler simplement *Nos Frères*. Ne voyez pas, d'ailleurs, dans ce titre des *Vivants*, un homme qui exalte la vie, au sens lyrique et frénétique du mot. M. Arland éprouve pour l'humanité fraternelle qu'il peint une pitié d'autant plus délicate et profonde qu'il la regarde et nous la fait regarder au moment où elle glisse de l'autre côté de la vie.

Albert Thibaudet,
1934, du 21 juin 1934.

La Vigie

Le beau livre de M. Marcel Arland est certainement le plus difficile qu'il ait écrit, et le plus malaisé à juger. Dans ces deux cents pages d'un style pur s'ébauche une tragédie si profonde, s'esquisse une conception de la vie si particulière qu'on risque au premier abord de méconnaître l'originalité de ce roman et d'en mal comprendre les intentions. Pourtant, on est tellement persuadé que ce livre, qui n'a peut-être pas la séduction immédiate d'*Antarès* ou des *Vivants*, a une grande importance pour son auteur, qu'on hésite à en parler, car il serait vraiment assez grave de se tromper sur lui. Et cela d'autant plus que les desseins de l'auteur me semblent à la fois si subtils et divers, presque divergents, comme si, à côté du drame qu'il met en scène, il nous laissait deviner le drame de la lucidité, le drame du jugement : en forçant la note, on pourrait dire qu'il y a dans *la Vigie* un roman d'amour et la critique du roman d'amour, tellement les situations y sont poussées à l'extrême dans une tension, dans une pureté presque inhumaine, comme la pureté de la tragédie. On comprendra qu'il soit malaisé d'exprimer ce que l'on pense devant de si multiples et si fines constructions.

Robert Brasillach,
L'Action Française, 13 juin 1935.

...Les livres de MM. Malraux et Arland sont assez représentatifs de deux grandes tendances de la littérature : celle qui représente l'homme aux prises avec la réalité, avec les problèmes qu'elle pose, avec la société existante et les autres hommes avec lesquels elle impose des combats ou des alliances ; et celle qui montre l'homme aux prises avec sa propre nature, avec les lois qui régissent au contact d'un autre être, par exemple, et généralement dans l'amour, l'évolution des sentiments. Dans ce deuxième cas, loin de mettre son héros au contact de la foule, aux prises avec la peine, la révolution, la guerre et les fraternités qu'elles imposent, l'écrivain abstrait son héros du monde, le met à l'abri de la nécessité, dans un monde purifié, dans une sorte de désert factice, où les incidents, les contraintes, les occupations de la vie ne viennent pas le détourner de ses problèmes intérieurs. De ce point de vue, les cautions de M. Marcel Arland sont faciles à découvrir : ce sont les tragiques...

Thierry Maulnier,
L'Action Française, 21 juin 1935.

Le livre des plus subtiles délicatesses et de la plus inexorable cruauté ; un livre très tendre qui est, en même temps, un livre féroce, voire inhumain. Une œuvre intense et assourdie, vibrante et contenue, tendue et voilée, exaltée et discrète, pathétique et sans emphase, lucide et mystérieuse...

Gabriel Brunet,
Je suis partout, juin 1935.

Les plus beaux de nos jours

M. Marcel Arland offre aux critiques une proie admirable. Pour ceux qui aiment dans les œuvres non seulement l'œuvre même mais l'opération d'un art et l'adresse d'un esprit, il réserve d'étranges plaisirs. Il est propice à tout lecteur. Il paraît simple et parfait à l'âme sans poison. Il semble d'une extrême complexité et toujours parfait à la pensée soupçonneuse. Il est égal à la naïveté et à la profondeur. Bien plus, les genres où il excelle sont des genres où il est rare d'exceller, non pas parce qu'ils sont difficiles mais parce que la facilité en est devenue la première règle. M. Marcel Arland résiste à cette absence de résistance, et en même temps il avance sans contrainte. Il marche sur la pente

> Ce n'est pas encore le silence, cette nuit. J'ai entendu d'abord une sorte de chuchotement se plaindre ; puis cela s'est mis à siffler sous les combles ; un volet a claqué ; c'est à présent une haute et constante rumeur sur le village. Je reconnais le vent d'Est, et me souviens que jadis, hommes et enfants, nous l'accueillions comme un dieu. S'il s'installait aux mois d'hiver, nous savions qu'il allait exterminer toute la vermine des champs et des arbres ; s'il venait avec la grande saison, c'était garantie de moissons sans eau et de fruits sains. Nous nous disions le matin, en montant à l'école : « Tu le sens ? Tu le vois ? » J'aimais qu'il naquît de ce coin du ciel où le jour aussi prenait naissance, et qu'avant de nous rejoindre il passât, derrière le village, sur les deux sapins du cimetière, dont il nous apportait le souvenir. J'aime encore ce long vent qui peut être dur, mais non point captieux.
>
> Varennes
>
> (Dernière page de :
> Je vous écris – 1960.
> Marcel Arland)

Fac-similé autographe.

1960. Devant l'église de Châtelmontagne, en Auvergne (l'église de « Châteldôme » dans la dernière nouvelle de *l'Eau et le feu : les Eaux vives*).

la plus aisée comme un homme qui, à la fois, invente ses pas et n'a aucune conscience de sa marche. Tout est chez lui feinte et candeur. Son œuvre est une tapisserie où l'envers et l'endroit se réfutent, se répètent, s'enrichissent pour former une image simple. Le filigrane n'en révèle pas toujours les vrais secrets.

Maurice Blanchot,
L'Insurgé, 9 juin 1937.

« Le plus beau jour » de chaque être n'est pas du tout forcément celui du plus grand bonheur. La grandeur de Marcel Arland, c'est qu'il nous entraîne bien au-delà de la joie et de la tristesse, dans une région où ces notions n'ont presque plus de sens. Et quand on le voit suivre en cela, d'instinct, la voie des grands mystiques, on ne s'étonne plus de trouver à son œuvre un accent religieux d'une intensité bien rare en notre temps.

Claudine Chonez,
Les Nouvelles littéraires, 14 août 1937.

Les nouvelles de M. Marcel Arland, du moins en leur type le plus pur, doivent être considérées comme des sortes de rapides coups de sonde jetés dans le torrent de la durée, ou comme des coupes opérées dans ces tissus vivants dont sont faites les destinées diverses et si rarement heureuses des êtres humains.

François Porché,
Le Jour, 9 juin 1937.

Comprend-on qu'un ouvrage ainsi conçu soit franc de tout reproche de fadeur? Ces douze nouvelles peuvent bien rayonner de cette sorte d'enthousiasme que Sainte-Beuve définissait « une paix exaltée »; mais c'est d'abord qu'elles intègrent, à titre égal, la joie et la douleur au mystère de la délivrance de l'âme. Il s'agit que par la joie ou par la douleur, disons mieux, par la joie et par la douleur, indiscernablement fondues, l'âme devienne chant; et le reste n'est rien.

Henri Rambaud,
La Revue Universelle, 15 juillet 1937.

Arland, si réalistes que soient ses goûts et ses traits, est avant tout le compagnon des âmes. Il cherche une qualité, une densité qui se font sentir chez tous les êtres à certains moments, et voilà l'heure où son regard s'éveille, où sa plume retrace le cours de la vie.

Comme il est un grand artiste et qu'il a une probité intransigeante, il ne tend pas à prouver, il ne fait pas d'apostolat. L'homme lui paraît suffisant pour être humanitaire. A cet égard, c'est le seul d'entre nous, ou presque, qui n'ait pas gauchi, le seul qui n'ait pas adjoint à son vocabulaire ces mots en *isme* que les partis politiques nous obligent à employer.

Qu'on lise dans ce recueil les récits intitulés *l'Horloge*, *Intimité*, *Veillée*, et qu'on dise si ce climat poétique, formé par des moyens si purs, n'a pas quelque chose d'enivrant, s'il n'y a pas là une issue pour le monde.

Marcel Arland n'est pas seulement un exemple de caractère; il exerce en toute simplicité, avec ses dons d'artiste, une mission qu'on envie.

Jacques de Lacretelle,
L'Heure qui change, 1941.

Le volume de Marcel Arland témoigne d'une rénovation et presque d'un bouleversement dans la façon nationale de conter. Son art ne consiste pas à faire tenir un récit sur sa conclusion, dans un équilibre plus ou moins instable, mais à donner à un moment quelconque de la vie son maximum de sens, de divulgation, de richesse morale.

Edmond Jaloux,
Les Nouvelles littéraires, 4 septembre 1937.

Où va-t-il? Je ne sais pas. Mais il faut qu'il aille. Si, comme on le lui annonce, il se casse le cou, ce sera un bel accident; et mémorable dans l'histoire des Lettres.

Robert Kemp,
La Liberté, 12 juin 1937.

Terre natale

Tous ceux qui aiment une notion amicale, profonde et pure de la vie écouteront monter des pages de ce livre une voix fraternelle et un enchantement miraculeux.

Robert Brasillach,
L'Action Française, 9 juin 1938.

Il aura réussi l'une des tâches les plus difficiles à l'humanité, les plus dangereuses pour l'équilibre humain, qui est de rester en règle avec son enfance. Il faut savoir gré à Marcel Arland de parler avec cette tendresse, mais cette gravité, de ses « valeurs essentielles ». Il faut admirer qu'il ait su préserver son enfance au travers de cet après-guerre.

Armand Petitjean,
Vendredi, 17 juin 1938.

Terre natale est un chef-d'œuvre de discrétion et de pudeur. Appréciation morale : certainement. Mais davantage artistique. Car, dans ce cas, le problème technique de l'écrivain est celui-ci : comment tout dire en ne disant rien; comment peindre le plus triste, le plus exaltant, le plus intime, le plus cruel, sans employer la palette du triste, de l'exaltant, de l'intime, du cruel; comment faire parler la discrétion qui consiste à taire et faire montrer la pudeur qui consiste à voiler. Seul l'art, le plus grand art, peut résoudre ces difficultés.

Pour Marcel Arland, la question est de porter le poids d'un passé littéraire trop riche dont il ne faut rien perdre, rien renier, et de paraître cependant sans attache, libre et neuf.

Émilie Noulet,
Combat, 25 juin 1938.

Ici intervient la qualité de l'âme. Tout dire est à la portée de chacun : ce qui vaut mieux, c'est de suggérer — de dire davantage en disant moins. D'ouvrir par quelques paroles de vastes perspectives; d'inviter par une inflexion, par un rappel d'apparence insignifiante, par une touche aiguë, subtile, à se souvenir, à confronter, à comprendre; à réaliser, dans une illumination aussi soudaine que fugitive, la part d'éternité que comporte l'éphémère. Or, cet art de la suggestion pudique, Marcel Arland le possède plus que quiconque. Il excelle, j'allais dire : à en jouer, mais le terme serait aussi maladroit qu'inexact, car il ne s'agit là ni d'un jeu ni même d'un art; il s'agit de la forme proprement religieuse de la sensibilité, du pouvoir de communion qui établit l'être en relation avec la réalité profonde des êtres et des choses, du monde et de la vie.

Emmanuel Buenzod,
La Gazette de Lausanne, 19 juin 1938.

Le résidu philosophique de ses émotions et de ses pensées, si l'on pouvait l'extraire par quelque jeu d'alambic du fond concret de ses récits, serait une sombre liqueur ayant le goût et le parfum du pessimisme absolu. Dangereux poison. Comment expliquer la ravissante limpidité de M. Marcel Arland et son pouvoir d'enchantement?

François Porché,
L'Époque, 18 juillet 1938.

La Grace

Avec le recueil de nouvelles intitulé *la Grâce*, Arland affirme plus nettement que jamais son goût pour une forte discipline artistique. Sa technique du silence, bien mise au point, servie par une prose drue et forte, représente un parfait instrument de mesure. Arland est un auteur sur qui l'on peut compter comme *témoin* valable de son époque. Et je ne connais pas d'éloge plus important.

Georges Magnane,
La N. R. F., octobre 1941.

Observateur et psychologue, il ne se borne point à l'analyse toute sèche des sensations et des sentiments des personnages qu'il met en scène. Il sait faire éprouver au lecteur, par son art, ce qu'il a ressenti, ce qu'il a imaginé lorsqu'il s'est ému lui-même en composant son récit. Émotion contenue mais d'autant plus pénétrante : on n'y échappe pas ; elle vous prend et vous tient jusqu'au bout. Les personnages vivent, positivement, devant nous.

René Dumesnil,
Le Jour, 13 août 1941.

Zélie dans le désert

Comment dire la grâce, la netteté, la pureté sans défauts dont l'auteur a su revêtir cette idylle brisée qui fût demeurée sous n'importe quelle plume le mélo le plus terriblement banal ? On voudrait citer des passages entiers du récit, mais, lorsqu'il s'agit de les choisir, on s'aperçoit que chacun, isolé de son contexte, risque de perdre l'essentiel de son charme. Tant il est vrai que, dans une œuvre parfaite, chaque fragment n'est là que pour concourir à la beauté de l'ensemble dont il demeure inséparable.

G. Albert-Roulhac,
Libération, 10 août 1944.

L'atmosphère, les décors autour des personnages, jouent toujours dans les romans de Marcel Arland un rôle décisif. Plus que jamais dans *Zélie*. Nous pénétrons la vie secrète des êtres en partant de l'extérieur et nous arrivons à eux peu à peu, respirant l'air qu'ils respirent eux-mêmes. La campagne vit avec les personnages. Le lecteur est imprégné de cette vie, non seulement grâce aux mots qui restituent les odeurs, les couleurs, les formes, les jeux de l'ombre et de la lumière ; mais encore grâce à la savante construction des phrases qui contribue à créer l'atmosphère, à dévoiler le mystère... C'est d'un art incomparable.

François de Roux,
Comœdia, 22 juillet 1944.

Il faut de tout pour faire un monde

Ce monde est un des plus noirs que nous connaissions, et d'autant plus noir que nous le connaissons et le reconnaissons vrai. Personne mieux que Marcel Arland n'a parlé des villages. Sans y mettre de romantisme, avec une si grande simplicité que les ressources de son art apparaissent à nu (le mystère du style en pleine lumière). Un art spécifiquement français, un art du dessin où la moindre incertitude gâterait tout.

Jacques Brenner,
Paris-Normandie, 17 septembre 1947.

Si réel que soit le décor chez Arland... (son) village est toujours un village mythique, un village d'enfance ou de nostalgie, celui que probablement chacun de nous porte en soi et vers lequel il revient un jour ou l'autre comme vers une patrie après l'exil, comme vers un paradis perdu. C'est le même village du retour au pays natal, du retour à un pays devenu intérieur qu'évoquait Giraudoux...

Albert Béguin,
Une semaine dans le monde, 4 octobre 1947.

Un enchaînement de situations romanesques requiert, en définitive, une collaboration du romancier telle que je ne puis m'empêcher de penser qu'il maquille son jeu. Roman, nouvelle, cela ne fait rien à l'affaire. Mérimée a été un admirable maquilleur. Tandis que par une recherche de pureté et de rigueur, que l'on est bien obligé de juger exceptionnelle, M. Marcel Arland, dans ses nouvelles, refuse de collaborer. Il y a une adéquation presque parfaite entre la donnée du monde et le récit de l'auteur. Cet effort est admirable, et la réussite obtenue peu commune en un temps où la littérature est bien démagogique...

Armand Hoog,
La Nef, 1er décembre 1947.

A la campagne, Arland a connu le prix de la pauvreté, non pas de celle qui prive et mutile douloureusement l'homme, mais de celle qui le découvre à lui-même dans sa nudité et sa vérité... Voyez tout ce peuple admirable de villageois et de paysannes qui vont et viennent dans les récits d'Arland. Quelle simplicité, quelle humilité

dans leur âme! Le plus bel orgueil paraît grimace à côté...
C'est un trait permanent de cet écrivain, cette confiance
en l'homme.

Étiemble,
Les Temps modernes, n° 32.

A regarder de près, il se pourrait que l'auteur d'*Il faut
de tout pour faire un monde* eût rassemblé dans ce livre les
mêmes matériaux que le plus féroce des naturalistes, le
plus insidieux des psychanalyseurs, le plus diabolique des
sectateurs du Malin. Seul le style qu'il donne à ses histoires
les empêche de tourner au noir et au soufre. Un style
exquis, le plus raffiné du monde dans la simplicité, une
douceur, un velouté qui semblent le comble de l'astuce
et de la rosserie peut-être. Car on finirait par subodorer
une vague ironie dans cette manière qui est juste à l'opposite de l'ancienne rhétorique des « hommes sensibles »,
dans cette pureté du ton bien incompatible avec le sentimentalisme, dans cet « optimisme » sans défaut. Du reste,
il n'en faut pas plus pour que M. Arland soit vraiment
un auteur incomparable.

André Thérive,
Paroles françaises, 28 novembre 1947.

Le dernier livre de Marcel Arland (*Il faut de tout pour
faire un monde*) repose sur un art de composer entièrement
nouveau. Le romancier renonce à assurer sur la formation
des sentiments le progrès de l'action. C'est un coup d'état
qui sous-entend une vue entièrement renouvelée de la
nature humaine. Il est extrêmement troublant qu'un auteur
formé dans l'étude du cœur humain nous donne soudain
à conclure que *l'individu ne se laisse pas diviser*. Cette certitude ferme derrière lui un cycle de création et en inaugure
un autre très différent et qui suppose une façon nouvelle
de sentir l'existence. Si Marcel Arland demeure fidèle
à une tradition, elle n'a plus que l'air du XVIIe siècle et ses
astres sont dans le firmament de Shakespeare.

Joë Bousquet,
Les Cahiers du Sud, n° 287.

La Prose française

De la critique, on s'est rarement fait une idée plus exigeante. Arland la fonde tout entière sur cette idée des « échanges » qui se produisent entre un homme et une œuvre et sur la recherche de cet intermédiaire, l'auteur. Ainsi la critique est-elle située à égale distance entre l'esthétique et l'histoire, touchant à ces deux sciences et se séparant d'elles par son pouvoir poétique et vivant. Car, à partir du moment où la critique, au lieu de prolonger les impressions d'une lecture, en permet la compréhension, en conditionne l'existence, elle devient elle aussi un art, une création. Et, bien souvent, comme un paysage indifférent, si nous le retrouvons chez un peintre ou chez un romancier, soudain nous touche et nous charme, la petite phrase de Marcel Arland, brillante comme du cristal, nous a ouvert une sorte de fenêtre sur une œuvre jusque-là obscure...

Bernard de Fallois,
Opéra, 3 octobre 1951.

La Consolation du voyageur

Dans la génération fiévreuse qui était la sienne, il s'est signalé par une modestie et une pudeur qui ne se sont jamais démenties. On sait qu'il montre beaucoup de dévouement pour les jeunes écrivains : il est un des trois ou quatre critiques qui lisent les livres sans attendre qu'un scandale ait attiré le regard de leurs confrères. Mieux, il joue un rôle utile à l'égard de ces derniers; il est un peu un critique pour les critiques.

Pour toutes ces raisons, il est passionnant d'entendre cet homme sauvage et bienveillant parler enfin de lui-même. Il ne le fait pas sans réserve. Il faut la conjonction d'une suite de récits et d'un recueil de critiques pour que le portrait se dessine sous nos yeux. *La Consolation du voyageur* met en scène un petit garçon à la campagne, un écolier, auquel fera suite l'essayiste, le romancier.

Roger Nimier,
Carrefour, 4 juin 1952.

Un très beau livre, d'une allure mozartienne, nostalgique et plein de force à la fois — où l'unité d'un grand écrivain se découvre et s'avoue, unité du regard porté sur le monde, unité d'une culture et d'une morale, qui informent les paysages traversés et les êtres rencontrés, unité tout autant conquise que donnée.

Gilbert Sigaux,
La Table ronde, 1er juillet 1952.

L'oiseau qu'entend et nous donne à entendre M. Marcel Arland chante une musique intérieure : celle de la littérature qui n'est pas seulement de la littérature, mais « une connaissance et une réalisation de nous-mêmes », tout au long de ce voyage qu'est notre vie d'homme parmi les hommes.

Luc Estang,
La Croix, 22 juin 1952.

On a parfois comparé M. Arland à feu Alain-Fournier ou à feu André Gide, qui n'aimait, au fond, rien ni personne... Il est surtout lui-même, un des écrivains qui auront le plus marqué en notre temps, l'inventeur d'un genre, le plus émouvant et le plus ému des mémorialistes.

André Thérive,
France Réelle, 10 octobre 1952.

Dans cette œuvre merveilleusement accordée, tous les éléments se répondent — journal intime, souvenirs, essai, nouvelles — et chacun est comme une confirmation de l'authenticité des autres. — On a compris que Marcel Arland venait d'inventer une nouvelle forme littéraire. Elle pourra séduire plus d'un jeune écrivain.

Jacques Brenner,
Paris-Normandie, 13 juin 1952.

Son œuvre est sans doute, parmi celles de nos maîtres à écrire et à penser, la plus généreuse, la plus libre, la plus sensible, la plus frémissante de pitié humaine, la plus voisine de notre cœur, la plus nuancée et la plus chaleureuse. Elle n'a de souci d'art que si l'art émane de cette souffrance et de ce bonheur terrestres, de cette vie quotidienne, écœurante et médiocre si l'on ne parvient pas à préserver la part inaliénable de l'être seul en face de lui-même, en face de son destin, en face de Dieu. Le courant religieux, si discret qu'il soit, fait le fond même de l'œuvre de Marcel Arland; il est de la race de ces spiritualistes agnostiques, qui négligent les formes de l'orthodoxie pour s'en tenir à l'esprit et non à la lettre.

Michel Manoll,
Revue de la Pensée française, février 1952.

La Grace d'écrire

Il est et demeure, peut-être surtout pour tous ceux qui croient encore à la « grâce d'écrire » — qu'il illustre si bien — l'un des témoins les plus lucides de la « chose littéraire », en un temps où celle-ci a tant besoin d'être défendue contre les amateurs pressés, contre les aventuriers indélicats, contre ceux qui voient en elle un jeu facile ou une « affaire » rentable. En même temps que la « grâce d'écrire », un homme comme Marcel Arland incarne et défend l'honneur d'être écrivain.

Claude Elsen,
Plaisir de France, janvier 1956.

La tolérance mais la rigueur, la finesse mais la profondeur, telles sont les vertus — peu tapageuses mais rares — de Marcel Arland critique; exemplaires, elles sont avant tout celles du moraliste et du directeur de conscience, le vrai, celui qui ne s'impose pas ce rôle à tout prix.

Alain Bosquet,
Combat, 7 avril 1955.

L'Eau et le Feu

Jamais, sans doute, n'a-t-il peint plus d'êtres en détresse, d'un dessin plus sûr et net, ni choisi d'instants plus déchirés,

pour chercher à en faire surgir, malgré tout, la musique des
« eaux vives ». Oui, on jugera ces nouvelles atroces, et elles
le sont presque toutes, comme la plus belle sans doute du
recueil, cette *Ame en peine* qui pourrait presque donner
son titre à l'ensemble. Pourtant [...], aux âmes en peine
dont il nous révèle la souffrance, Marcel Arland, si discrète
soit la présence du « conteur », ne refuse jamais sa silencieuse
pitié, ni ce lait de la tendresse humaine qui peut sauver
le plus démuni, le plus vil et le plus accablé des êtres.

Claude Roy,
Libération, 25 avril 1956.

Tout Arland est là, avec son mélange de grandeur et
de réalisme, sa prédilection pour le mystère des âmes mal
définies.

Jean Nicollier,
La Gazette de Lausanne, 12 mai 1956.

Marcel Arland, ou le mariage de la passion et de la
pudeur.

Nelly Cormeau,
Le Soir de Bruxelles, 23 mai 1956.

Ainsi donc, l'Eau a un nom. Le Feu a un nom. C'est le
même... Les nouvelles de Marcel Arland peignent soit le
feu d'amour, qu'il couve ou éclate, soit l'eau d'amour,
qu'elle unisse ou apaise. La passion, selon lui, se fait for-
cenée ou cruelle, parce qu'elle presse et veut atteindre
d'emblée sa possibilité infinie et harmonieuse. Les cœurs
se font sauvages dans leur fureur de boire à cette source
qui coule pure et, coulant, les inonderait, les comblerait,
saoulés. C'est par là que, tragiques ou pitoyables, elles
relèvent, malgré leur teinte sombre, de l'espoir humain,
indestructible et sacré.

... Son art — récit ou nouvelle — est un art de la transparence : transparence des attitudes qui laisse voir l'âme;
transparence des paroles qui laisse entendre les intentions.
Car la finesse de son ouïe, notamment, est sans défaut;
les intonations, l'accent et le tour des phrases, il y entend
le grondement ou la fêlure qui, notés, reproduits, lui servent

à dire ce qu'on tait ou ce qu'on cache. C'est toute sa méthode : capter juste pour faire entrevoir loin.

Émilie Noulet,
Les Lettres Nouvelles, juillet 1956.

Marcel Arland est avant tout conteur. Il a cet art de dire en peu d'espace tout le secret d'une vie, d'une nature, d'un événement. Il aime assez le mystère pour ménager à ses personnages l'ombre, le ton assourdi, la couleur d'âme — qui, ensemble, en font, non des pantins, mais des *présences*. Et n'est-ce point là, après tout, le *secret* de cet art de Marcel Arland ?

... Ce qui me paraît essentiel dans ce livre, c'est la notion de solitude. Cette situation qui se poursuit de récit en récit, c'est la solitude. Et principalement la solitude à l'intérieur du couple.

... Les nouvelles de *l'Eau et le Feu* ont la haute couleur de ces histoires d'amour et de mort dont parlait le vieil auteur de *Tristan* et de la *Reine Isolde*. Ce sont des récits entre la vie et la mort. Il faut entendre : qui s'inscrivent dans une région voisine à la fois du Styx et de la fontaine de Brocéliande. Ces présences entre les pages, qui vont et viennent, on voit bien, le livre terminé, qu'elles n'ont rien fait d'autre que d'errer aux portes de la mort.

L'Eau et le Feu est un livre d'exil : voyez-les, ces exilés dans la solitude, qui doivent maintenant remonter les fleuves, rejoindre l'arbre, retrouver le foin miraculeux, le foin frais coupé d'*Antarès*.

Hubert Juin,
Bulletin de la Guilde du Livre, juillet 1956.

Il n'est pas d'abus qu'il ne parvienne à rendre humain par l'analyse; il n'est pas d'excès qu'il n'apprivoise avec naturel... C'est dire que l'inquiétude, la torsion, la rage ne lui sont pas étrangères; il les force à accepter la suprématie de la nuance et de la mesure; il les réduit par la maîtrise d'un art qui les garde intactes mais sait leur imposer sa haute loi. Cet art est d'un poète.

Alain Bosquet,
Combat, 25 mai 1956.

A perdre haleine et Je vous écris

Qu'il intitule ses prises de conscience « Nouvelles » ou « Lettres », Marcel Arland demeure un moraliste aux prises avec son angoisse, une angoisse sous le ciel plombé de Dieu.

Charles Camproux,
Les Lettres françaises, 1960.

Voilà donc un écrivain vivant, puisqu'il attend, s'émerveille et souffre comme il l'a toujours fait. Il vit, car il habite cette mystérieuse contradiction qui nous déchire entre la nuit et le jour, entre des peines réellement inacceptables et une beauté jamais terrassée. On se demande quelquefois si une telle expérience gardera longtemps un sens; pour quelques-uns, c'est en elle que se dérobe et se tient tout le sens de la vie. Marcel Arland est fidèle, avec une limpidité grandissante, à cette expérience initiale.

Philippe Jaccottet : « Le Chant de Marcel Arland »,
La Gazette de Lausanne, mai 1960.

On aimerait parler de la perfection technique de chaque récit. Il s'agit presque toujours d'éclairer un destin au moment où il tourne, une âme à l'instant où elle se reconnaît. Les accidents, la mort notamment, ne sont pas absents; mais ce qui compte, c'est le trait de lumière qui traverse une vie et en révèle soudain, tout à la fois, le secret et l'étendue mystérieuse. Le choix de l'événement et du cadre, la conduite du récit, la sûreté de la langue, témoignent d'une maîtrise que nous connaissions, mais qui, ici, nous paraît sans reproche.

Jean Blanzat,
Le Figaro littéraire, 14 mai 1960.

Née sous le signe du romantisme et du « nouveau mal du siècle », l'œuvre de Marcel Arland n'a jamais renié ses origines. Mais elle s'est progressivement épurée... Le secret de Marcel Arland est sa révolte. Cette révolte est beaucoup plus totale que ne le furent jamais les révolutions à la mode. Marcel Arland, de livre en livre, n'accepte pas.

Mais il joue le jeu, ce qui peut faire illusion. Il y a plus de révolte dans l'œuvre d'Arland que dans celle de Camus : seulement, lui n'en parle pas tout le temps.

Après ce pur miroir de musique et de poésie que fut *Antarès* (1932), il fixa dans *les Vivants* la forme que prendra son œuvre : des nouvelles courtes, d'une transparence absolue, où il énonce en peu de mots l'essentiel sur quelques êtres. On a pu craindre un moment que la perfection formelle ne nuise à une œuvre qui se stabiliserait trop aisément. Sous l'occupation, en revanche, on s'aperçut que ses récits n'étaient pas indignes d'être confrontés avec une réalité qui démodait à peu près tous les écrivains.

A perdre haleine..., cette œuvre, si elle n'est pas vaste, est extraordinairement ambitieuse. Parfois le miracle s'accomplit. On se trouve alors devant quelque chose d'unique. Je ne vois que Bernanos, dans la littérature d'aujourd'hui, qui, en certaines pages, soit allé aussi loin. Tous les autres restent en deçà.

On ne connaîtra jamais assez ce méconnu, égal des vrais grands.

Jean-José Marchand,
Le Journal du Parlement, 26 juillet 1960.

Je ne sais pas — ou, plutôt, je sais très bien — pourquoi je pense à Joubert lorsque je lis un livre de Marcel Arland. J'y pense, voyez-vous, comme on pense à l'ami lointain d'un autre ami. Pourquoi Joubert ? Tout semble à première vue séparer les deux écrivains. Pourtant, ce siècle qui les sépare, les rapproche par le désir qu'ils ont de ne pas se laisser étourdir par le temps qui passe. Ils sont secrets dans leurs aveux mêmes. Observez cette curieuse et obscure parenté que font pressentir le même scrupule et la même délicatesse de ne point montrer les raisons de vivre hors de l'exercice de l'écriture, hors de la pratique du langage. « Tout homme, écrit Joubert, paraît mieux dans son style que dans ses idées. » C'est par la perfection de ce souci du style que s'est faite l'œuvre de Marcel Arland. L'origine et la fin sont semblables, si les moyens diffèrent... Cette voix, obstinée par la finesse du détour et par la gravité du ton, le lecteur la retrouve dans chacune des nouvelles de ce livre *A perdre haleine*. Ce qui change de l'une à l'autre, de ces nouvelles, ce sont les situations des personnages que le narrateur imagine à l'instant que le destin se noue et se dénoue. Alors, ni la peur ni le remords ne les accable. Seul, le silence les affole. Qu'ils décident de partir — et ces voyages sont des fuites — qu'ils meurent — et cette mort est un signe — qu'ils reviennent après qu'ils ont perdu ce qui les « faisait » vivre, ils ne cessent pas de provoquer chez l'autre la réponse à la question, presque muette. L'autre, c'est le narrateur qui prend si souvent la parole pour tenter de leur donner la bonne chaleur humaine qui leur manque.

Si vous entendez ceci : « Ce n'était pas la figure de l'amour qui comptait pour moi, c'était d'aimer, d'aimer toutes ces choses du monde et des hommes, afin que ma vie ne fût pas vaine », vous écouterez la réponse : « Ce monde était si plein, si grave, que jamais l'on ne pourrait l'épuiser, ni s'en assouvir. » Le mouvement de ce dialogue, le dessin de cette prose sont tout à fait singuliers dans nos lettres contemporaines, comme si l'écriture filait le fil qui rattache à la vie, pour casser brusquement, tomber à la solitude, et renaître une fois encore. Ce souterrain passage, c'est celui des ombres malheureuses.

André Dalmas,
Mercure de France, août 1960.

Il y avait un Marcel Arland que nous ne connaissions pas. Nous le soupçonnions peut-être et nous l'attendions. C'est celui qui se livre, l'ami qui se découvre, l'écrivain qui ne craint pas d'arracher le masque, cette enveloppe de fiction si nécessaire pour vaincre le simple langage et atteindre au style.

Franz Hellens,
Le Soir de Bruxelles 14 septembre 1960.

Je ne sais pas si, dans toute la littérature française de ces vingt-cinq dernières années, il est un écrivain dont je puisse dire avec plus de conviction : voilà quelqu'un qui sera encore lu dans un siècle ou deux, lorsque le nôtre aura expié ses manies, ses exagérations, ses impatiences.

Dès *l'Eau et le Feu*, en 1956, et d'admirable manière dans les deux livres de cette année, *A perdre haleine* et *Je vous écris...*, l'écriture de Marcel Arland atteint à un miracle d'équilibre entre la beauté de ses éléments verbaux et l'inquiétude sans fond qu'elle traduit, sans en avoir l'air. Le fluide mozartien, la caresse du mot, la tendre chaleur de la phrase sont là pour nous donner une impression de plénitude : on songe à Georges de La Tour ou à Claude Lorrain. Ce n'est qu'une illusion; il suffit de pénétrer dans l'univers des sensations, chez Marcel Arland, pour deviner toutes ses inquiétudes calmes, tous ses doutes masqués, toutes ses horreurs souriantes. Qu'y a-t-il derrière tant de civilité, tant d'acceptation virile, sinon des âmes qui s'effritent, des tragédies qui fermentent et tout le cortège des misères de ce temps ? Mais non, Marcel Arland est un classique, un artiste harmonieux, un orfèvre. Seuls, les visiteurs hâtifs de son château n'en voient que les décors flatteurs. Les autres tremblent de crainte et de plaisir : il est par excellence l'écrivain qui nous inspire des sentiments aussi contradictoires et aussi bien conjugués.

L'homme est un juge d'une incroyable probité, et d'une sûreté qu'on ne rencontre plus. Sous tant de maîtrise, parfois avenante, parfois narquoise, toujours taciturne, des sentiments opposés peuvent se combattre : l'issue sera toujours équitable. L'ami a des pudeurs et des explosions inattendues; elles se trouvent aussitôt compensées par des gestes qui ne trompent pas et des scrupules désarmants. Marcel Arland, quand on fait fausse route, c'est vers vous, c'est vers vos livres que l'on revient.

Alain Bosquet,
Combat, 24 novembre 1960.

La voix d'Arland est unique et inoubliable.

L'artiste ne vient peut-être au monde que pour délivrer son chant. Du premier écrit d'Arland, *Terres étrangères*, à son dernier recueil de nouvelles, *A perdre haleine*, on voit l'artiste aux prises avec la même réalité. Entre les deux œuvres, il y a une différence de maîtrise, mais non pas de matière. On assiste à un épanouissement. Que ce dernier mot ne prête pas à confusion : arrivé au sommet de sa carrière, Marcel Arland n'est pas moins inquiet qu'à ses débuts. La violence contenue de *Terres étrangères* a fini par éclater dans certaines nouvelles d'*A perdre haleine*. Au temps d'*Antarès*, Marcel Arland pouvait être appelé « le Mallarmé de la nouvelle ». On s'aperçoit aujourd'hui qu'il a toujours porté en lui un univers aussi tourmenté que celui de Dostoïevski. On comprend ce qu'aura été l'art pour lui : un moyen de dominer ces tourbillons passionnels. Le titre d'un recueil de poèmes d'Henri Michaux pourrait convenir à tel recueil de nouvelles d'Arland : *Épreuves, Exorcismes.*

Je suis sûr que cette œuvre est une des œuvres contemporaines qui braveront le temps. Tout célèbre et célébré qu'est Arland, il n'en reste pas moins un écrivain méconnu. Cela tient peut-être au rôle qu'il a joué et qu'il continue de jouer dans la vie littéraire, comme critique et comme directeur de la *Nouvelle Revue Française*. On le connaît surtout comme tel, mais c'est aussi bien dire que, dans ce cas, on ne le connaît pas. Lisez donc son dernier recueil : *A perdre haleine*. Dans toute la littérature française, il n'existe pas un plus bel ensemble de nouvelles.

Jacques Brenner,
Démocratie 60, 1er décembre 1960.

Invulnérable à la vanité, indifférent aux douceurs, sensible seulement — mais qui ne le serait? — à une certaine lourdeur de la méchanceté critique : vous habitez la modestie comme un pays un peu barbare; les honneurs officiels vous y ont repéré depuis longtemps, et pourchassé, traqué : en vain, vous n'en êtes jamais sorti. Vos contemporains étaient souvent occupés par les révolutions, les idées; peu ont écrit comme vous sur la solitude et la sauvagerie humaines. Vous êtes un homme qui se promène seul, voyage seul. Vous avez appelé *l'Ordre* votre plus gros roman : mais c'est à une sorte de désordre ténébreux que vos derniers livres ont donné voix.

François Nourissier,
« Lettre à M. A. »,
France-Observateur, 1er décembre 1960.

Si j'avais à désigner l'écrivain de sa génération dont l'œuvre a la certitude de survivre, je nommerais Marcel Arland, sans la moindre hésitation.

Roger Giron,
La Voix du Nord, 25 décembre 1960.

Il est peu de livres, de nos jours, qui, comme ceux que vient de publier Marcel Arland, nous réconcilient si intimement avec les êtres et la nature... Pour ce magicien du verbe, pour ce découvreur d'âmes, les mots amitié, amour, nature ont encore un sens... Vertu de paix que ne mérite qu'un cœur anxieux et avide, ayant interrogé à chaque réveil, ayant refusé les signes de croix sur le néant, les haussements d'épaules, les uniformes et les tenues équivoques : Marcel Arland nous rend la chaleur de cette présence sur les terres qu'il affectionne, la fraternité de cette alliance avec les autres hommes dans les âmes même les plus démunies. N'est-ce pas le plus beau cadeau que l'on puisse faire à la littérature? Marcel Arland est l'un des rares écrivains qui nous permettent de croire en elle, d'affirmer qu'elle n'est pas chose futile, éphémère ou médiocre.

René Wintzen,
Témoignage Chrétien, 6 janvier 1961.

Pour l'essentiel, Marcel Arland est un écrivain noir. Violence, haine, sadisme, folie, mort : peu de pages qui n'illustrent ces thèmes et figures. Voilà, pour le pire. Et pour le meilleur : jalousie, malentendu, conflits qui naissent avec le jour et se poursuivent tard dans la nuit. Si les héros d'Arland sont tous assoiffés de bonheur et chantent la vie avec frénésie, il en est peu qui le connaissent et moins encore qu'elle comble. Par le drame et la tragédie, le mal affecte la vie conjugale, celle des enfants et tout de même l'existence de ceux qui ont choisi la solitude. A proportion de quatre sur cinq, les nouvelles de cet écrivain traitent de la misère qui affecte la condition humaine. Leur humour ne provoque pas le sourire. Il inquiéterait plutôt.

Yves Berger,
« Marcel Arland nouvelliste », *Critique*, avril 1961.

Ainsi, comme chez Tchékhov, transparaît, sous l'angoisse

de la condition humaine, un mystérieux espoir, un sourd attachement à la vie.

René Garmy,
L'Éducation nationale.

Tout se passe, dans ce livre, comme si l'artiste le plus sensible, le plus prompt à se blesser et à s'enchanter, prenait sa distance à l'endroit de ce qu'il aime et de ce qui le touche afin de nous le faire mieux aimer. C'est la réussite de l'art, dans *A perdre haleine*, qui nous émeut : la sûreté de la composition, la beauté des figures, la nudité du dialogue, l'audace et la justesse des gestes, la progression d'un récit qui se déploie sous nos yeux d'un seul vol qui emporte tout. Marcel Arland donne à la nouvelle sa pleine valeur de forme littéraire par la netteté et le resserrement d'une action qui se précise avec rapidité même si elle évoque des temps et des lieux très divers. Les êtres s'affrontent et les choses fixent leur présence dans un champ limité, non par une mesure conventionnelle, sans doute, mais par la nécessité de répondre à un besoin plus immédiat, à une attente plus exigeante que ceux que suscitent un roman ou un poème et par d'autres moyens. L'action n'y est pas jouée, non plus, comme au théâtre, mais contée, conduite et soutenue par un récitant invisible, qui s'efface derrière sa voix et nous livre à ses seules inflexions, à ses nuances, à ses surprises, à son pouvoir d'inaugurer le monde. Ces nouvelles méritent bien leur nom : dès le début, quelque chose se passe, quelque chose de nouveau et d'inconnu, qui surgit d'un arrière-monde ignoré dont nous ne connaîtrons que cet épisode singulier, cette image arrachée au flux anonyme et interminable du temps.

Arland use des corps avec prédilection, avec une sensualité de peintre, à laquelle il mêle la cruauté un peu sadique du moraliste, le goût plus nerveux de l'artiste littéraire. Il s'acharne, il torture, il se torture lui-même ; il cherche un secret. « Et il est bien vrai, songeait-il, que la chair trahit l'âme ; mais l'âme à son tour y reprend force : C'est un grand mystère. » *A perdre haleine* : le titre exprime bien cette quête, cette angoisse à vous couper le souffle, cette espèce de défi que, la vie nous porte et ce besoin du bonheur qui est notre façon de le relever.

En lisant *Je vous écris...*, qu'il publie à la même époque, nous ne quittons pas l'univers de Marcel Arland, mais nous l'abordons d'un autre biais, dans une perspective et sous un éclairage nouveaux. Ni l'écriture ni la voix ne changent, mais le ton et la manière, dans ces pages où la confidence prend le pas sur le récit, et la présence à soi-même sur l'oubli dans les figures qui en délivrent. L'auteur écrit à ses amis et se parle à lui-même. Séparé de ses personnages et de leur destin, il est en quête d'une vérité dont son cœur a besoin. S'il salue « ces instants de grâce, où l'on ne perd la conscience de soi-même que pour se retrouver dans un rythme fondamental », il ne se complaît pas dans son œuvre ni dans un monde toujours menacé. Quelque chose manque à tout ce qui nous est donné et notre faim ne sera jamais comblée. Ces pages où il célèbre des paysages et des passions, où il souhaite s'enivrer de paroles enchantées et de la simplicité du monde, de sa plus secrète magie, Marcel Arland les dédie à cette mystérieuse absence.

Georges Anex,
Pour l'Art, n° 76.

Dans ses deux derniers livres, Arland a mis à nu, comme nulle part, ce qu'il est : un homme dévoré, tourmenté, aussi un esprit mystique, qui se refuse à clamer Dieu ou Néant, là où une sensation, un incident, une chose, une présence l'envahissent d'une lumière sacrée. Il espère, chaque jour, le prodige, la révélation, l'enchantement; il n'a foi qu'en l'instant rare et merveilleux. Félicités du hasard? Non, ses « épreuves » instantanées, il les prépare sans cesse, tendu qu'il est vers une clarté à venir. Et sans doute n'est-il pas mécontent que tout, chaque fois, soit à recommencer, qu'une voie ancienne ne puisse plus servir, qu'il faille, à nouveau, marcher dans l'inconnu, tâtonner, se heurter aux arêtes, se blesser aux épines; une approche toujours incertaine, aucune habitude; le savoir se dissipe dès qu'il a servi. Il ne demeure que la certitude d'un « transport » au sein d'un espace de radieuse pureté. L'on voit comment cette mystique ne s'offre pas de facilités.

André Miguel,
« Marcel Arland et la Pureté déchirante
ou bienheureuse »,
Marginales, novembre 1961.

Documents

A. — BIBLIOGRAPHIE

I. — OUVRAGES DE MARCEL ARLAND

1923 TERRES ÉTRANGÈRES. — Paris, Gallimard, « Une Œuvre un Portrait ». Portrait de l'auteur gravé sur cuivre par Galanis. — 535 ex. sur vergé et 10 ex. sur vieux Japon.
Terres étrangères. — Paris, Gallimard, 1926 (avec *Monique*).
Terres étrangères. — Paris, les Éditions universelles, 1945. Avec des gravures sur cuivre de Suzanne Tourte. — 520 ex. sur vélin de Rives.
Terres étrangères. — Paris, Gallimard, 1953, avec frontispice de Campigli. — Édition augmentée d'une lettre-préface à André Malraux. — 35 ex. sur alfa et 255 ex. sur châtaignier.

1924 ÉTIENNE. — Paris, Gallimard. — 108 ex. réimposés sur vergé Lafuma-Navarre; 792 ex. sur vélin pur fil Lafuma-Navarre.
Et tirage ordinaire.

1924 LA ROUTE OBSCURE. — Paris, Gallimard, « Une Œuvre un Portrait ». Portrait de l'auteur gravé sur bois par Aubert. — 16 ex. sur vieux Japon et 1.115 ex. sur vélin pur fil Lafuma-Navarre.
La Route obscure. — Paris, Gallimard, 1930. — 225 ex. sur vergé de Hollande.
Tirage ordinaire.
La Route obscure. — Paris, Gallimard, 1944.

1926 MONIQUE, précédé de *Terres étrangères*. — Paris, Gallimard. — 109 ex. réimposés sur vergé Lafuma-Navarre; 893 ex. sur vélin pur fil Lafuma-Navarre.
Tirage ordinaire.
Monique (édition revue). — Paris, Gallimard, 1949. — 23 ex. sur vélin pur fil Lafuma-Navarre.
Tirage ordinaire.

1926 MATERNITÉ. — Paris, Au Sans Pareil. Avec cinq gravures hors texte de Marc Chagall. — 20 ex. sur vergé

de cuve, avec une double suite des gravures; 35 ex. sur Japon, avec une double suite des gravures; 60 ex. sur vergé de Hollande, avec une suite des gravures; 80 ex. sur vergé de Hollande; et 765 ex. sur Lafuma de Voiron.
(Cette nouvelle a été reprise, et modifiée, dans *les Âmes en peine*, édition de 1947.)

1927 ÉTAPES. — Paris, Gallimard, « Une Œuvre un Portrait ». — Portrait de l'auteur par Chagall. — 16 ex. sur vieux Japon teinté, et 670 ex. sur vélin Navarre.

1927 LES ÂMES EN PEINE. — Paris, Gallimard. — 109 ex. réimposés sur vergé Lafuma-Navarre, et 895 ex. sur vélin pur fil Lafuma-Navarre.
Tirage ordinaire.
Les Âmes en peine. — Paris, Gallimard, 1947. Édition revue et augmentée de *Maternité*.
Tirage ordinaire.

1927 OÙ LE CŒUR SE PARTAGE. — Paris, Gallimard. — 615 ex. sur alfa.
Où le cœur se partage. — Paris, Gallimard, 1930.
Tirage ordinaire.

1929 ÉDITH. — Paris, Gallimard. Avec des illustrations sur cuivre de Galanis. — 13 ex. sur Japon; 75 ex. sur Hollande, et 527 ex. sur vélin pur fil.
(Ce texte, remanié, se trouve repris dans la seconde édition de *la Grâce*, 1941.)

1929 L'ORDRE. — Paris, Gallimard. En trois volumes. — 109 ex. réimposés sur vergé Lafuma-Navarre; 697 ex. sur vélin pur fil Lafuma-Navarre.
Tirage ordinaire.
L'Ordre. — Paris, Gallimard, 1929. Édition en un volume.
Tirage ordinaire.
L'Ordre. — Paris, Gallimard, 1930. Édition en deux volumes. Collection « A la Gerbe ». — 325 ex. sur Hollande (dont quelques-uns sont accompagnés d'une gravure en couleurs de Rouault); et des ex. sur chiffon de Bruges.
L'Ordre. — Paris, Gallimard, 1945. — 1.000 ex. sur alfa, reliés d'après la maquette de Prassinos.
L'Ordre. — Édition de l'Imprimerie Nationale de Monaco, 1951. « Collection des Prix Goncourt ». — 150 ex. vergé pur fil; 2.750 ex. sur vélin.
L'Ordre. — Lausanne, la Guilde du Livre, 1952. — Édition cartonnée, tirée à 10.330 ex.

1930 Une Époque. — Paris, Corrêa. — 6 ex. sur Japon; 12 ex. sur Hollande; et 600 ex. sur vélin du Marais.
1931 Essais critiques. — Paris, Gallimard. — 70 ex. sur pur fil Lafuma.
Tirage ordinaire.
(Le texte se trouve repris dans *Essais et Nouveaux Essais critiques*, 1952.)
1931 Carnets de Gilbert. — Paris, Gallimard. Illustré d'une lithographie en noir, de cinq gravures hors texte en couleurs, et de trois gravures en noir, par Georges Rouault. — 3 ex. sur Japon supernacré; 14 ex. sur Japon impérial; 19 ex. sur Hollande, et 180 ex. sur vélin d'Arches.
Carnets de Gilbert. — Paris, Gallimard, 1944. Édition augmentée. — 10 ex. sur pur fil Lafuma, et 1.000 ex. sur alfa.
1932 Antarès. — Paris, Gallimard. — 109 ex. réimposés sur vergé Lafuma-Navarre; 162 ex. sur vélin pur fil.
Tirage ordinaire.
Antarès. — Tirage à part de 48 pages. N.R.F., 1932.
Antarès. — Paris, Éditions du Pavois, 1944. Illustré de cinq eaux-fortes de Marie Laurencin. — 10 ex. sur Rives, accompagnés d'une suite sur Chine; 22 ex. sur Rives, accompagnés d'une suite sur Rives; 268 ex. sur Rives.
Antarès. — Paris, Gallimard, 1945. — 960 ex. sur alfa, reliés d'après la maquette de Prassinos.
Antarès. — Lausanne, la Guilde du Livre. Collection « La Petite Ourse », 1953. Illustré de dessins de Marie Laurencin. — Tiré à 10.300 ex. sur bouffant nacré.
1934 Les Vivants. — Paris, Gallimard. — 65 ex. sur alfa Navarre.
Tirage ordinaire.
Les Vivants. — Paris, Éditions de la Nouvelle France, 1945. Illustrations en couleurs de Claude Verrier. — 300 ex. sur vélin du Marais et 2.700 ex. sur pur fil.
1935 La Vigie. — Paris, Gallimard. — 30 ex. sur vélin pur fil; 80 ex. sur alfa; 100 ex. sur pur fil.
Tirage ordinaire.
La Vigie. — Paris, Gallimard, 1946. — 1.040 ex. sur alfa, reliés d'après la maquette de Prassinos.
1937 Les plus beaux de nos jours. — Paris, Gallimard. — 20 ex. sur vélin pur fil; 55 ex. sur alfa.
Tirage ordinaire.
1938 Terre natale. — Paris, Gallimard. — 30 ex. sur vélin pur fil; 55 ex. sur alfa.

Tirage ordinaire.
Terre natale. — Paris, Gallimard, 1945. Illustré de quatorze gravures à l'eau-forte par Galanis. — 30 ex. sur vélin de pur fil à la forme, de Rives, accompagnés de deux suites, sur Chine, des gravures; et 370 ex. sur Rives.
Terre natale. — Paris, Gallimard, 1946. — 1.040 ex. sur châtaignier, reliés d'après la maquette de Prassinos.

1941 ANTHOLOGIE DE LA POÉSIE FRANÇAISE. — Paris, Stock. — 355 ex. sur alfa satiné.
Tirage ordinaire.
Anthologie de la Poésie française. — Paris, Stock, 1947. Édition revue et augmentée.
Anthologie de la Poésie française. — Paris, Stock, 1960. Édition revue et augmentée. — 4.400 ex. sur vélin.
Tirage ordinaire.

1941 LA GRACE. — Paris, Gallimard. Pas de grand papier.
Tirage ordinaire.

1941 SUR UNE TERRE MENACÉE. — Paris, Stock. Pas de grand papier.
Tirage ordinaire.

1943 UNE PASSION ROMANTIQUE : ALFRED DE VIGNY ET MARIE DORVAL. — Bruxelles, Édition de la Nouvelle Revue de Belgique. Avec un portrait de l'auteur par Marie Laurencin. — 750 ex. sur vélin.
(Ce texte se trouve repris dans *le Promeneur*, 1944.)

1944 LE PROMENEUR. — Paris, Éditions du Pavois. — 130 ex. sur vélin.
Tirage ordinaire.

1944 ZÉLIE DANS LE DÉSERT. — Paris, Gallimard. — 13 ex. sur Montval; 33 ex. sur vélin pur fil. — 550 ex. sur alfa reliés d'après la maquette de Prassinos.
Tirage ordinaire.

1946 AVEC PASCAL. — Paris, Éditions du Salon Carré. Illustré de deux gravures de Rouault. — 500 ex. sur pur fil, accompagnés d'une épreuve du frontispice; 1.100 ex. sur papier offset.
Cette étude se trouve reprise comme préface dans :
PASCAL. — Paris, Éditions de l'Enfant-Poète, 1946. Préface et choix de textes. Pas de grand papier.
Tirage ordinaire.

1946 LES ÉCHANGES. — Paris, Gallimard. — 13 ex. sur vélin pur fil.
Tirage ordinaire.

1947 IL FAUT DE TOUT POUR FAIRE UN MONDE. — Paris,

Gallimard. — 13 ex. sur Hollande; 33 ex. sur vélin pur fil. — 550 ex. sur alfa reliés d'après la maquette de Prassinos.
Tirage ordinaire.

1948 FAIRE LE POINT. — Paris, Robert Cayla. « Les Amis de l'Originale ». — 50 ex. sur vélin et 425 ex. sur vergé.
(Cette étude se trouve reprise dans *Essais et Nouveaux Essais Critiques*, 1952.)

1949 CHRONIQUE DE LA PEINTURE MODERNE. — Paris, Corrêa. — 35 ex. sur vélin.
Tirage ordinaire.

1949 SIDOBRE. — Paris, Éditions de Minuit. Collection « Nouvelles Originales ». — 10 ex. sur pur fil; 990 sur vélin; et 500 ex. sur alfa.

1950 MARIVAUX. — Paris, Gallimard. Collection « Les Essais ». — 28 ex. sur vélin pur fil.
Tirage ordinaire.

1951 LETTRES DE FRANCE. — Paris, Albin Michel. — 13 ex. sur vélin du Marais.
Tirage ordinaire.

1951 LA PROSE FRANÇAISE, Anthologie, histoire et critique d'un art. — Paris, Stock. — 250 ex. sur alfama du Marais.
Tirage ordinaire.

1952 ESSAIS ET NOUVEAUX ESSAIS CRITIQUES. — Paris, Gallimard. — 60 ex. sur vélin pur fil.
Tirage ordinaire.

1952 LA CONSOLATION DU VOYAGEUR. — Paris, Stock. — 60 ex. sur vélin pur fil Johannot; 550 ex. sur alfa mousse.
Tirage ordinaire.

1953 GEORGES DE LA TOUR. — Paris, Éditions du Dimanche. Collection « Les Demi-Dieux ». — 500 ex. sur Marais.
Tirage ordinaire.

1954 NOUVELLES LETTRES DE FRANCE. — Paris, Albin Michel. — 18 ex. sur vélin du Marais.
Tirage ordinaire.

1955 LA GRACE D'ÉCRIRE. — Paris, Gallimard. — 30 ex. sur pur fil.
Tirage ordinaire.

1956 L'EAU ET LE FEU. — Paris, Gallimard. — 30 ex. sur pur fil.
Tirage ordinaire.
L'Eau et le Feu. — Lausanne, la Guilde du Livre, 1956. — 10.330 ex. cartonnés.

1960 Je vous écris. — Paris, Grasset. « Les Cahiers verts ».
— 52 ex. sur Montval; 162 ex. sur vélin pur fil;
1.550 ex. sur alfa mousse.
Tirage ordinaire.
1960 A perdre haleine. — Paris, Gallimard. — 35 ex.
sur vélin pur fil.
Tirage ordinaire.

II. — PRÉFACES

Salka Valka, de Halldor Laxness. Gallimard, « Du Monde entier », 1939.
Le Page disgracié, de Tristan l'Hermite. Stock, « La Promenade », 1941.
Le Paysan français à travers la Littérature (textes choisis). Stock, 1941.
Visite, de Jean Fougère. Éd. du Pavois, 1943.
Entretien dans un Jardin, de E. W. Eschmann. Stock, 1943.
Mémoires d'un Père, de Marmontel. Stock, « La Promenade », 1943.
Voyages de Montesquieu. Stock, « La Promenade », 1943.
Lettres de Mlle Aïssé. Stock, « La Promenade », 1943.
Œuvre poétique de Sponde. Stock, « La Promenade », 1945.
La Jeune Poésie (choix de poèmes). Coll. Comœdia. Charpentier, 1943.
La Vie de Marianne, de Marivaux. Stock, « Cent Romans français », 1947.
Les Liaisons dangereuses, de Laclos. Club français du Livre, 1947.
La Princesse de Clèves, de Mme de La Fayette. Stock, « Cent Romans français », 1948.
Théâtre de Racine. Bordas, « Les Grands Maîtres », 1948.
Daphnis et Chloë, de Longus. Soc. parisienne d'édition, 1949.
Romans de Marivaux. Gallimard, « La Pléiade », 1949.
Théâtre de Marivaux. Gallimard, « La Pléiade », 1949.
Souvenirs du Bonheur, de Maurice Betz. Albin Michel, 1949.
Poésies de Victor Hugo. Hachette, 1950.
Migration des Ames, d'Armand Bernier. Éd. des Artistes, Bruxelles, 1950.
Lettres de Van Gogh à son frère. Gallimard, 1953.
Œuvres de Valery Larbaud. Gallimard, « La Pléiade », 1957.
L'Étranger, d'Albert Camus. Club des Libraires de France, 1957 (l'étude de Marcel Arland, qui fut le premier article publié sur ce livre, est reprise en postface).

Les Yeux tondus, d'Alexeï Remizov. Gallimard, « Du Monde entier », 1958.
Correspondance de Rouault et de Suarès. Gallimard, 1960.

III. — PRÉFACES A DES EXPOSITIONS

« Le Nu dans la Peinture contemporaine » (galerie Drouin), 1944.
« Paysages de France » (galerie Charpentier), 1945.
Kandinsky (galerie Drouin), 1947.
Georges Rouault (galerie des Garets), 1947.
Bazaine (galerie Maeght), 1953.
Campigli (galerie de la Hune), 1953.
Chagall (galerie Maeght), 1954.
Signori (galerie Rive Droite), 1957.
Jean Revol (galerie Facchetti), 1960.

IV. — COLLABORATION A DES RECUEILS COLLECTIFS

Examen de Conscience, introduction et essai (Les Cahiers du Mois), 1923.
Hommage à Eugène Dabit (Gallimard, 1939).
Maisons et Villages de France (Laffont, 1946).
Présence de Valery Larbaud (Confluences, 1947).
Georges Bernanos (Le Seuil, 1949).
Cinq propos sur la langue française (Fondation Singer-Polignac, 1955).

V. — PRINCIPALES TRADUCTIONS

L'Ordre
    Suédois : Tidens förlag, 1930.
    Allemand : Rowohlt, Berlin, 1932.
                Bucherguilde Guttenberg, 1951.
    Espagnol : Jose Jauès éditor, 1938.
    Japonais : Shincho-Sha, 1951.
    Serbo-Croate : Hobo Pokopeke, Belgrade, 1954.
    Hongrois : Athenaeum, Budapest.

Antarès
    Japonais : Shincho-Sha, 1955.

La Vigie
   Suédois : Norlin Förlag, 1949.

Terre natale
   Allemand : Karl Rauch verlag, 1939.

Zélie dans le désert
   Italien : Perinetti Casoni, 1946.

Chronique de la peinture moderne
   Allemand : Bucherguilde Guttenberg, 1950.

Les Échanges
   Allemand : Port Verlag, 1947.

VI. — TEXTES PUBLIÉS DANS DES PÉRIODIQUES

Les premiers textes de Marcel Arland ont paru, à partir de 1921, dans *L'Université de Paris*, *Aventure*, *Dés*, *Les Feuilles libres*, *Les Cahiers idéalistes*, *Accords*, *l'Œuf dur*, *Le Disque vert*, *Les Écrits du Nord*, *La Revue européenne*, *The Little Review*, *Le Navire d'Argent*, *Les Cahiers libres*, *Surréalisme*... (Parmi ces textes, citons : ATTITUDES (*Aventure*, décembre 1921). — MI-CARÊME (*Le Disque vert*, octobre 1922). — PROSES (*Dés*, 1922). — HÉLÈNE (*Les Feuilles libres*, mars 1923)...

Marcel Arland a débuté dans *La Nouvelle Revue française* par une étude : SUR UN NOUVEAU MAL DU SIÈCLE (février 1924). Il y a publié une partie de L'ORDRE, ANTARÈS, des nouvelles (reprises dans LES VIVANTS, LES PLUS BEAUX DE NOS JOURS et LA GRACE), des essais, des études, de nombreuses notes critiques. Il y a tenu la chronique des romans de 1933 à la guerre. — Depuis 1953, co-directeur, avec Jean Paulhan, de *la N. R. F.*, il y a donné des nouvelles (reprises dans L'EAU ET LE FEU et A PERDRE HALEINE), des chroniques, des études littéraires et artistiques (dont une partie a été reprise dans LA GRACE D'ÉCRIRE).

Il a collaboré en outre au *Roseau d'Or* (où a paru la dernière partie de L'ORDRE), à *La Revue Universelle* (où LA VIGIE a paru sous le titre « Le Silentiaire »), à *La Revue de Paris* (où a paru TERRE NATALE), à *Europe*, à *Mesures*, à *La Revue des Deux Mondes*, à *Formes*, à *Saisons* (trois cahiers de littérature et d'art, publiés sous sa direction, de 1945 à 1947, aux éd. du Pavois), aux *Cahiers du Sud*, à *Confluences*, à *L'Arche*, à *Contemporains*, à *La Table ronde*, aux cahiers *84*... Il a tenu la chronique des Lettres dans *Les Cahiers de la*

Pléiade (de 1946 à 1952) et dans *La Gazette de Lausanne* (de 1949 à 1953), et la chronique des Arts dans *Hommes et Mondes* (de 1947 à 1951).

Hebdomadaires : Marcel Arlanda publié des articles dans *Les Nouvelles littéraires, Comœdia, Le Pays, Gavroche, Opéra, Arts, Combat, Le Figaro littéraire...*

Parmi les textes qui ont paru dans ces revues ou hebdomadaires et qui n'ont pas été repris en volume, citons :

Épisodes (*la N. R. F.*, janvier et août 1930).
Urfé (*Revue Universelle*, 1930).
Media Lux (*Roseau d'Or*, Essais et poèmes, 1931).
A Port-Royal (*Nouvelles littéraires*, 8 juin 1935).
Le « Parnasse séraphique » du P. Martial de Brive (*Cahiers du Sud*, 1949).
Notes de carnet (*Cahiers 84*, n° 10-11, 1949).
Marginales (*la N. R. F.*, février 1955 et mars 1956).
Les Vies parallèles (*la N. R. F.*, août 1955).
Un couple (*la N. R. F.*, octobre 1956).
A un jeune homme de lettres (*la N. R. F.*, février 1957).
La Représentation (*la N. R. F.*, novembre et décembre 1957).
Spectacles de Paris (*la N. R. F.*, mars 1958).
L'École de Paris meurt de son héritage (*Arts*, 21 octobre 1959).
La Femme a travers la peinture (*Plaisir de France*, décembre 1960).
Lettre sur l'été d'un jour (*la N. R. F.*, octobre 1961).
Lettre sur une convalescence (*Cahiers des Saisons*, hiver 1961-1962).

VII. — OUVRAGES A CONSULTER

Paul Archambault : *Témoins du Spirituel* (Bloud et Gay, 1933).
Carlo Bo : *Della Lettura* (Vallecchi, Florence, 1953).
Louis Chaigne : *Notre Littérature d'aujourd'hui* (J. de Gigord, 1938).
Jacques Chardonne : *Lettres à Roger Nimier* (Grasset, 1952).
Nelly Cormeau : *Physiologie du Roman* (La Renaissance du Livre, Bruxelles, 1947).
Jean Duvignaud : *Pour entrer dans le XX⁰ siècle* (Grasset, 1960).
André Gillois : *Qui êtes-vous?* (Gallimard, 1953).
Raymond Guérin : *Un Romancier dit son mot* (Corrêa, 1948).
Franz Hellens : *Style et Caractère* (La Renaissance du Livre, 1951).

Jacques de Lacretelle : *L'Heure qui change* (Éd. du Milieu du Monde, 1941).
Frédéric Lefèvre : *Une Heure avec...*, tome IV (Gallimard, 1927).
J.-P. Maxence : *Histoire de dix ans* (Gallimard, 1939).
Jacques Nathan : *Histoire de la Littérature contemporaine* (Fernand Nathan, 1954).
Robert Poulet : *La Lanterne magique* (Nouv. éd. Debresse, 1956).
André Rousseaux : *Ames et Visages du XXe siècle* (Grasset, 1932).
Émile Simon : *Patrie de l'Humain* (Gallimard, 1948).
Edmond Benisti : *La Main de l'Écrivain*, étude chirologique (Grasset, 1939).
A. Eustis : *Trois critiques de la N. R. F.* (Ed. Au Crrrefour des Lettres, 1962).

VIII. — QUELQUES ARTICLES

(en dehors de ceux dont nous avons donné des extraits)

Robert Brasillach : *Antarès*, L'Action française, 3 mars 1932.
Jacques Debû-Bridel : *La Vigie*, La Concorde, 27 août 1935.
Nelly Jean-Lameere : *Les plus beaux de nos jours*, Indépendance belge, 10 juin 1937.
Franz Hellens : *Les plus beaux de nos jours*, Étoile belge, 20 juin 1937.
A.-M. Petitjean : *Dissolution du Roman*, Vendredi, 17 juin 1938.
André Thérive : *Terre Natale*, Le Temps, 1er septembre 1938.
Roger Giron : *Marcel Arland, romancier, critique, ou l'honnêteté intellectuelle*, Toute l'Édition, 22 octobre 1938.
Claude Vauquier : *Terre natale*, Tribune provençale, 29 juillet 1939.
Luc Estang : *Sur une terre menacée*, La Croix, 25 août 1941.
André Thérive : *Le Nouveau Trésor des Humbles*, Tout et tous, 6 septembre 1941.
Étienne Lalou : *Marcel Arland*, Gavroche, 24 décembre 1947.
Robert Kemp : *Un Villageois pensif*, Nouvelles littéraires, 29 janvier 1948.
André Billy : *Un grand prosateur : Marcel Arland*, Le Figaro, 28 mai 1952.
Michel Fernez : *La Consolation du voyageur*, Phare-Dimanche, 8 juin 1952.
Henri Petit : *Un Conteur au village des plus beaux contes*, Parisien libéré, 10 juin 1952.

DOCUMENTS

Emmanuel Buenzod : *Marcel Arland, critique et conteur*, Gazette de Lausanne, 14 juin 1952.
Henri Thomas : *Marcel Arland et « l'Ordre »*, Bulletin de la Guilde, Lausanne, mars 1953.
René Delange : *Un Écrivain français*, Nouvelle Gazette de Charleroi, 13 février 1955.
Henriette Charasson : *La Grâce d'écrire*, Dépêche tunisienne, 28 mai 1955.
Gaëtan Picon : *La Grâce d'écrire*, Mercure de France, juillet 1955.
Pol Vandromme : *La Grâce d'écrire*, Journal de Mons, 12 juin 1955.
Kléber Haedens : *L'Eau et le Feu*, Paris-Presse, 29 avril 1956.
Jacques Brenner : *L'Eau et le Feu*, Paris-Normandie, 4 mai 1956.
Henri Amouroux : *L'Eau et le Feu*, Sud-Ouest, 20 avril 1956.
Jean Nicollier : *L'Eau et le Feu*, Gazette de Lausanne, 12 mai 1956.
Albert-Marie Schmidt : *L'Ombre et le Double*, Réforme, 12 mai 1956.
Georges Borgeaud : *A propos de « l'Eau et le Feu »*, Gazette de Lausanne, 9 juin 1956.
René Lalou : *L'Eau et le Feu*, Livres choisis, juin 1956.
Jean Lebrau : *L'Art de la Nouvelle*, Dépêche du Midi, 15 août 1956.
Philippe Jaccottet : *L'Éblouissement du Bonheur*, Bulletin de la Guilde, Lausanne, août 1956.
Olivier de Magny : *Marcel Arland et la Grâce du Conteur*, Monde Nouveau, août 1956.
François Nourissier : *Sur deux Œuvres de Marcel Arland*, L'Observateur, 19 mai 1960.
Alain Bosquet : *Marcel Arland ou le Classicisme palpitant*, Combat, 12 mai 1960.
Jacques Brenner : *A perdre haleine et Je vous écris*, Paris-Normandie, 13 mai 1960.
Jean Lebrau : *Je vous écris et A perdre haleine*, Courrier de la Cité, 14 mai 1960.
Adrien Jans : *A perdre haleine*, Le Soir, 18 mai 1960.
Matthieu Galey : *Une Valeur sûre*, Arts, 15 juin 1960.
André Billy : *Sur un de nos plus parfaits écrivains*, Le Figaro, 29 juin 1960.
Pierre Poujol : *Deux Marcel Arland*, Le Méridional, 10 juillet 1960.
Frédéric Kiesel : *A perdre haleine*, Le Thyrse, juillet 1960.
Henri Petit : *Au plus intime de l'être*, Parisien libéré, 23 août 1960.

André Miguel : *A perdre haleine*, Cahiers du Sud, septembre 1960.
Jean Pache : *Lettre à Marcel Arland sur ses deux derniers livres*, Revue de Belles Lettres, de Lausanne, novembre 1960.
Gilbert Ganne : *Marcel Arland ou la religion littéraire*, France catholique, 2 décembre 1960.
Michel Chrestien : *Un écrivain fraternel*, Nation française, 7 décembre 1960.

B. — PHONOGRAPHIE

ÉMISSIONS CONSACRÉES A MARCEL ARLAND

Qui êtes-vous ?, émission de André Gillois. Enreg. : 18-3-50.
Durée : 35 mn.

Dans le cadre de la série *Parler en prose et le savoir*, Robert Mallet a fait appel à Marcel Arland pour quatre entretiens enregistrés les 13-10-53, 20-10-53, 27-10-53, 3-11-53. Durée de chaque émission : 30 mn.

Dans *Domaine de l'esprit*, de Michel Manoll, une émission le 4-3-54. Durée : 45 mn.

Combien j'ai douce souvenance, émission de Michel Manoll du 17-1-57. Durée : 40 mn.

Pour les Archives sonores de la R. T. F., Jacques Brenner et Roger Vrigny ont demandé à Marcel Arland de bien vouloir lire au micro un choix de ses textes. Une partie de ces documents, enregistrés en décembre 1960, sera présentée dans le cadre d'une série d'émissions intitulée : *Une œuvre, un portrait*.

INTERVIEWS ET DÉCLARATIONS DIVERSES

Fénelon, écrivain chrétien. Causerie enregistrée le 2-3-48.
Durée : 10 mn 40 s.

Des idées et des hommes, émission de Jean Amrouche, consacrée aux rapports entre peinture et littérature; M. Arland analyse les différences essentielles à ces deux visions du monde. Enr. 27-7-50. Voix : 4 mn 15 s.

Hommage à Valery Larbaud, émission de Robert Mallet et Pierre Sipriot. M. Arland parle de l'indépendance d'un écrivain « qui a traduit magnifiquement quelques grands courants de pensée de son époque ».
Enr. 21-7-51. Voix : 3 mn.

A propos de l'art du roman, et de ce qu'on doit attendre du romancier, émission de André Parinaud. Enr. : 22-11-52.
Voix : env. 3 mn.

Interviewé par J. Languiéran, M. Arland parle des intentions de *la Nouvelle N. R. F.*, puis des circonstances de composition de son recueil de nouvelles *Consolation d'un voyageur*. Enr. : Janvier 1953.
Voix : env. 5 mn.

Au cours de l'une des émissions *Belles-Lettres*, de Robert Mallet, un débat réunit Marcel Arland, Luc Estang et Pierre Emmanuel : quelles sont les tendances actuelles de la poésie? Enr. : 6-1-56.
Voix : env. 5 mn.

Roger Grenier, dans *La vie des lettres*, émission du 24-1-56.
Voix : 6 mn 15 s.

et Robert Mallet dans *Belles-Lettres*, le 9-7-56, interrogent M. Arland à propos de son recueil de nouvelles *L'Eau et le Feu*.
Voix : env. 5 mn.

Emission de Marc Bernard : *Les grandes revues littéraires*. Marcel Arland définit l'organisation de *la Nouvelle N. R. F.* Constant souci d'assurer à la fois le prolongement de *la N. R. F.* d'avant-guerre, et la place aux jeunes écrivains. Enr. 20-4-59. Voix : 3 mn 40 s.

Dans l'émission de Roger Grenier, *La vie des lettres*, M. Arland parle de son dernier recueil de nouvelles : *A perdre haleine*. Enr. 30-6-60. Voix : 2 mn 45 s.

Parle de son ouvrage : *Je vous écris*, au cours d'une émission *Belles-Lettres* de Robert Mallet et Roger Vrigny.
Enr. 20-9-60. Voix : 5 mn. 25 s.

Au cours de l'une des émissions de Alex Surchamp : *A l'heure de la province*, M. Arland évoque sa famille, parle de ses affinités champenoise et lorraine.
Enr. 11-1-61. Voix : 4 mn 25 s.

C. — ICONOGRAPHIE

1923 GALANIS, eau-forte (frontispice de *Terres étrangères*).
1924 AUBERT, gravure sur bois (frontispice de *La Route obscure*).
1925 GALANIS, lithographie (tirée à 12 ex.).
1927 CHAGALL, dessin à la plume (frontispice de *Étapes*).
1943 MARIE LAURENCIN, dessin à la plume (frontispice de *Une Passion romantique*).
1946 SUZANNE TOURTE, gravure pour une réédition de *Terres étrangères*.
1947 BERNARD MILLERET, dessin à la plume.
1948 MARIE LAURENCIN, peinture à l'huile.
1951 JANINE BÉRAUD, dessin à la plume (reproduit dans le *Figaro littéraire*, 29 octobre).
1952 JANINE BÉRAUD, dessin à la plume (reproduit dans *La Revue de la Pensée française*, février).
1953 BENN, peinture à l'huile.
1960 JEAN REVOL, eau-forte.

*

Photographie chirologique dans *La Main de l'écrivain*, par Edmond Benisti (Stock, 1939).

Tables

TABLE DES ILLUSTRATIONS

Frontispice. *(Photo Marc Foucault)*.   7

I. 1. « ... ou s'il devine sa mort prématurée ? Mon père mourut quand j'avais trois ans » *(Terres étrangères)*   64
    2. « Au centre de ma vie était ma mère. Peut-être n'y a-t-il pas de drame plus âpre ni plus vivace que celui qui s'élève entre une mère et son fils » *(Terre natale)*. . . .   64
    3. « J'ai retrouvé l'autre jour de vieilles photographies ; je garde, à côté de mon frère qui rit de toutes ses dents, une figure maussade, des yeux sombres, une bouche qui semble prendre le monde à partie » *(Terre natale)*   64

II. 1. *L'école de Varennes. 1925. M. A. au 1ᵉʳ rang, sur un tabouret, à la gauche du Maître.* « Ce gros homme qui s'emportait parfois jusqu'à suffoquer, me témoignait une affection vigilante, grondeuse, mais non moins douce qu'une caresse » *(Terre natale)*   65
    2. « J'ai eu beaucoup de chats depuis mon enfance ; ils furent tous assez laids, gris, sans race, bons certes, mais d'un génie médiocre » *(Antarès)*   65

III. Quatorze ans. Dans sa chambre, à Varennes   80

IV. 1. *Gravure de Marie Laurencin pour « Antarès ».* « Parfois la jeune femme s'avançait entre les tombes, m'appelait... Je me trouvais parmi elles comme dans un monde plus léger » *(Antarès)*.   81
    2. *Gravure de Galanis pour « Terre natale ».* « C'est

la fenaison, l'été, la terre, une vie qui n'aura jamais de fin... » (*Terre natale*). . 81

3. *La prairie de Varennes*. « Tant d'heures passées dans une baraque des champs, une masure sans portes ni toit... (*Je vous écris*). . . . 81

V. 1. A l'époque de *Terres étrangères*. Litho de Galanis 128

2. Un quartier de Varennes (Le Pâquis) vu de la maison où M. A. revint écrire *Terres étrangères*, puis *Terre natale* et *La Consolation du voyageur*. 128

VI. 1. Marcel Arland à la Vigie de Port-Cros, 1930. 129
2. Janine Arland, Aigues-Mortes, 1930. . . . 129
3. Marcel Arland à Chatenay-Malabry, 1932. 129

VII. 1. *Litho de Rouault pour les « Carnets de Gilbert »*. « Tandis que j'écrivais en marge d'un roman, Rouault semble avoir prévu une histoire beaucoup plus longue, et sans fiction » (*Je vous écris*). 144

2. *Auvergne*. « Mon libre monde, libre ciel, libre terre où chaque pas et chaque mot sonnaient vrai... » (*A perdre haleine*). . . 144

VIII. Vers 1935. (*Photo Laure Albin-Guillot*). . . . 145

IX. 1. Dominique Arland 192
2. *A Majorque*, 1950. (*Photo de M. A. prise par sa fille Dominique*). « Entre le travail et la promenade, j'y mène une vie si plaisante! Non, je ne travaille pas : il me semble que je me promène encore lorsque j'écris... » (*La Consolation du voyageur*). 192

X. 1. Sur la terrasse de *la NRF*, vers 1939. (De droite à gauche : Arland, Paulhan, Malraux, Rolland de Renéville, Fernandez, Schloezer, Audiberti, Crémieux). . . . 193
2. 1952. Dans le bureau de *la N.R.F.* avec Jean Paulhan et Dominique Aury. . . . 193

XI. 1. *La maison de Brinville*. « Je sais toutes les vies qui auraient pu se mener entre ces murs et ces arbres; je les cherche et les sens

TABLE DES ILLUSTRATIONS

        dans chacune de ces chambres vides »
        (Je vous écris). 208
    2. Avec Janine Arland et Roland Purnal. . . 208
    3. Avec Jean Bazaine. 208
    4. Avec Jean Grosjean. 208

XII. *Bretagne. Devant une église du Léon, Pâques 1960.*
     « C'était avril en Bretagne, sur la côte des Abers; de la brume, du vent, du froid, des pluies rageuses, et si je me recroquevillais parfois sous la bourrasque ou cherchais un refuge, je ne m'en ouvrais pas moins du fond du cœur à ce monde, qui à son tour finirait bien par s'ouvrir »
     (Lettre à Supervielle. Inédit). 209

XIII.   Fac-similé autographe. 256

XIV.   1960. Devant l'église de Châtelmontagne, en Auvergne (l'église de « Châteldôme » dans la dernière nouvelle de *L'Eau et le Feu : Les Eaux vives*) 257

TABLE DES MATIÈRES

L'HOMME 7

    C'est à partir de là (Jean Grosjean). 9
    D'étranges dons de compréhension (Raymond Guérin) 11
    Cet homme fier et pudique (Guillevic). 12
    Une grandeur intime (André Miguel). 13
    A voix basse (Georges Lambrichs). 16
    Etre là sans y être (Georges Borgeaud). 16
    Le visage est impassible (Madeleine Chapsal). . . 19
    Il faut chercher par derrière (Jean Duvignaud). . . 19

LES JOURS 23

L'ŒUVRE 39

    I. La part maudite. 41
    II. L'enfant, la menace. 49
    III. De la révolte à la littérature. 58
    IV. La figure imaginaire 68
        L'exclu de la horde. 68
        Le cercle des morts. 71
        Un paysage, une passion. 75
        Le couple 80
        Femmes 85
    V. La littérature et l'existence. 94
    VI. Bénédiction. 107

LES LIVRES 113

    Terres étrangères. 115
    La Route obscure. 115
    Étienne 116
    Monique 116
    Les Âmes en peine. 117
    Étapes 117
    Où le cœur se partage. 118
    Édith 118

TABLE DES MATIÈRES

L'Ordre 119
Carnets de Gilbert. 120
Essais critiques 121
Antarès 122
Les Vivants. 122
La Vigie. 123
Les plus beaux de nos jours. 123
Terre natale. 123
La Grâce. 124
Sur une terre menacée. 124
Anthologie de la Poésie française. 125
Zélie dans le désert. 125
Le Promeneur. 126
Avec Pascal. 126
Les Échanges 127
Il faut de tout pour faire un monde. 127
Chroniques de la peinture moderne. 127
Lettres de France. 128
Marivaux 128
La Prose française. 129
Essais et Nouveaux Essais critiques 129
La Consolation du voyageur. 129
Nouvelles Lettres de France. 130
La Grâce d'écrire. 130
L'Eau et le Feu. 131
Valery Larbaud. 131
A perdre haleine. 131
Je vous écris. 132

PAGES 133

Sur un nouveau mal du siècle *(la Route obscure)* . 135
« Prélude » *(Terres étrangères)* 139
Carnets de Gilbert *(l'Ordre)*. 141
« Les amants » *(Antarès)* 144
Mort d'un vieillard *(les Vivants)* 151
« Et déjà ce bonheur... » *(la Vigie)* 157
Bernanos et la grâce 160
Constance au chapelet *(Il faut de tout pour faire un monde)* 165
Van Gogh *(Chronique de la peinture moderne)* . . 167
« Six pieds de terre » *(la Consolation du voyageur)* . . 170
« Le cimetière » *(la Consolation du voyageur)* 173
« Sur la condition littéraire » *(la Grâce d'écrire)* . . 176
Le Roi couronné *(l'Eau et le Feu)* 179
« Du bout du monde » *(Je vous écris)* 183

« Deo Ignoto » *(Je vous écris)*........ 188
« Tant de figures » *(Je vous écris)*....... 191
« Une école » *(Je vous écris)*.......... 194
Carnets d'un personnage *(Je vous écris)*..... 196
« C'est l'aube » *(Je vous écris)*......... 199
La captive *(A perdre haleine)*.......... 202

PHRASES............... 229

DIALOGUES.............. 237

  1. Pourquoi avez-vous écrit *L'Ordre ?*..... 239
  2. « Qui êtes-vous ? » 241
  3. « Qu'est-ce qui vous a poussé ? » 242

REFLETS............... 245

Valery Larbaud............. 247
André Desson.............. 247
Jacques Chardonne............ 248
Robert Kemp.............. 248
Claude Roy............... 248
Simone de Beauvoir............ 249
François Mauriac............. 249
Georges Friedmann............ 249
Philippe Soupault............. 249
Frédéric Lefèvre............. 250
Henri Rambaud............. 250
Simone de Beauvoir............ 250
Georges Thialet............. 250
Robert Poulet.............. 251
Jean Schlumberger............ 251
André Malraux............. 251
Benjamin Crémieux............ 252
Ramon Fernandez............ 252
André Rousseaux............. 253
Gabriel Marcel............. 253
Jean-José Marchand............ 253
Marc Bernard.............. 254
Robert Brasillach............. 254
Albert Thibaudet............. 254
Robert Brasillach............. 255
Thierry Maulnier............. 255
Gabriel Brunet.............. 256
Maurice Blanchot............ 256
Claudine Chonez............. 257

TABLE DES MATIÈRES

François Porché.	257
Henri Rambaud.	257
Jacques de Lacretelle	258
Edmond Jaloux.	258
Robert Kemp	258
Robert Brasillach	259
Armand Petitjean.	259
Émilie Noulet	259
Emmanuel Buenzod.	259
François Porché.	260
Georges Magnane.	260
René Dumesnil.	260
G. Albert-Roulhac	261
François de Roux.	261
Jacques Brenner	261
Albert Béguin	262
Armand Hoog	262
Étiemble.	262
André Thérive	263
Joë Bousquet.	263
Bernard de Fallois.	264
Roger Nimier	264
Gilbert Sigaux	265
Luc Estang.	265
André Thérive.	265
Jacques Brenner	265
Michel Manoll.	265
Claude Elsen.	266
Alain Bosquet	266
Claude Roy.	266
Jean Nicollier	267
Nelly Cormeau.	267
Emilie Noulet.	268
Hubert Juin.	268
Alain Bosquet.	268
Charles Camproux	269
Philippe Jaccottet.	269
Jean Blanzat.	269
Jean-José Marchand	269
André Dalmas	270
Franz Hellens.	271
Alain Bosquet.	271
Jacques Brenner.	272
François Nourissier	273
Roger Giron.	274
René Wintzen	274

Yves Berger 274
René Garmy. 274
Georges Anex 275
André Miguel 276

DOCUMENTS 277

  A. *Bibliographie* 279
      I. Ouvrages de Marcel Arland 279
      II. Préfaces 284
      III. Préfaces à des Expositions 285
      IV. Collaboration à des recueils collectifs. . 285
      V. Principales traductions 285
      VI. Textes publiés dans des périodiques . . 286
      VII. Ouvrages à consulter 287
      VIII. Quelques articles. 288
  B. *Phonographie* 290
  C. *Iconographie* 292

TABLE DES ILLUSTRATIONS. 295

TABLE DES MATIÈRES. 298

ACHEVÉ D'IMPRIMER
LE 19 JANVIER 1962
PAR FIRMIN-DIDOT ET Cie
LE MESNIL-SUR-L'ESTRÉE
(EURE)

Imprimé en France
N° d'édition : 8581
Dépôt légal : 1er trimestre 1962. — 9437